専修大学社会科学研究所　社会科学研究叢書 19

変容するベトナムの社会構造

——ドイモイ後の発展と課題——

佐藤康一郎 編

専修大学出版局

はじめに

　経済が変われば社会が変わる。また，社会が変われば経済が変わる。これはどの国にも当てはまる法則のようなものである。

　ベトナム経済は 1989 年頃よりドイモイの成果が上がり始め，1990 年代に大きな経済成長を遂げた。その後，アジア経済危機の影響から一時的に成長が鈍化するものの，2000 年以降も高成長を達成し続け 2010 年には中所得国となった。そして 2010 年代に入ってからも 5％台から 6％台の成長を維持している。

　このような経済成長により，人々の賃金が上がった。人々の職種が変わった。人々の働き方が変わった。産業構造が変わった。家族の形やライフサイクルが変わった。都市化が進んだ。高齢化が進んだ。少子化が始まった。貧富の差が拡大した。環境破壊が進んだ。

　経済成長したベトナムの次の課題は，これからどうやって社会を安定させていくかである。

　本書は，そのようなベトナムの現状と変容を多角的にとらえた一冊であり，専修大学社会科学研究所特別助成 2012 〜 2014 年度「ベトナム社会主義共和国の経済及び産業，社会，文化の変容と諸課題」の研究成果である。

　2011 年度に執筆者の一人でもある嶋根克己人間科学部教授が「社会関係資本としての葬儀に関する比較社会」について研究するためベトナムを訪問した際に，ベトナム社会科学院東北アジア研究所との伝手ができた。

　そして，専修大学社会科学研究所とベトナム社会科学院東北アジア研究所との間で国際交流組織間協定を締結してはどうか，という提案が 2011 年10 月になされた。この提案は学内でとんとん拍子に進み，2012 年 2 月にハノイ市にあるベトナム社会科学院において国際交流組織間協定が締結され

た。協定締結のための訪問団は，町田俊彦前所長（現　専修大学名誉教授），宮嵜晃臣前事務局長，嶋根克己所員，村上俊介現所長，大矢根淳現事務局長，小池隆生所員（経済学部准教授）そして佐藤の7名であった。

帰国後，訪問団のメンバーで打ち合わせをし，2012年4月より村上所員，嶋根所員，宮嵜所員，大矢根所員，佐藤の5名でグループ研究を開始することとした。次いで嶺井正也所員も加わり，6人体制での研究が始まった。研究会も2012年度から3年間開催し，多い年は研究会を10回開いた。2015年以降はこの3年間の研究成果を取りまとめる作業へと移り，現在に至る。

ベトナム社会科学院東北アジア研究所との交流は，2012年11月21日にゴ・フォン・ラン氏とファム・ティ・スァン・マイ氏を専修大学に招いて開催された研究会から本格的に始まった。

日越外交樹立40周年にあたる2013年には，専修大学社会科学研究所とベトナム社会科学院との共同開催による国際シンポジウムをハノイ市のベトナム社会科学院で開催された。専修大学からは18名が参加した。また，この国際シンポジウムは日本ベトナム友好年実行委員会から日本ベトナム友好年記念事業の認定を得ることができた。この国際シンポジウムにおいても本研究会のメンバーは企画の中枢を担った。

国際シンポジウム以降も研究交流は断続的に進んでいる。本書についても社会科学研究所員6名の研究を補強するため，ベトナム社会科学院の研究者2名に加わってもらっている。

われわれの調査研究に物心ともに援助してくださった専修大学および専修大学社会科学研究所に感謝の意を表したい。

2017年1月

編　者

目　次

はじめに

第1章　グローバル資本主義の変容とベトナム工業化
………………宮嵜　晃臣　1

1. 問題の所在　1

2. グローバル資本主義の構成諸要素　3

　　2.1　新自由主義　3

　　2.2　金融グローバリゼーション　5

　　2.3　産業グローバリゼーション　6

　　2.4　デジタル化，IT　7

　　2.5　グローバル企業　11

3. サブプライム・リーマンショックの歴史的位相　11

4. 新興諸国の中間層市場とインフラ市場に依存する
　　グローバル資本主義　15

5. ベトナム工業化の歴史的位相　20

第2章　消費市場としてのベトナムの可能性と課題
………………佐藤　康一郎　49

1. はじめに　49

2. わが国の農林水産物・食品の輸出促進　50

2.1　わが国の農林水産物・食品の輸出額の推移　　50

3.　ベトナムへの農林水産物・食品の輸出　　53

3.1　ベトナムへの農林水産物・食品の輸出の推移　　53

3.2　サンマ輸出の取り組み　　55

4.　日本の強みを生かした輸出戦略の構築　　56

4.1　輸出戦略の構築　　56

4.2　農林水産物・食品の輸出先進国デンマークの取り組み　　57

4.3　食文化の普及および確立と一体となった輸出戦略　　58

5.　わが国の農林水産物・食品の輸出における課題　　58

5.1　為替レートを考慮した輸出額の推移　　58

5.2　知的財産侵害への対策　　60

5.3　地理的表示制度の拡充　　60

6.　消費市場としてのベトナムの発展　　61

6.1　輸出環境の整備（フードバリューチェーンの構築）　　61

6.2　中間層と富裕層　　62

7.　おわりに　　63

第3章　ベトナム社会の人口変動と持続可能な発展への影響
……………………グエン・ディン・クー

チャン・ティ・ニュン

翻訳　ファム・ティ・トゥ・ザン　　65

1.　20世紀半ばから現在までのベトナムの人口推移傾向　　65

1.1　出生率の急速な低下　　65

1.2　人口規模が大きく，高い人口密度　　66

1.3　年齢分布が激しく変化しているベトナムの人口構造　　66

1.4　高齢化の急速な進展　　68

　　　1.5　激化する都市への人口集中　　69

　2.　ベトナム社会の発展に与える人口の影響　　69

　　　2.1　人口増加と食糧安全保障　　69

　　　2.2　人口構造の黄金期：短期経済成長のメリットと長期的試練　　70

　　　2.3　低出生率によって得られるメリット　　71

　　　2.4　人口の高齢化問題　　74

　　　2.5　天然資源の減少および環境汚染の問題　　74

　3.　まとめ　　76

第4章　ボランタリー・アソシエーションからみた
　　　　ベトナム農村における社会的空間構成
　　　………………………ダン・ティ・ビエット・フォン
　　　　　　　　　　　　ブイ・クアン・ズン
　　　　　　　　　　　翻訳　ファム・ティ・トゥ・ザン　　79

　1.　はじめに　　79

　2.　村落の社会的秩序の再生　　83

　　　2.1　「村のきまり」を守る　　83

　　　2.2　平等性および輪番奉仕　　88

　　　2.3　ボランタリー・アソシエーションにおける「身分処遇制度」　　92

　　　2.4　村の内と外　　95

　3.　「趣味」による社会関係の構築　　100

　4.　人生に関わる儀式への参加　　105

　5.　おわりに　　114

viii

第5章　変貌するベトナムの葬送文化 ……………嶋根　克己　121

1. はじめに　121

2. 伝統的な葬送儀礼の流れ　122

2.1 『寿梅家礼』の影響力　123

2.2 中部フエの葬儀　125

2.3 ハノイ近郊農村の葬儀　126

3. ハノイにおける2つの葬儀　129

3.1 NH さんの葬儀の過程　129

3.2 NH さんの親族の証言　133

3.3 ハノイ市内で行われた告別式　138

4. 大都市近郊の公園墓地の誕生　142

4.1 農村における血縁集団墓地　142

4.2 ハノイ市内の墓地　142

4.3 ハノイ市の市外墓地　144

4.4 建設中の高級公園墓地　146

5. まとめ　148

第6章　ベトナムの都市化と居住環境構制
　　──ドラスティックな変容の実相を読み解く視角 …大矢根　淳　153

1. はじめに〜3枚の写真から　153

2. ドイモイと都市開発の履歴　154

2.1 都市化率　154

2.2 ベトナムの社会・経済開発政策の大枠　156

目　次　　ix

3. ソ連型都市計画の導入からゾーニング計画へ　160

3.1　ソ越友好関係下のハノイ都市計画　160

3.2　ドイモイによる都市化政策の転換　163

3.3　マスタープランからゾーニング計画へ　165

4. 開拓移民政策から居住・移動の自由へ
～ドイモイを導いた農民・ローカルの底力　171

4.1　ベトナムにおける組織的移住政策　172

4.2　一次居住・国内移住の正当化（2006 年居住法）　175

5. むすびにかえて～ベトナム都市居住環境の構制変容　177

第7章　ベトナムの教育改革
──教育内容・方法改革とインクルーシブ教育導入を中心に
……………嶺井　正也　185

1. はじめに　185

2. ベトナム教育の基本枠組み　189

3. 初等（小学校）教育の質的改革に向けて　193

4. インクルーシブ教育導入の動向　198

4.1　障害児教育法制　199

4.2　インクルーシブ教育の導入と現状　201

5. おわりに　204

第8章　ドイツのベトナム人
旧東ドイツの契約労働者たちの軌跡 ……村上　俊介　209

1. はじめに　209

2. ベトナム人契約労働者の歴史的背景　211

3. ベトナム人契約労働者の形成と展開　215

4. ベトナム人契約労働者と東ドイツの破局　224

5. ベトナム人旧契約労働者たちの現在　233

第1章
グローバル資本主義の変容と
ベトナム工業化

宮嵜 晃臣

1. 問題の所在

1975年4月5日，戦車を先頭にサイゴンに登場する「南ベトナム解放民族戦線」の映像——実は翌日に撮り直されたもののようであったが——に雪解けに近い感情を抱いた。インドシナが「解放」される機運と思いきや，ポル・ポト政権の農村社会主義化の悲惨な状況，ベトナムのカンボジア侵攻，中越戦争が続き，アジア「社会主義」陣営も一枚岩ではないことが明らかとなり，他方「東欧民主主義革命」に続き本丸ソ連邦も脱社会主義に向かい，20世紀社会主義の実験が終わりを迎え，こうした流れに竿をさして「新自由主義」が「市場経済の勝利」を宣言するかのように，その潮流を広めていくようになり，「ニューエコノミー」の出現などとグローバル資本主義の発展がもてはやされるようになった。

ところがグローバル資本主義の発展は「新自由主義」の正当性を担保するものでもなく，また「市場経済の勝利」という単純な図式で割り切れるものではなかった。後者については，「社会主義市場経済」の中国が自らのやり方でキープレーヤーとしてグローバル資本主義に野合しているからである。本書のテーマ国ベトナムもいち早くTPP参加を打ち出し，グローバル資本主義に本格的に加わろうとしている。前者については2007年のサブプライムショック，2008年のリーマンショックがそれまでの米主導のグローバル

資本主義の蓄積構造に限界を画したのであり，その限界は「新自由主義」的政策によってもたらされたと考えられるからである。そしてバーナンキFRBの「信用緩和」によって金融パニックの発生は防がれたものの，この前代未聞の政策によってもモハメド・エラリアンの「ニューノーマル」のとおり，元の常態には戻れず，グローバル資本主義は新興諸国の中間層市場ならびにインフラ市場に大きく依存するようになった。新興諸国の中心を担っているのが中国であり，その中国も生産年齢人口がピークアウトするにつれ賃金が上昇し，加えて種々のリスクも顕在化しはじめ，多くの多国籍企業，グローバル企業は「チャイナ プラス ワン」を模索するようになる。その有力候補としてベトナムが注目されだし，実際サムスンはここにGalaxyの量産拠点を中国から移管し，その結果ベトナムは2012年に貿易黒字を記録し，スマートフォンの輸出用生産で工業化の歩みを踏み出した。ベトナムがこのようにサムスンのスマートフォンの事業展開をとおして工業化に踏み出したことはある意味で画期的なことである。これまで東アジア，東南アジアの工業化は日系企業の事業展開が先導的役割を担ってきたのに対して，ベトナムでは初めてアジアNIESの一角である韓国が，ソニーも中核事業としての位置づけをあきらめたスマートフォンで，その工業化を先導し，中国，韓国からのサプライチェーンも築いているからである。

　しかしスマートフォンによる工業化については，別に検討すべき課題がある。というのも，まずスマートフォンについてはこれを先導したアップル社との苛烈な競争関係に身を置かねばならないからである。第2にはグーグルのAndroidがオープンソースとして誕生し，そもそもiPhoneの第1号機からAシリーズと名付けられているアプリケーション用CPUの生産をサムスンが受託したこととも関連し，根本においてアップル社がこのCPUの設計に用いたARM社のコア（IP）を用いて，その後サムスンも，クアルコムも，メディアテックもスマートフォン用CPUが設計できるようになり，アップル社のiOSならびにCPUの独占が崩れ，スマートフォンがモジュラー型オープンアーキテクチャーのコモディティになったことで，その生産拠点

の再配置，再々配置の足も速くならざるをえないからである。これらの諸要因からスマートフォンの最終組立工程を担うことが磐石な工業化になりうるか，この点の検討を本章の最後の課題にしたい。

この最後の課題に向かうためには，まず米主導グローバル資本主義とはそもそも何であったのか，そこになぜ「社会主義国」が野合するものとなるのかを明らかにしておきたい。第2にグローバル資本主義がそのどのような構成要因からサブプライム・リーマンショックをもたらしたのかを明らかにし，次いで第3にサブプライム・リーマンショック後の諸政策が展開される中，なぜに元の米主導のグローバル資本主義に戻れないのかを明らかにしたい。第4にはリーマンショック後の新興諸国の経済成長とその限界点を中国に即して考え，第5にベトナム工業化にまつわる上記の課題を解決していきたい。これら5つの課題をとおしてベトナム工業化を時系列上にも，世界経済上にも位置づけられると考えられるのである。

2. グローバル資本主義の構成諸要素

そもそも米主導のグローバル資本主義とは何であったか。資本に国境はないのであるから，資本主義は常にグローバルを志向する。その中にあって米主導のグローバル資本主義には特有な構成要素を5点備えている。「デジタル化，IT」「産業グローバリゼーション」「金融グローバリゼーション」「新自由主義」ならびに「グローバル企業」である。これら諸要素が冷戦からポスト冷戦の大きな歴史的推移に規定されて複雑に絡み，グローバル資本主義を構成している。

2.1 新自由主義

米主導グローバル資本主義は基本的にはポスト冷戦の賜物であるといってよい。しかし冷戦下の「新自由主義」的政策を継承し，さらにそれを推進してきた側面もある。イギリス病＝スタグフレーションに呻吟するなか，

1979 年に政権を奪還したサッチャー保守党政権の下で労働法改正により労働同権化の軌道を崩し，国営事業の民営化，ビッグバンと称される金融自由化，金融政策へのマネーサプライ目標の導入，減税を試み，新自由主義的政策の嚆矢となった。建国史上初めての敗戦，しかも象と蟻の戦いといわれたベトナム戦争に敗れ，インドシナのドミノ現象を食い止めることができず，またソ連のアフガン侵攻も許し，自由主義世界の憲兵としての威厳も揺らぎだすなか，「強いアメリカ」の復活を掲げて 1980 年の大統領選に当選したレーガン政権の下でさらに「新自由主義」的政策の地歩は固められた。「新自由主義」の歴史的特徴は福祉国家の枠組みを換骨奪胎させることにある。

　福祉国家は資本主義国家が社会主義勢力に対抗するために社会主義の理念をある程度取り込んで，自己改造した体制であり，労働基本権の承認を基本とする労働同権化，社会保障制度の整備，フィシカルポリシーの 3 輪によって構成されていた。福祉国家の枠組みの中には労働者の同権化を実現するために労働市場に対する諸規制，また福祉国家の存続条件である経済の安定成長を長期に維持するための金融市場への諸規制が盛り込まれていた。日本を例にすると労働者の同権化は労働基準法，労働組合法，労働関係調整法，職業安定法等によって労働者の権利が厚く保護されていた。金融においては証券取扱法第 65 条によって銀行と証券の業務分野が規制されて，銀行のリスクを抑え，金融安定化によって経済の安定成長を維持せんとした。労働同権化による賃金上昇に対処し労働生産性を引き上げる投資が拡大し，また賃金上昇，社会保障給付により社会的購買力が増大し，またフィシカルポリシーも奏功し，1960 年代に高度経済成長を実現し，福祉国家的枠組みと高度経済成長の相互補完性がみられたときもあった。しかし，スタグフレーションによって高度経済成長に終止符が打たれると，叙上の相補性が失われ，福祉国家の高負担性が顕在化し，福祉国家自らが産み落とした新中間層によって福祉国家の下での高負担と予算執行の非効率に対しての不満が擦り込まれ，「新自由主義」がかえって支持されることとなった。その結果,「新自由主義」的政策によってこれら福祉国家の枠組みは規制撤廃，民営化の手法を用いて

第1章　グローバル資本主義の変容とベトナム工業化　5

次から次へと壊されていったのである。したがってグローバル資本主義は「新自由主義」的政策によって福祉国家の枠組みが外されたところを自らの発展基盤となし，また東欧社会主義国，本丸ソ連邦の自壊によって，対抗軸が不在となったことで，「新自由主義」的政策は一大潮流となったのである。

2.2　金融グローバリゼーション

　1929年恐慌後，アメリカでは金利規制，業務分野規制，州際業務規制が敷かれ，アメリカは元来金融規制の強い国家であった。当初は1929-33年の金融混乱を落ち着かせることにその目的があったが，戦後も金融機関間の競争を無制限に許せば経済の安定性に事欠き，福祉国家の経済的安定を実現する目的で金融規制が働いた。ところがその福祉国家の成熟化に伴い，ミューチュアルファンド等機関投資家が金融市場で重要なプレーヤーとなり，証券市場の厚みが増すにつれ，金融規制の撤廃が金融自由化として世界に先駆けて実施されていった[1]。金融自由化は趨勢として証券化として進み，金融派生商品，証券化商品の開発がポスト冷戦の下で加速された。NASAの業務縮小，ソ連邦の解体によって，両国のロケットサイエンティストたちがウォール街に移り，金融商品の開発に鎬が削られた。後にみるように，米ソ冷戦の終結によってARPAnetが商業開放され，1990年代後半以降インターネットがブームとなり，IT，バイオ分野で，シリコンバレーを中心に「ベンチャー」企業が簇生し，呼応してNASDAQ市場に資金も集まり，ITブームが生じ，「ニューエコノミー」の到来が叫ばれもしたが，FRB（連邦準備制度理事会）がこれ以上のバブル化を警戒し，1999年後半から金融引き締めに乗り出し，ITバブルは崩壊した。その結果景気も急速に悪化し，逆に2001年1月にはFRBもFFレートを大幅に引き下げ，金融緩和は同年の9.11により強化され，2002年2月にはFFレートは1.0%に貼りつけられることとなった。ITバブル崩壊後の金融緩和の下で，入れ替わって住宅ブームが生じ，これに呼応し，かつ先導するかのようにMBS（Mortgage-backed securities：不動産担保証券），さらにこれをシニア，メザニン，エクイティという優先

劣後関係をもたせて再証券化した CDO（Collateralized Debt Obligation：債務担保証券）等が大量に発行され大西洋を跨いで販売された。米国内の2007 年の不動産担保関連証券の発行残高は国債のそれの 2 倍弱の水準にあり，同年 8 月のパリバ（仏 BNP パリバ）ショックに端的に示されたように西欧の金融機関のエクスポージャーも高かったのである。また「元格付けがBBB（投資適格の最低格付）の RMBS を組み込んでも，シニアは AAA（同最上位格付）を取得可能」（河村［2015］44 頁）とされ，さらにモノラインという保険もつけることでリスクはカバーされると考えられ，ハイリスク・ハイリターンのサブプライム担保証券の発行額は 2001 年 950 億ドルから2005 年には 5070 億ドル，サブプライム抵当貸付の証券化率は 2005 年，2006 年ともに 80％に達していたのである（河村［2015］41 頁）。元来それ自体リスクの高い不動産担保証券も組合せ次第で格付けが上がるという摩訶不思議が生まれ，住宅バブルが膨張した。金融工学の発展によって金融ファシリティが高まり，そのことでリスクテイクが可能になったわけではなかった。リーマンショック後に FRB が 2 兆ドル弱もエージェンシー MBS を買い取らざるをえなくなったのはそのことを雄弁に物語っている。「新自由主義」的政策によって金融規制が撤廃され，証券が本来もっている金融リスクを抑える歯止めがなくなり，証券化が突き進み，サブプライム・リーマンショックがもたらされた。そのパニック発生を抑え込むために FRB は「信用緩和」＝不良資産の買取りという処方箋を記し，それを断行し，その結果FRB は上述の膨大な不良資産を抱え込むこととなった。しかしその資産が劣化したときにその処方箋が記せられるのか，心配されるところである。

2.3　産業グローバリゼーション

　グローバル資本主義の最大の功績は新興諸国の工業化に結果的に貢献している点にある。グローバル資本主義下での新興諸国の工業化の基本絵図は，アジア NIES によって描かれたものを踏襲するものであれ，顕著な違いはデジタル化とそれに伴うモジュラー型オープンアーキテクチャーの恩恵を受け

ている点にある。ベトナムもまた然りである。

　アジア NIES の工業化の基本絵図とは，質が高く安価な労働力の安定供給を軸にフリー・トレード・ゾーンを設置し，関税，租税優遇で外資製造業を誘致し，先進国の隙間市場（家庭内セカンド TV 等）をターゲットに輸出指向型工業化を展開し，外資製造業の技術をスピルオーバー効果として享受し，テイクオフを徐々に実現していくものと描くことができる。中国も同様に経済特区，技術開発区を設けて，多国籍企業を誘致し，「世界の工場」と呼ばれるまでに，蛙跳び型経済発展を実現した。その構成要素としてモジュラー型オープンアーキテクチャーの普及も考えておかなければならない。この点はデジタル化，IT 化を前提とし，これらの進展がその普及をグローバルに支えるものとなっているので，次の 2.4 で詳しく触れる。ここではその典型が PC 組立てであり，この組立方式を編み出した IBM も，PC 生産が中国広東省の東莞市に集中するようになった 2006 年に PC 部門を聯想（レノボ）に売却せざるをえなくなったことを指摘しておきたい。デジタルで各モジュールのインターフェース（各モジュール間の接続，通信信号の規格）が整えられているので，PC 生産の障壁は断然下がり，当時の中国はこのモジュラー型オープンアーキテクチャーの恩恵を最大限享受して工業化を進めることができた。もちろんこの恩恵が受けられる可能性は他の途上国にもあり，そのことで中国が受けられる期間も制限されるものとなる。この点も後ほど詳しくみていきたい。

2.4　デジタル化，IT

　グローバル資本主義の技術的基盤はデジタル，IT であり，それらは「金融グローバリゼーション」と「産業グローバリゼーション」をいずれにおいても支えており，大きくは文字どおり情報通信技術とその端末のソフト・ハードウェアとその根底を支える半導体工学の発展によって進化しているといえよう。そのなかでもインターネットがその核になっており，インターネットが広く世に普及することが可能になったのは米ソ冷戦の終結によってであ

る。冷戦下の 1958 年に米国防総省内に ARPA（Advanced Research Projects Agency）が設立され，核戦争下で「生き残る通信手段」としてのコンピューターネットワークの構築が模索され，ARPAnet は 1969 年には電話回線上でデータ転送が実現されたという。そして 1989 年 12 月に米国ブッシュとソ連ゴルバチョフとのマルタ会談で米ソ冷戦の終結が宣言され，国家の機密戦略として秘匿する必要がなくなったので，直後の 1990 年には ARPAnet は米科学財団に引き継がれ，その商業開放に道が開けたのである。そして 1994 年には Netscape ブラウザが公開され，1995 年には NASDAQ に上場し，さらにマイクロソフトが Windows 95 を，インテルが Pentium Pro を発売し，PC の使い勝手が向上し，1995 年にはインターネットブームを迎えることとなる。その後 20 年が経過するなか，インターネットの普及とさらなる発展は周知のように，単に情報通信上の革新にとどまらず社会生活全般の大改革を種々の面でもたらしている。

　モジュラー型オープンアーキテクチャーが普及するにはモジュール間のインターフェースをデジタルで整えておかなければならない。その意味ではデジタル化さらにはモジュールが指定された機能を果たすべきプログラムとそれを実行指令する回路システムが必要である。半導体工学の発展が必要だったのである。デジタル化とは「情報を数字で表すこと，あるいは『有限の文字列』で表すこと」（青木・安藤 ［2002］104 頁）で，デジタル革命がその文字列として表示された情報を「電気的なビット列として機械的に処理」（同 103 頁）することを可能にした。

　旧来のアナログ的なものづくりでは種々の調整が必要となるので，垂直統合型の摺合せ方式が強みを発揮するのに対して，デジタル型の製品では組み込まれる LSI によってそれらの調整が漸次不必要となってきた。また各々そのインターフェースが標準化されているモジュールを組み合わせて作ることができるので，国際水平分業方式が強みを発揮するものとなる。その典型例がパーソナルコンピューターである。モジュラー型オープンアーキテクチャーとは 1981 年に IBM が 1 年間の限られた製品開発期間の下で採用せ

第1章　グローバル資本主義の変容とベトナム工業化　　9

ざるをえなかった水平分業によるものづくりの方法で，デジタル製品ではものづくりがその枠組みから大きく変わることとなった。アナログ型のものづくりは，その製品の各部品から独自仕様で作り，それらを積み重ねて製造していくのであるが，開発期間1年という限られた制約ではこうした独自の積み重ね方式を採用することは不可能なので，仕様，各モジュールのインターフェースを公開し，各専業メーカーから各モジュール，ソフトウェアを調達し[2]，PC/AT の組立てを実現し，1984 年ごろには米国市場でトップシェアを確立したという[3]。ところがこうした生産方式で簡単にパーソナルコンピューターが組み立てられるので，デファクトスタンダードとなった IBM の PC/AT の互換機は米国内でまず他社によって大量に供給され，さらに国境を越えて生産立地が広がり，その組立て生産は賃金の安価な地に収斂し，既述のように中国広東省の東莞市に集中するようになった 2006 年には IBM も PC 部門を聯想（レノボ）に売却せざるをえなくなったのである。近時では先進国でのパーソナルコンピューターの生産は極めて限定されざるをえないようになった。パーソナルコンピューターの生産で世界的に拡大されたモジュラー型オープンアーキテクチャーはこの間さまざまな分野にも適用されるようになった。LSI の発展によってデジタル型液晶テレビにもこうしたものづくりが広まり，日本テレビメーカーの苦境を作り出したのである。

　半導体は大雑把にはトランジスタ→IC（集積回路）→LSI（大規模集積回路）の発展プロセスをたどり，LSI の規模は 1 チップに搭載されるトランジスタの数で表現される。「半導体市場は，ロジック，アナログ，マイコン，メモリ，ディスクリートほかの 5 つに大きく分類され……2010 年の半導体市場は全体で 2983 億ドルで……，ロジックカテゴリーは 774 億ドルで 26％を占めており，一番大きい」（佐野［2012］139 頁）。その中にあって SoC (System on a Chip, 以前にはシステム LSI と呼ばれていた) は「ロジック製品の中で大規模システムを実現している LSI」で，「それを搭載している電子機器の競争力を決定している」（同前）。「現在の SOC は 1000 万ゲートを超える規模になっており，SOC 構成の基本単位は機能 IP（Intellectual

Property）となっている。機能 IP も規模が大きくなった結果，機能 IP が独立した商品となり，IP プロバイダが出現している」（同 118 頁）。そして「SOC の対象となる製品は，携帯電話，テレビ，デジタルカメラ，DVD レコーダー，デジタルオーディオ，ビデオなど多岐にわたるが，これら最終製品のシステムの基幹部分を SOC が実現している。この意味で，デジタル情報家電時代のキーデバイスといえる」（同 118 頁）。レコードが CD に，カセットレコーダーが IC レコーダーに，カセットテープのウォークマンがデジタル型に，銀塩カメラがデジタルカメラにとって代わり，携帯電話・タブレット型情報端末機がインターネットに接続され，地上波デジタルテレビに全面的に切り替わったのも，SoC の叙上の発展に負うところが大きい。1 チップあたりの集積度の増大が，扱う情報量の増加ならびに情報処理能力を高めた。もちろん情報の出入力，処理はデジタル回路で実現され，アナログ回路で必要な種々の調整が漸次不要となった。そのことによって，SoC なら各 IP が独立した塊になり，パソコン，携帯電話，タブレット型情報端末機等の情報通信機器，CD-ROM，DVD，テレビ等の AV 家電の多くがインターフェースの整えられたモジュールで組み立てられるようになった。IP，モジュールはこの脈絡ではデジタル回路を構成単位として一つの塊になっていると考えなければならない。

　モジュラー型オープンアーキテクチャーのもう一つの前提は「オープン」性，つまりデジタル化により，モジュールさえ調達できれば生産拠点はグローバルに拡大する点にある。SoC をはじめインターフェースが整えられているモジュールを調達すれば，一定の教育水準を前提とするものの，それを満たせばデジタル製品はどこでも生産できるようになったのであるから，賃金の安価なところで生産されるようになった。液晶パネルのデジタルテレビになると，モジュラー型オープンアーキテクチャー方式が適用可能となり，日本のテレビメーカーの競争力が一気に削ぎ落とされることになった。

2.5 グローバル企業

グローバル資本主義のミクロ的主体はグローバル企業であり，従来の多国籍企業のように現地法人を設立して国際分業を展開する場合もあるが，アップル社のようにグローバルネットワークを用いて製造までアウトソーシングするところに IT/ グローバル資本主義の特徴が畳み込まれている。つまり，IT によって構築されたグローバルネットワークを，また同様にモジュラー型オープンアーキテクチャーの利用できる点はフルに活用し，さらに根本的には国家の開発諸成果を貪り，それらを自らの製品の競争優位に囲い込んでいこうとしている。後の「5. ベトナム工業化の歴史的位相」のアップル社の分析でこうした点を詳らかにしていきたい。

3. サブプライム・リーマンショックの歴史的位相

ARPAnet の開発ならびにその商業開放を行い，そのアドバンテージをシリコンバレーのグローバル企業が確保し，また金融自由化を先駆けて実施し，グローバル資本主義はアメリカ主導の下で進展し，グローバルスタンダードは事実上アメリカンスタンダードとなり，アメリカ主導のグローバル資本主義は福祉国家に代わる新体制のように受け止められた節もあった。しかし，2007 年のサブプライムショック，2008 年のリーマンショックによってその限界が画された。サブプライム・リーマンショックの原因，その推移については拙稿にも [4]，また多くの論考によって明らかにされているので，ここではこれらショックがアメリカ主導のグローバル資本主義への「帰らざる河」となり，なぜ戻れないのか，どこに向かおうとしているのか，この点に焦点を定めたい。

習近平の「新常態」のオリジナルとなったモハメド・エラリアン（投資顧問会社ピムコの元 CEO）の「ニューノーマル」では景気が回復しても元の常態には戻らず，今後産業諸国（新興諸国）の消費市場が活発となり，成長

エンジンになることを示唆していた。2010年時の講演という点を考えれば先見性は高かったといえよう。

なぜ元の常態に戻ることができないのか。FRBは2007年のサブプライムショック後に金融緩和を断行し，リーマンショック後にはMBSの買取り，長期国債の買取りといった禁じ手の「非伝統金融政策」を実施し，金融パニックは避けられた。この功績は認めなければならないものの，「低金利下の金融政策」は効かないことを改めて印象づけるものに終わっている。こうした中央銀行の金融緩和はBOE，ECB，日銀によっても採用されているも，いずれも同様なものに終わっている。図1.1にみられるように，FRBの資産はリーマンショック時の9337億ドルから2016年8月末に4兆4556億ドルに4.7倍にも膨張した。うちエージェンシーMBS買取り額は39.6%の1兆7665億ドル，長期国債買取り残高は42.8%の1兆9065億ドル，両者

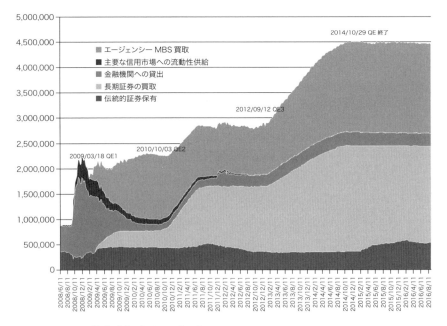

図1.1　FRBの資産残高（100万ドル）
資料：http://www.clevelandfed.org/research/data/credit_easing/index.cfm　より作成

第1章　グローバル資本主義の変容とベトナム工業化　　13

表1.1　日銀資産状況等（億円，％）

		2012年度末	2013年度末	2014年度末	2015年度末	2012年度末から2015年度末にかけての変化率
	総計	1,648,127	2,415,798	3,235,937	4,056,481	2.5
資産	国債	1,253,556	1,983,370	2,697,921	3,491,955	2.8
	うち長期国債	913,492	1,541,536	2,201,337	3,018,986	3.3
負債	発行銀行券	833,782	866,308	896,732	955,945	1.1
	当座預金	581,289	1,286,678	2,015,564	2,754,394	4.7
自己資本		60,811	65,357	71,680	74,346	1.2
自己資本比率（日銀ベース）		7.3%	7.5%	8.0%	7.8%	1.1
自己資本比率（民間ベース）		3.7%	2.7%	2.2%	1.8%	0.5
名目国内総生産		4,741,705	4,744,037	4,824,306	5,005,467	1.1
日銀資産の対ＧＤＰ比		34.8%	50.9%	67.1%	81.0%	2.3
日銀保有国債の対ＧＤＰ比		26.4%	41.8%	55.9%	69.8%	2.6

資料：日本銀行「業務概況書」，「毎旬営業報告」より作成

で82.4％を占め，サブプライム・リーマンショックに行き着いた民間金融機関のリスクはMBSの買取りに示されているようにFRBが肩代わりし，あまつさえ長期国債の買取りは実質金利低下からドル安をもたらし，サブプライムローン担保証券のエクスポージャーが低く，量的緩和を本来しなくとも済んだ日本にもドル安＝円高を回避するために量的緩和を迫るものとなった。もちろんアベクロミックスの量的緩和による脱デフレ妄信がここに加わって，表1.1に示されているようにGDPの8割にも日銀の資産規模が膨らむ主要因を「異次元緩和」がもたらした。

　金融緩和は遅効で効き目が薄く，ことに低金利下では効き難い。対して金融引締めは即効性があり，金融緩和でバブルが膨張した後のそれはバーストをもたらしやすい。ゆえに「帰りが怖い」政策となる。FRB議長をバーナンキから引き継いだイエレンは「金融政策の正常化」を意識し，2014年10月末にQE（量的金融緩和政策）を終了させ，出口政策に舵をきったところ，

金利引き上げには躊躇せざるをえない要因をいくつも抱えていた。国内では
ドル高，それによる新興諸国からの資金還流という国際懸念要因も抱えなが
らインフレ昂進リスクとのジレンマに対処せざるをえない。黒田「異次元緩
和」は２年で２％の物価上昇という目標には全く達することができず，「隠
された目標」[5]とも考えられる円安を実現し，輸出企業の好決算をもたらし，
株高，安倍政権の支持率上昇を演出することができた。しかし，この円安効
果もどうやら賞味期限を切らしたようである。2016年伊勢志摩サミットを
前にした４月にルー米財務長官は「通貨安競争の回避を再確認する」とし，「日
本など５カ国・地域を為替報告書の『監視リスト』に加え，露骨に介入を
けん制した」（『日本経済新聞』2016年５月16日）。こうして唯一の効能も
継続不能となり，今やその副作用として長期金利上昇局面＝国債価格低下局
面での国債保有のリスクが案じられるようになった。

　「必要なことは何でもやる」（Wessel［2009］42頁）というヘリコプター・
ベンによる前代未聞の「信用緩和」によってパニックは姑息にも避けること
ができた。それも，MBSの買取りという民間金融機関のリスク資産を中央
銀行が引き取る「禁じ手」を犯してのことであり，前代未聞であるがゆえに
その副作用がどのように起きるか，歴史に学ぶことができない。したがって
不測の事態を招くことも考えられる。黒田「異次元緩和」もこれまで唯一効
果が示された円安も「通貨安競争」であり，そのルートをアメリカによって
塞がれたことによって二進も三進もいかなくなった。モハメド・エラリアン
の「ニューノーマル」が提唱するように，米主導のグローバル資本主義は元
に戻ることができそうもない。それどころか今後，この一時しのぎの禁じ手
がどのような事態を招くことになるのか，将来の不安が拭えない。いつかは
雪庇が張り出した稜線を下らなければならないのである。

4. 新興諸国の中間層市場とインフラ市場に依存する
　　グローバル資本主義

　では，アメリカに代わって新興諸国が主導性をもちうるかと考えると，そこまでの地殻変動は起きてはいない。しかし基軸産業の自動車の市場を見ればそのボリュームは新興諸国の中間層の市場が大きく，日本の自動車メーカーも新興諸国への現地化戦略に注力している[6]。

　世帯年間可処分所得が5000ドル以上1万5000ドル未満は下位中間層，1万5000ドル以上3万5000ドル未満が上位中間層，3万5000ドル以上が富裕層，そして5000ドル未満が低所得層という基準で，Euromonitorは，2020年には中間層は30億6000人に，2010年の21億3000万人から大幅に増大すると推定した（表1.2）。30億6000万人と推計される新興諸国の中間層のうちアジアのそれは23億1000万人，4分の3を占め，中国だけでも9億1000万人，全体の3割を占めている（表1.3）。この推計の根拠にはリーマンショック後の中国の成長があったと考えられる。

　中国沿海部のオフショア生産拠点も当然，リーマンショックの影響に巻き込まれ大きな打撃を受けた。しかし，政府の判断は早かった。2008年11月9日にいち早く総額4兆元の「内需促進・経済成長のための10大措置」を発表し，内需主導型の成長を推し進めた。その内訳は鉄道・道路・空港な

表 1.2　新興国の所得層別人口推移（単位：億人）

	2000	2005	2010	2015	2020
富裕層	0.9	1.4	2.5	4.4	6.9
上位中間層	1.6	2.6	5.1	7.9	11.5
下位中間層	4.5	8.4	16.2	18.6	19.1
低所得層	31.4	28.4	19.2	14.1	9.4

備考：世帯可処分所得別の家計人口。各所得層の家計比率×人口で算出。2015年，2020年は
　　　Euromonitor 推計。
資料：Euromonitor International 2011 から作成。
出典：http://www.meti.go.jp/report/tsuhaku2011/2011honbun/html/i3110000.html

表 1.3　新興国・地域の中間層推移　（単位：億人）

地域		1990	1995	2000	2005	2010	2015	2020
東アジア	中国	0.2	0.5	0.6	2.4	6.4	8.3	9.1
	香港	0.0	0.0	0.0	0.0	0.0	0.0	0.0
	韓国	0.4	0.3	0.4	0.3	0.3	0.2	0.1
	台湾	0.2	0.1	0.1	0.2	0.2	0.1	0.1
東南アジア	インド	0.2	0.4	0.6	1.9	5.3	7.5	9.9
	インドネシア	0.1	0.2	0.1	0.3	1.1	1.6	2.0
	タイ	0.1	0.3	0.2	0.3	0.4	0.5	0.5
	ベトナム	0.0	0.0	0.0	0.0	0.2	0.3	0.5
	シンガポール	0.0	0.0	0.0	0.0	0.0	0.0	0.0
	マレーシア	0.1	0.1	0.1	0.2	0.2	0.2	0.2
	フィリピン	0.1	0.2	0.1	0.2	0.4	0.6	0.8
アジア　小計		1.4	2.2	2.4	5.8	14.6	19.4	23.1
中東	パキスタン	0.0	0.1	0.1	0.3	0.6	1.1	1.7
	トルコ	0.3	0.3	0.5	0.5	0.5	0.4	0.4
	ＵＡＥ	0.0	0.0	0.0	0.0	0.0	0.0	0.0
	サウジアラビア	0.1	0.1	0.2	0.2	0.2	0.1	0.1
アフリカ	南アフリカ	0.2	0.2	0.2	0.2	0.2	0.3	0.3
	エジプト	0.0	0.1	0.3	0.2	0.6	0.7	0.8
	ナイジェリア	0.0	0.0	0.0	0.2	0.2	0.4	0.5
中南米	メキシコ	0.5	0.5	0.7	0.7	0.8	0.7	0.7
	アルゼンチン	0.2	0.1	0.1	0.2	0.1	0.1	0.1
	ブラジル	0.6	0.9	0.9	1.0	1.4	1.3	1.2
	ベネズエラ	0.1	0.2	0.2	0.2	0.2	0.2	0.2
	ペルー	0.1	0.1	0.1	0.1	0.2	0.2	0.2
東欧	ロシア		0.6	0.1	0.8	1.1	1.0	0.8
	ハンガリー	0.0	0.1	0.1	0.1	0.1	0.1	0.1
	ポーランド	0.0	0.3	0.3	0.3	0.3	0.3	0.2
	ルーマニア	0.0	0.0	0.0	0.2	0.2	0.2	0.2
その他新興国　小計		1.7	3.6	3.7	5.2	6.7	7.2	7.5
合　計		3.2	5.8	6.1	11.0	21.3	26.5	30.6

備考：世帯可処分所得別の家計人口。各所得層の家計比率×人口で算出。2015 年，2020 年は
　　　Euromonitor 推計。1990 年の人口にロシアは含んでいない。
資料：Euromonitor International 2011 から作成。
出典：http://www.meti.go.jp/report/tsuhaku2011/2011honbun/html/i3110000.html

第1章　グローバル資本主義の変容とベトナム工業化　　17

表 1.4　中国における自動車・家電補助金制度

	名称	対象	期間・内容
自動車	購置税減税	1600cc 以下の自動車	当初は 2009 年 1 月 20 日から同年末までで 10%を 5%に減税，期間を 2010 年末まで延長し，延長分については 7.5%に再設定
	汽車下郷	農民の小型・軽トラの購入・乗換，1600cc 以下の自動車購入	2009 年 3 月に導入され，期間も 2010 年末まで延長，販売額の 10%を補助
	以旧換新	都市部の自動車買換え	2009 年 6 月に導入され，締切も 2010 年 5 月から 2010 年末まで延長。補助金が支給され，延長分には補助金上限の引き上げ
	低燃費小型自動車購入補助金	低燃費車	2009 年 6 月に導入され，購入に際して 3000 元を支給
家電	家電下郷	家電	2007 年 12 月に策定され，翌 1 月から山東，河南，四川でカラーテレビ，洗濯機，冷蔵庫，携帯電話の購買に 13%の補助金が支出。2009 年 2 月から全国に広げられ，対象も温水器，エアコン，電子レンジ，電磁調理器に拡大，2013 年 1 月末まで実施。
	以旧換新	家電の買換え	カラーテレビ，洗濯機，冷蔵庫，パソコン，エアコンの買換えに 10%の補助金が支出。期間も 2011 年末まで延長。
	省エネ家電購入補助金	5 都市で試験的に実施	省エネ家電の購入に補助金を支出。

資料：各種資料により作成

どのインフラ整備に 38%，震災地の復興再建プロジェクトに 25%，安価な住宅建設に 10%，農村インフラに 9%，技術イノベーションに 9%，環境対策に 5%，医療・衛生・文化・教育事業に 4%になっている。2008 年 5 月の四川大地震の復興事業，遡って中部 6 省には「中部地区崛起」が 2006 年から実施されていたことが伏線となって，また沿海部の賃金上昇下でグローバル企業が現地法人を沿海部から中部に再配置する流れも生じ，内需主導型の成長パターンがリーマンショックを転じて作り出されていったのである。内需拡大策として，この「10 大措置」以外に自動車と家電への補助金制度が，表 1.4 に示されているように，種々盛り込まれていた。自動車への

これら補助金制度に促進され，2009 年の自動車販売は前年比 426 万台増の
1364 万台を計上した。同年の日本の自動車販売台数が 461 万台だったので，
この増加分は日本の販売台数に匹敵している。なお，乗用車の販売台数は
1033 万 1000 台で，うち 1600 cc 以下の乗用車は 719 万 6000 台で，69.6
％を占め，前年比 71.3％増の売行きを示した。2010 年度予算では政府は「家
電下郷」に 152 億元，「汽車下郷」に 135 億元，「以旧換新」に 103 億元を
当て，2009 年中国の実質経済成長率は 8.7％を記録した。その需要項目別
寄与度をみると，純輸出が −3.9％ポイント，最終消費が 4.6％ポイント，
総資本形成が 8.0％ポイントとなって，輸出の落ち込みを内需の拡大で補い，
内需主導型成長パターンを示している（内閣府 [2010]）。もちろん総資本
形成には「10 大措置」が，最終消費には種々の補助金が貢献しており，リー
マンショックを機に間髪いれずに採用された種々の内需拡大策が 2010 年の
10.4％，2011 年にも 9.3％と高い成長をもたらした大きな要因となった。

　リーマンショック後日本の国別輸出先でリーマンショック時を回復するの
は唯一中国だけで，2008 年 9 月を 100 とする指数で 2010 年 12 月に
112.8 を記録し，「中国頼み」の経済回復とまでいわれ，中国が世界経済を
牽引する可能性を感じられる時期もあったが，次第に中国の経済成長も頭打
ちになり，踊り場に差し掛かった。生産年齢人口がピークアウトに近づくに
つれ，賃金が高騰し，そのことがその最大の要因となっている。都市部の有
効求人倍率は 2010 年には 1.0 の境界線を超え，その平均賃金は 2000 年の
9333 元から 2005 年には 1 万 8200 元に，さらに 2010 年には 3 万 6539
元と，5 年ごとに倍増し，上海では 6 万 6115 元，北京でも 6 万 5158 元と
平均を大幅に上回る水準に推移している（中華人民共和国国家統計局『中国
統計年鑑 2011』）。さらに 2013 年には都市部の平均賃金は 5 万 1483 元，
上海では 9 万 908 元，北京では 9 万 3006 元に高騰したのである。

　また高成長下で膨らんだバブルも弾けだした。2015 年 6 月に最高値
5166.35 をつけた上海総合指数は 7 月 3 日に 3507.19 に，3 週間で 3 割も
低下した。この上海ショックに政府も種々の PKO（株価維持政策）を試みた。

翌4日には証券21社の投信買いに1200億元費やし，28社の上場を見合わせ，5日には政府系企業にも投信買いに参加させ，8日には保険会社の株式投資額上限を引き上げ，国有企業にも株式購入を要請した。政府の慌てぶりが見てとれる。実はバブルのもう一つの要素の不動産について，すでに全国的にその兆候が見られていたのである。2011年段階で地方政府は「融資平台」という投資会社を通して銀行借入れを手掛けて，不動産開発を進めてきた。不動産市況の軟調，利上げが重荷となり，2011年段階で「融資平台」の資金繰り悪化が懸念されるようになった。しかも債務総額は130～160兆円，その不良債権化が30兆円にも達するとの報道が出されていた（『日本経済新聞』2011年7月18日）。先に内需主導型の成長に舵を切る政策として位置づけた4兆元の「10大措置」策もここに絡んで，この問題を複雑化させているので，プラスの評価だけでは済まされないのかもしれない。この内需拡大策がその後も道路網，高速鉄道網の建設等に続けられ，鉄鋼業等の老朽設備が温存されながら，生産力の過剰をもたらすことになった。またこの「10大措置」を実施する際に地方政府は自前での資金調達を求められ，2010年末時点で10.7兆元，2013年6月時点には17.9兆元に拡大し，地方政府の資金調達のプラットホームとして活用された「融資平台」の危険性を助長するものにもなってしまった。

　これまで見てきたように，「南巡講話」により改革開放の強い意志を政府が示し，沿海部を中心に「経済特区」，「技術開発区」を設けて積極的に多国籍企業，グローバル企業を呼び込むことによって「世界の工場」と呼ばれるまでに経済成長を実現してきた中国の経済成長の最大の要因は，安価な労働力の大量供給にあり，それを保障していたのが農民工の存在であった。ところが生産年齢人口のピークアウトと内需振興により農民工の有力な出身地の中部6省を中心に内陸部にも労働力需要が増大し，賃金上昇が中国全体として昂進するようになった。そうなれば，生産コストの絶大な優位性は失われ，他の低賃金国への再配置が模索されることになる。もちろん，表1.3で明らかなように「市場」としての魅力を中国は持ち続けており，その市場を

現地化戦略によって確保する必要もあるので,「チャイナ プラス ワン」の生産拠点が必要とされ,その実現が模索されることとなる。そしてプラスワンの有力な候補としてベトナム社会主義共和国（1976年7月成立）が注目されるようになった。

5. ベトナム工業化の歴史的位相

ベトナム社会主義共和国の計画経済運営も成立10年を迎えて大きく方向転換していく。1986年12月の第6回ベトナム共産党大会において導入が決定された「ドイモイ」である。中国共産党が1978年12月に「改革開放」に舵を切り,ソ連でも1985年3月に共産党書記長に革命後世代として初めて就任したゴルバチョフの下で「ペレストロイカ」（1986年2月に提示）が推進されたことを受けての社会主義体制の下での「刷新」はベトナムも選択せざるをえなかった。周知のように東欧・ソ連社会主義政権は1989年以降崩壊した。1956年「ハンガリー革命」,1968年「プラハの春」,1980年ポーランド自主管理労組「連帯」と東欧では12年周期で民主化運動が繰り返され,ソ連,ワルシャワ条約機構軍の軍事介入による弾圧さえ行われたのである。ソ連型の社会主義の崩壊の内部要因を考えると前衛党の肥大化に行きあたる。党によって導かれた革命はその実をプロレタリア独裁としてではなく,党独裁として結んだ後も,その過誤は個人独裁まで突き進み,プロレタリア解放とは真逆の人権抑圧体制をもたらした。その根底的過ちが「東欧民主主義革命」,ソ連邦解体を規定した最大の要因だと考えられる。そしてその無理を「ペレストロイカ」によって克服する際に,民主化を政治の領域にまで広げたことが体制の崩壊につながった。その点で鄧小平の「先富論」に基づく改革は民主化を経済領域に限定し,それを政治領域に拡げない点で「社会主義」を維持しえたのであろう。逆に考えると「ペレストロイカ」の教訓を学んだことで可能ともなったといえよう。しかしその体制の政治的不安定要因は依然抱えており,その無理を経済成長によって糊塗しようとして

第1章　グローバル資本主義の変容とベトナム工業化　21

いる。かつての東アジア諸国の開発独裁と同じ手法だといえよう。ゆえにグローバル資本主義に積極的に合流することが当為をなすこととなる。

　現在のベトナム社会主義は共産党書記長，国家主席，首相のトロイカ体制によって独裁者を生まないことを通して政治的安定を実現している（守部［2012］12-18頁）。また1986年に発表して以来「ドイモイ」を着実に実現してきたことが党への信頼を醸成してきたとも考えられる。その内容は「①国家主導の重工業化政策の放棄，②農家への土地の使用権・譲渡権・継続権の付与，③国有企業の株式化を通じた経営責任制の導入と不採算企業の合併・解体，④民間企業新規参入許容や貿易圏の開放，⑤外資導入による工業化の推進，⑥物資配給制の廃止と統制価格の廃止」などである（ブイ［2015］より引用）。

　1987年には外国投資法が成立し，直接投資の積極的受け入れに着手し，輸出指向型の工業化を図ってきた。しかし表1.5で確認できるように，2010年まで輸出の上位は縫製品，履物等の軽工業品，原油，木材，コメ，コーヒー等の一次産品が多く，輸入では機械設備・同部品，コンピューター，電子製品・同部品が多く，付加価値の低い製品，一次産品を輸出し，軽工業品輸出の増大が資本財・中間財の輸入誘発を招き，その結果貿易赤字が定着し，この構造から脱出することがかなわなかった。ところで2012年に貿易黒字を記録し，2014年まで黒字が続き，2015年には原油価格低下を最大起因に貿易赤字を記録するも，表1.6に示されているように2016年上半期には再び黒字化（17億ドル）する。両表からうかがい知れるように，黒字化の要因は電話機・同部品の輸出にある。これは統計上2011年に初めて項目として計上され，68.9億ドルが記録され，翌2012年にはその1.8倍127.2億ドル，さらにその翌年には1.7倍の212.2億ドルの輸出を記録し，この電話機・同部品の輸出の増大がベトナムの貿易黒字化の原動力となった。

　ここでの電話機とは携帯電話であり，端的にはスマートフォンである。そのベトナムでの生産台数は2009年＝640万台，2010年＝3740万台，2011年＝7960万台，2012年＝1億940万台，2013年＝1億3200万台，

表 1.5　ベトナムの主要輸出品目の推移（百万ドル）

	2006 年	2007 年	2008 年	2009 年	2010 年	2011 年	2012 年	2013 年	2014 年	2015 年
電話機・同部品	na	na	na	na	na	6,886	12,717	21,244	23,607	30,176
縫製品	5,834	7,750	9,120	9,066	11,210	14,043	15,093	17,947	20,949	22,815
コンピューター電子製品・同部品	1,708	2,154	2,638	2,763	3,590	4,670	7,838	10,601	11,440	15,610
履物	3,592	3,994	4,768	4,067	5,122	6,549	7,262	8,410	10,340	12,011
機械設備・同部品	na	na	na	2,059	3,057	4,160	4,965	6,014	7,314	8,168
木材・木製品	1,933	2,404	2,829	2,598	3,436	3,955	4,670	5,562	6,232	6,899
水産物	3,358	3,763	4,510	4,251	5,016	6,112	6,093	6,717	7,836	6,573
輸送機器・同部品	na	na	na	954	1,137	2,354	4,580	4,967	5,627	5,844
バッグ、スーツケース、帽子、傘	503	634	833	731	959	1,285	1,519	1,935	2,539	2,878
原油	8,265	8,488	10,357	6,195	4,958	7,241	8,224	7,278	7,229	3,720
カメラ等	na	na	344	267	na	199	1,688	1,622	2,220	3,026
コメ	1,276	1,490	2,894	2,664	3,248	3,657	3,673	2,925	2,955	2,804
コーヒー	1,217	1,911	2,111	1,731	1,851	2,752	3,673	2,721	3,558	2,674
カシューナッツ	504	654	911	847	1,135	1,473	1,470	1,647	1,995	2,402
野菜果物	259	306	407	439	451	623	829	1,095	1,491	1,842
ゴム	1,286	1,393	1,604	1,227	2,388	3,235	2,860	2,492	1,781	1,532
コショー	190	271	311	348	421	732	794	890	1,201	1,261
合計（その他含む）	39,826	48,561	62,685	57,096	72,192	96,906	114,573	132,135	150,186	162,112
貿易収支	-5,065	-14,121	-18,029	-12,853	-12,609	-9,844	781	10	2,137	-3,537

ベトナムの主要輸入品目の推移（百万ドル）

	2006年	2007年	2008年	2009年	2010年	2011年	2012年	2013年	2014年	2015年
機械・設備部品	6,555	11,123	13,994	12,673	13,691	15,342	16,037	18,687	22,500	27,594
コンピューター電子製品・同部品	2,048	2,958	3,714	3,954	5,209	7,974	13,111	17,692	18,722	23,125
電話機・同部品	na	na	na	na	na	2,593	5,042	8,048	8,476	10,595
織布・生地	2,985	3,957	4,458	4,226	5,362	6,730	7,040	8,397	9,428	10,156
鉄・鉄くず	2,936	5,112	6,721	5,361	7,965	8,501	5,967	6,660	7,775	7,492
プラスチック原料	1,866	2,507	2,945	2,813	3,776	4,760	4,804	5,714	6,317	5,958
石油製品	5,790	7,710	10,966	6,255	6,078	9,878	8,959	6,984	7,665	5,342
繊維・皮革材料	1,951	2,152	2,355	1,932	2,621	2,949	3,160	3,725	4,692	5,004
金属類	1,460	1,885	1,785	1,625	2,532	2,697	2,632	2,942	3,434	4,236
鉄鋼製品	na	na	na	1,362	1,810	2,067	1,376	1,566	3,227	3,811
化学製品	1,007	1,285	1,604	1,580	2,054	2,395	2,478	2,778	3,217	3,416
自動車部品	505	1,302	1,918	1,802	1,933	2,075	1,461	1,681	2,146	3,028
自転車	213	579	1,040	1,269	979	1,029	617	727	1,584	2,985
医薬品	548	703	864	1,097	1,243	1,483	1,790	1,880	2,035	2,321
肥料	687	1,000	1,473	1,415	1,218	1,779	1,693	1,709	1,241	1,420
合計（その他含む）	44,891	62,682	80,714	69,949	84,801	106,750	113,792	132,125	148,049	165,649

資料：ジェトロ・ハノイ［2016］より作成

表 1.6　ベトナムの主要輸出品目の推移（百万ドル）

	2015 年上半期	2016 年上半期	前年同期比
電話機・同部品	14,597	16,947	16.1%
縫製品	10,259	10,847	5.7%
コンピューター電子製品・同部品	7,358	7,877	7.1%
履物	5,852	6,274	7.2%
機械設備・同部品	3,805	4,449	16.9%
木材・木製品	3,174	3,215	1.3%
水産物	3,004	3,084	2.7%
輸送機器・同部品	2,664	2,883	8.2%
コーヒー	1,413	1,707	20.8%
バック，スーツケース，帽子，傘	1,453	1,585	9.1%
合計（その他を含む）	77,766	82,132	5.6%
国内企業	25,227	24,788	-1.7%
海外企業	52,839	57,344	8.5%

ベトナムの主要輸入品目の推移（百万ドル）

	2015 年上半期	2016 年上半期	前年同期比
機械・設備部品	13,955	13,086	-6.2%
コンピューター電子製品・同部品	11,189	12,624	12.8%
織布・生地	4,982	5,056	1.5%
電話機・同部品	5,222	4,795	-8.2%
鉄・鉄くず	3,819	3,809	-0.3%
プラスチック原料	2,817	2,817	0.0%
繊維・皮革材料	2,502	2,526	1.0%
石油製品	2,903	2,424	-16.5%
金属類	1,813	2,225	22.7%
プラスチック製品	1,762	2,046	16.1%
合計（その他を含む）	80,839	80,434	-0.5%
国内企業	32,671	33,337	2.0%
海外企業	48,168	44,097	-8.5%

資料：ジェトロ［2016］より作成

表 1.7　サムスングループのベトナム生産拠点

投資会社	ベトナム法人名	立地	投資額(億ドル)	生産開始	生産品目	従業員(千人)
サムスン電子	SEV	バクニン省	30.0	2009.04	スマホ，タブレット PC，ウェアラブル端末等	80.0
	SEVE	タイグエン省	50.0	2014.03	スマホ，タブレット PC，ウェアラブル端末，電子アクセサリー等	40.0
	SECC	ホーチミン市	20.0	2016.1Q	家電製品	20.0
サムスンSDI	SDIV	バクニン省	1.2	2010.07	携帯電話用バッテリー	1.5
サムスン電機	SEMV	タイグエン省	12.3	2014.08	携帯電話用部品，カメラモジュール等電子部品・デバイス	10.0
サムスンディスプレイ	SDBN	バクニン省	30.0	2015.03	有機 EL	9.0

資料：向山［2016］，ブイ［2016］を基に各種報道により作成

2014 年 = 1 億 8140 万台，2015 年 = 2 億 3870 万台（ジェトロ・ハノイ ［2016］）と驚異的に増大している。このスマートフォンの生産台数の増大を担っているのがサムスングループを筆頭とする韓国エレクトロニクスメーカーである。

　韓国製造企業の海外直接投資は 1992 年の中国との国交回復を機に中小企業の山東省を中心とした地域に多くみられ，2000 年代に入ると大手の大型案件がみられるようになり，実行ベースで 2002 年の 10 億ドルの水準から 07 年には 40 億ドルの水準にまでブーム化する（百本［2016］40 頁）。しかし 2008 年以降，サムスン電子の西安市の半導体工場建設（2013 年）を除いてその勢いを欠くこととなる。その理由は先にみた中国における賃金上昇であり，再配置の国としてベトナムが選択されたのである。サムスンがその典型であり，表 1.7 にみられるように 2009 年以降活発にスマートフォンを軸にベトナムでの事業展開を図っている。バクニン省の SEV（サムスン電子ベトナム）イエンフォン工場では 2012 年に Galaxy，Galaxy Note2 を 1 億 2000 万台組立て，これは「サムスンの世界出荷台数の 3 割にあたる」（以

上，『日本経済新聞』2013 年 5 月 4 日を参考にした）とされている。その後の状況をブイは次のように紹介している。「現地で行ったヒアリング調査で得られた資料によると，確かに当初低価格製品を主にベトナムの工場で生産していた。しかし，2013 年からはサムスンの Galaxy S シリーズ（最新機種の S6），Galaxy Note シリーズ（最新機種の Note 4），Galaxy A シリーズ（最新機種の A7）といった高価格製品の多くをベトナムで生産している」（ブイ［2015］）。

　実はベトナムのエレクトロニクス分野に直接投資先として進出してきたのは日本企業のほうが早く，守部［2012］によれば，1000 万ドルを超える案件でも 1995 年に富士通コンピュータ・ベトナムが設立され PCB の製造が，2001 年にキヤノン・ベトナムが設立されプリンターおよび周辺機器等の製造が，2003 年にパナソニック ホームアプライアンス ベトナムが設立され家電の設計・組立・製造が，2008 年にキヤノン電子・ベトナムが設立され電子機器用超小型モーターの製造が，2011 年に京セラミタ・ベトナムテクノロジーが設立されプリンターおよび複合機の製造が行われ（同 142 頁），2012 年には富士ゼロックス・ハイフォンが設立され複合機の製造が行われるようになった（ジェトロ［2013］）。プリンター・複合機の組立てが目立っているように，「プリンタなどの製造に関しては，その構成部品等の供給企業がベトナム国内にかなり進出してい」（守部［2012］83 頁）て，その意味ではその嚆矢となった「キヤノンは，朽木（2007）のいうアンカー企業の役割をはたした」（平川他［2016］29 頁）といってよい。しかし，ベトナムにおいては貿易収支の黒字化をもたらすほどの力強さをもちえなかった。それをもちえたのはスマートフォンだったのである。またサムスンによるベトナムでのスマートフォン・家電生産に引き寄せられて日系企業も現地生産の増強が図られてきた。メイコーは 2013 年に中国から工場をハノイ市に移管し，14 年度以降も年 40 〜 50 億円の設備投資を行いサムスン向け PCB の供給を図り，東光もダナン工場でサムスンのスマートフォンの電源回路向けコイル生産の増強を，フォスター電機はベトナム工場でスマート

フォン用イヤホン製造を機械化で能力増強を図り，パナソニックも 2012 年に現地の多層プリント基板の工場を新設し，サムスンへの出荷も視野に収めていたという（以上，『日本経済新聞』2013 年 5 月 14 日）。ここベトナムではスマートフォンでサムスンがアンカー企業の役割を果たしているといえよう。

　サムスンが中国からベトナムに生産拠点を再配置した理由として，ブイ［2016］は 6 点あげている。「1 つ目は工場敷地無償提供，法人税 4 年間免除等のベトナム政府の積極的な支援政策である。2 つ目は，中国と比べてベトナムは人件費が安い。3 つ目は人口大国であり，4 つ目はベトナムの勤勉な民族性があげられる。5 つ目は，サムスン関連工場がある中国深圳市と地理的に近い。6 つ目は，ベトナム人の殆どは無宗教と仏教信者である。しかしこのような理由はサムスンに限ることではない。以上のような理由だけでは，なぜ米国のアップルや日本のソニーなどがベトナムに携帯電話工場を置かないのか説明できない」（ブイ［2016］26-27 頁）とブイは再配置の最大の要因としてサムスンの世界戦略を導き出している[7]。「サムスンは，世界市場においてベトナムで組み立てた最新機種をもってアイフォンと競争し，中国市場では徹底した現地化を通じて小米(Xiaomi)などの現地メーカーと競争する。サムスンの世界戦略をこのように理解すると，中国では中低価格の機種を，ベトナムでは高価格機種を生産することになる。以上のように，サムスンの対ベトナム進出は，単に低価格携帯端末を生産するものではなく，世界戦略の一環であると言えよう」（ブイ［2016］33 頁）。どのようにしてiPhone に比べて優位性が得られるか，氏は「ベトナムにおけるサムスン電子の投資は，サムスン電子単独で実施しているわけではなく，サムスン電機やサムスンディスプレイなどグループ傘下の関連企業が同時に進出し」，そのことで「一部の部品をベトナムで生産・調達することができ，競争相手のアイフォンに比べてコスト削減が期待できる」（ブイ［2016］32 頁）と考えている[8]。

　ベトナムの貿易収支を黒字化し，工業化を大きく進展させたのは，以上み

てきたようにサムスンの Galaxy といってよいであろう。であるならば，東アジア，東南アジアで，日本企業以外に技術力で工業化をリードした初めてのケースといってよい。しかしこのベトナムの工業化がしっかりした軌道に乗り，離陸できると考えられるか，スマートフォンによるベトナムの工業化の持続性の成否を考えておきたい。というのも，スマートフォンは今やモジュラー型オープンアーキテクチャーで量産される点で参入障壁が低く，その分生産拠点の海外移管も早いと考えざるをえない。またその先導企業のずば抜けたアントレプレナーシップによって加工賃が抑制され，競争が厳しい産業分野で，生産拠点として過酷な状況も覚悟しておかなければならないと考えられるからである。

　サムスンの中国からベトナムへのスマートフォン生産の再配置の要因として，ブイはサムスンの世界戦略をはじめ 7 点，向山はその他の要因として通商，地域協定をあげていた。サムスンという主体的要因を外して，この再配置を可能にした技術的要因を考えると，スマートフォンのアーキテクチャーに行き着くであろう。本家本元のアップル社を考えてみよう。ファブレスで，製造までアウトソースするアイデアと企業調査とサプライヤーに対する値下げ交渉に長けた企業である。後発のスマートフォンメーカーが出てこなければ，アイデアと企業調査で利益を「総取り」するところであった。使用したことのない筆者にとって実感できるものではないが，アプリケーションの追加，更新によってユーザーインターフェースが漸次手短に広がるイノベートな商品のようである。アップル社が製造までアウトソースするといっても，OS と CPU は自前で設計しており，この牙城が崩されなければ，モジュラー型オープンアーキテクチャーの製品ながら [9]，利益は「総取り」できるはずであった。ところがグーグルの Android が出現することで iOS の独占は崩れた。スティーブ・ジョブズは「我々の訴訟は，要するに『グーグルよ，よくも iPhone を食い物にしてくれたな。なんでもかんでも我々から盗みやがったな』と言ってるんだ。すさまじくでかい盗みだ。この悪を糾すためなら，アップルが銀行に持つ 400 億ドルを残らずつぎ込むつもりだ

し，必要なら僕が死ぬときの最後の一息だってそのために使ってやる。アンドロイドは抹殺する。盗みでできた製品だからだ。水爆を使ってでもやる」（アイザック［2011-Ⅱ］346頁）と訴訟を出した週に「怒っていた」という。同書によれば，「盗み」以外にもAndroidをオープンソースにしたことにも怒っていて，「ハードウェアとソフトウェアとコンテンツの処理を整然としたシステムに一体化し，シンプルなユーザー体験を提供したほうがよい」との信念に基づいていたという（同347頁）。

　またCPU──これをアップル社ではプロセッサーと呼ぶらしいが（大島［2012］72頁）──の設計もすべて独自というわけでもなかった。2016年9月16日に日本で発売されたiPhone 7はアップル独自のA10というプロセッサーが実装され，それはARM@2.33GHzと記されているように，ARMコア（あるいはARMIPとも呼ばれている）が設計で用いられている。デュアルコアで，おそらく両方あるいは一方はARMのCortex-A72（2.5GHz）を用いて設計されたと推測される（http://www.arm.com/products/processors/cortex-aから推測した）。スマートフォンに限らずアップル社のタブレット製品のプロセッサーはARMコアを用いて設計されていて，「iPhone 3GSにはARM11ベースのCPUが搭載され……iPhone 4のCPUはCortex-A8ベース，iPhone 4sのCPUはCortex-A9ベース」（同74頁）になっていて，以来iPhoneのプロセッサーはARM社のCortex-Aシリーズが設計のベースに用いられている。

　ARMコアを用いてCPUを設計するのはアップル社だけではない。ARMコアはIPとしてそのロイヤリティが販売されている。ロイヤリティを払えば，このコアを用いてどの社でもCPUが設計できるのである。スマートフォン世界シェアトップのサムスンもそうである。自社のExynosシリーズで初のクワッドコア（CPU2＋GPU2）Exynos4412（2012年出荷）のCPU部分はCortex-A9がベースとして用いられている。初のオクタコア（CPU4＋GPU4）Exynos5410（2013年出荷）のCPU部分はCortex-A15とA7が用いられている（以上，http://personaldevice.info/2016/08/12/arm-cpu-

表 1.8　スマートフォン販売の世界シェアの変化

	2015 年 第 2 四半期	2016 年 第 2 四半期
サムスン電子	21.8%	22.3%
アップル	14.6%	12.9%
ファーウェイ	8.0%	8.9%
OPPO	2.4%	5.4%
シャオミ	4.7%	4.5%

資料：http://www.gartner.com/newsroom/id/3415117

exynos/ を参考にした）。Galaxy の OS は Android が用いられている。

　他の新興スマートフォンメーカーは同じく OS に Android を用い，CPU はクアルコム（米），メディアテック（台湾）から調達する。両者は他に調達すべき電子部品・デバイスの一覧表（レファレンス）を添えて発売するので，スマートフォンの生産の敷居はさらに一段と低くなり，中国ではファーウェイ（華為技術），シャオミ（小米），OPPO，vivo 等の新興メーカーが簇生し，インドでも地場メーカーがシェアを伸ばしている。クアルコム，メディアテックが CPU を設計する際も ARM コアを用いているのである。中国の新興メーカーの中には，たとえばファーウェイのように子会社であるハイシリコン（海思半導体）で CPU の設計を行うところも出現している。すでにクワッドコアのアプリケーション，画像処理用の SoC「K3V3」を製品化しているという（近藤 [2015] 27 頁）。「米調査会社 IDC によると，15 年に華為のスマートフォン出荷台数は 1 億台を超え」（『日本経済新聞』2016 年 9 月 7 日），第 2 四半期ベースの比較で 2016 年に前年同期比で 0.9 ％も伸び，アップルとの差も 6.6％から 4.0％に半減している。中国市場だけで見ると，スマートフォン各社の順位入れ替えはさらに激しいものとなる。2016 年 5 月に発表された IDC の第 1 四半期の中国販売シェアでは「昨年，年間首位の小米が 5 位に転落し，米アップルも 4 位に下落し……世界首位のサムスン電子に至っては，上位 5 位圏外に消えた」。また，第 2 四半期のそれは「中国販売全体は 5％増と伸びたのに，小米は 38％減，アップルも

32％減となった。サムスンはまたも上位5位圏外に置かれた。代わって台頭してきたのは，新製品の販売を手堅く世界で広げる中国の華為技術（ファーウェイ）のほか，OPPOとvivoの新興勢力だ。特にOPPOは前年同期比2.3倍の2位，vivoも75％増の3位と急速に販売を伸ばし，1〜3月期に続き2位と3位をキープ。躍進を印象づけた」（『日本経済新聞』2016年8月30日）。まさに下剋上そのものの様相である。

　首位のサムスン電子にとっても今後不安な事案が生じてしまった。2016年8月19日に発売開始されたGalaxy Note 7の充電時の出火である。同機種は「スマートフォンとしては最大級となる5.7型の有機ELパネルを採用。瞳の虹彩を使った個人認証など先端技術をふんだんに盛り込んだ。韓国の直営店での販売価格は108万7千ウォン（約10万円）前後の高級端末」で，伸び悩んでいるシェア拡大を図る期待機種であった。「韓国のSK証券は回収費用だけで5000億ウォン（約450億円）かかり，2016年7〜9月期のノート7の販売台数は当初予想の500万台から300万台程度に下振れする可能性があると分析する」（『日本経済新聞』2016年9月3日）。「日米の航空当局は機内で電源を入れないよう呼びかけ」（『朝日新聞』2016年9月17日），10月には機内持ち込み禁止となり，まさに「中国勢にとって商機」（同前）で，"本能寺""山崎"になりかねない。

　今後不安なのはサムスンだけではない。「輸出全体に占めるサムスングループの輸出が2割近くになった」ベトナムの「サムスン依存に伴うリスク」（向山［2016］20頁）である。Note 7の販売台数の落ち込みは生産拠点の稼働率，就労率に直接影響を及ぼすことは想像に難しくない。また，スマートフォンで工業化を実現したそもそもの問題点も胚胎している。レファレンスモデルが示しているように，スマートフォンはモジュラー型オープンアーキテクチャーで製造される。ここには2つの不安材料がみられる。中国で新興スマートフォンメーカーが簇生したように，スマートフォンの生産は世界規模で実現される。インドにおいては「製造業振興策『メーク・イン・インディア（インドで作ろう）』を掲げるモディ政権の輸入関税引き上げでマイ

表 1.9　iPhone 4 の価値分配比（2010 年）

項目	ドル	割合
アップル利潤	321	58.4%
アップル以外の米企業利潤	13	2.4%
欧州企業利潤	6	1.1%
台湾企業利潤	3	0.5%
日本企業利潤	3	0.5%
韓国企業利潤	26	4.7%
未確認国企業利潤	29	5.3%
原材料コスト	120	21.8%
中国での人件費	10	1.8%
中国以外での人件費	19	3.5%

資料：Kraemer, et al.［2011］より作成

クロマックスなどの地場メーカーが急成長」し，「調査会社の推計では 2016
年 1 〜 3 月期に出荷されたスマートフォンの 6 割強がインド産」となり，「海
外勢もインド生産に切り替えている」（『日本経済新聞』2016 年 7 月 7 日）
という。またインドネシアにおいても「韓国サムスン電子は現地で販売する
第 4 世代（4G）スマートフォンの全量を現地で組み立て」（『日本経済新聞』
2016 年 9 月 10 日）る方針を決定したという。スマートフォンがモジュラー
型オープンアーキテクチャーであるがゆえにその生産現場は組立工程が中心
となり，広い範囲で生産拠点が拡大する。また組立工程が中心となるがゆえ
に，技能，技術の蓄積が思いの外進まない。また中国の賃金上昇でベトナム
に再配置されたということは，ベトナムでの賃金水準によってはまたフライ
トすることも当然ありうることとなる。フライトした後に残る技術がなけれ
ば，それ以上の工業化の芽も生じない。

　そもそも論で考えると，スマートフォンはアップル社によってアントレプ
レナーシップがいかんなく発揮され，その発展がもたらされた。表 1.9 は
Kraemer らが 2010 年時点で iPhone 4 の 1 台当たりの価値の分配比を推計
したものである。鴻海精密工業を中心にアップルが中国の生産委託先に人件

費として支払ったのは僅か1.8％にすぎない。韓国企業の利潤になっている4.7％はアプリケーション用プロセッサーの生産を当時はサムスンに委託していたからである。ファブレスの企業，アイデアと交渉力で58.4％もの利潤を得ている点でアントレプレナーシップの典型とみることができる。表1.10ならびに表1.11は週刊ダイヤモンドの編集部が分析解析サービスのフォーマルハウト・テクノソリューションズの協力を得て，iPhone 6と小米Redmi（紅米）2を分解して明らかになった原価推定である。原価率と付加価値率がちょうど逆になっている。77％の付加価値のうちどれだけがアップル社の利潤に回っているかはKraemerらの推計から想像に難しくない。さて掲載編集部は以下のように強調している。「まずは，筐体に注目してほしい。実はiPhone 6の部品の中で，最も原価が高いのは『ケース加工費』だ。アルミの部材費は大量生産の効果でほぼゼロになるが，側面を湾曲させる切削加工には1台1時間以上かかり，加工費用はおよそ5000円もする。一方，紅米2はプラスチック成形と塗装で230円しか掛かっておらず，その差は歴然としている」（『週刊ダイヤモンド　2015年5月16日号』46頁）。デザインに凝るアップル社である真骨頂をここにみることができよう。大島［2012］によれば，アップルの一連の製品の角のアールは「一定の半径で示される単純なアールではない……たとえばiPhone 4Sの角のアールは，直径16mmくらいの円と，直径43mmくらいの2つの円を組み合わせた曲線で近似できるように見える。ただ，それはあくまでも近似であって，どのような直径の円の組合せでも，iPhone 4Sの角のアールにピタリと一致してくれない」。氏はこの角は「何らかの方程式で記述されているのかもしれない」と考え，スーパー楕円の方程式からそれを導き出している。

$$\frac{x^n}{a^n} = \frac{y^n}{b^n} = 1$$

　グラフ作成ソフトGRAPESを使って「n＝2.5でa＝bの場合のスーパー楕円の1/4部分と，iPhone 4Sの角がピタリ一致した！」（大島［2012］17-19頁）。そして大島氏の分析では「iPhone 4Sのボディーはユニボディー

表 1.10　iPhone 6 (2014 年 9 月) の原価推定等

項　　目	調達先	円
通信モジュール	クアルコム	1,510
ワイヤレス LAN	村田製作所	550
アプリケーションプロセッサー	TSMC	2,200
アナログベースバンドプロセッサー	クアルコム	700
CMOS センサー＋レンズ	ソニー	1,450
センサー類		1,160
メモリー	SK ハイニクス／サンディスク	1,600
ディスプレイ	シャープ	3,040
PCB 基板		678
コネクター		244
ケース		5,000
電子部品		270
アンテナ		140
部品原価合計		19,976
利益		66,824
販売価格		86,800
原価率		23%

出典：『週刊ダイヤモンド 2015 年 5 月 16 日号』46 頁、ダイヤモンド社より改変

表 1.11　小米 Redmi2 (2015 年 3 月) の原価推定等

項　　目	調達先	円
通信モジュール	クアルコム	800
ワイヤレス LAN	クアルコム	350
アプリケーションプロセッサー	クアルコム	1,800
CMOS センサー＋レンズ	オムニビジョン	1,600
センサー類		287
メモリー	SK ハイニクス	1,400
ディスプレイ	AUO/シャープ	1,829
PCB 基板		439
コネクター		117
ケース		230
電子部品		93
アンテナ		54
部品原価合計		9,681
利益		3,729
販売価格		13,410
原価率		72%

出典：『週刊ダイヤモンド 2015 年 5 月 16 日号』47 頁、ダイヤモンド社より改変

ではないが，ユニボディー同様切削加工を基本とする」と考えられ，「おそらくアップルは，中国の工場に何十台ものマシニングセンターを設置させ，それらを同時に稼働させることで大量生産に対応しているのだろう」（同54頁）と推測している。iPhone 4s の4つのフレームのうち左右のフレームについては直線なので複数のマシニングセンターでその加工は可能と考えられるが，上記の複雑なアールの角を各2つずつもつ上下のフレームは切削加工でできるのであろうか。また大島氏はフレームの仕上げ加工として「サンドブラストによる処理」，「フレーム外周のエッジに対してヘアライン仕上げが施される」と指摘されている（同58頁）。この指摘に基づいて考えてみると，週刊ダイヤモンドの「ケース」の原価5000円には材料（アルミ合金）費に切削加工賃だけでなく研磨加工賃も含まれていよう。

　iPhone の差別化要因となっているデザインを際立たせているフレームの複雑な楕円の加工はどのようになされているのであろうか。ジェトロ［2007］の「世界のイノベーションを支える日本の金属加工技術」というコラムを参考に考えてみたい。そこには iMac のノートパソコンの厚さを1インチにするため，筐体をチタンに，そしてそのチタンという難加工材の加工ができる企業をアップル社は燕市のT社に見出し，これを契機にT社はアップル社の製品の試作を手掛けることになったと記されている。

　この燕市の企業は「1950年に国内初のステンレス電解研磨専門企業として創業し……，1984年に温間プレス技術によるステンレス製深絞り容器の量産を開始し，1887年にはステンレス・チタニウムの超々深絞り加工技術（Extra Deep Drawing 技術）を開発した。この加工法は油圧トランスファプレスを用い，そのことによって冷間プレス品では焼鈍工程や溶接工程を用いなければ加工できなかった製品をプレス一体成形で加工できるようになったという。またそのことによって，工程短縮，耐食性増強，製品重量低減，加工硬化による強度向上を実現している。さらにこの加工法を用いることによって，従来不可能とされた超深絞りの非円形（楕円，四角等）の製品が円形とほぼ同じ工程，加工費でできるようになった。1989年に EDD 技術に

よりステンレス製角形深絞り容器の量産を開始し，翌90年にはチタニウム製カメラボディの量産を開始した。1992年には対向液圧プレス加工を用いて，チタニウム製一眼レフカメラボディの量産を開始した」（宮嵜 [2009] 41-42頁）。その後紹介されているように，同社はiMacの筐体からアップル社の製品を手掛けてきたので，当初このEDD加工を基礎にしたプレス一体加工が用いられていたと考えられた。しかし，億の単位のiPhoneの生産にはこの熟練を要する特定の企業が保有する加工法では間に合わないのも事実であろう。このフレームの生産は大島氏の推測のように「中国の工場に何十台ものマシニングセンターを設置させ，それらを同時に稼働させることで大量生産に対応している」ようである。後藤・森川 [2013] によれば，アップルの「ユニボディ」を切削加工で量産するための「唯一の解決策は，……一台500万円以上もする高価なロボットの工作機械を，何千台も同じ工場内に並べるという方策だった」（48頁）。この工作機械は「ファナックのマシニングセンター」で，「ファインテック社などが開発する無数のドリルの刃先」が使われているという。後藤・森川 [2013] が記しているように「たった一つの商品のために，新たに途方もないカネを設備投資に注ぐやり方は，日本のものづくりの常識ではありえない」（49頁）ことで，それをやってのけたのが鴻海精密工業グループである。試作までは燕市のT社，けた外れの量産はEMS大手の鴻海精密工業に，人件費が低い中国で，世界有数のNCメーカーであると同時にNC工作機械も手掛けるファナックのマシニングセンターを並行させて，髪の毛を縦に切断することのできるファインテックのバイトを用いて試作とは別の加工方法で行う。この脈絡だけでも，各々オンリーワンの企業に，オンリーワンの生産手段を使って生産をアップル社は外部委託している。それでいながらスマートフォン1台あたりに60%もの利益を得ている。グローバルに外部の生産諸要素を結合して莫大な利潤を得て，世界から称賛されている[10]。この高い利益は一方で取引先企業への「飽くなきコストカット」（同62頁）要求によっても実現されている。アップル社の執拗な「Audit（監査）」により取引先メーカーは「"丸裸"にされ」（同

61頁），「定期的に求めてくるコスト削減のターゲット（目標）は，絶対に下がらない」（同 62 頁）という。すでに 2010 年段階でもそのことは報道されていた。「アップルは製品の普及に合わせて段階的に価格を引き下げるため，部品メーカーへの値下げ要求が厳しい。大量の受注を獲得できる点は魅力だが，『価格もどんどん下がるため十分に利益が出ない』との声もある。『薄利多売』に耐えられる部品メーカーだけがアップルの調達先となり得る」（『日本経済新聞』2010 年 4 月 9 日）と。

　アップルのコスト削減は取引先メーカーだけでなく，地域経済へも多大な影響を及ぼしていた。後藤・森川［2013］には次のように記されている。「2005年春，『小林研業』の作業場で……『ちょっと作業風景を撮影させてほしい』……アップルに金属部品を納めている地場の金属加工メーカーから派遣されてきたというこの男は，職人たちに近寄ると，彼らの手元にレンズのピントを合わせてい」た。3 日間続いた「ビデオ撮影を受け入れてからほどなくして……ピーク時には地元の研磨業者約 20 社で 1 日 1 万 5000 ～ 2 万台も磨き上げていた iPod の仕事は，地元から消えてしまった」（39 頁），と。

　燕市は金属洋食器を中心とする輸出用金属ハウスウェア産業を基軸にしていただけに，国内でも 1985 年のプラザ合意後の円高の影響を強く受けた産業集積であり，その中でアップル社からの受注は金属洋食器の出荷額の減少分を補うに十分すぎるほどのものであった。拙稿（宮嵜［2009］）で表 1.12を作成した時点で理由がわからなかったが，2003 年に「磨き屋シンジケート」が発足し，情報通信機械の出荷額等が大幅に増大したのも，ビデオ撮影が行われた 2005 年に情報通信機械の出荷額等が大幅に減少したのもアップル社がらみだったのである。まさに生殺与奪の権限がアップル社に握られていたといえよう。

　その後の燕市の動向を確認しておくと，統計上「電子部品」と「情報通信機械」の中分類 2 つが合わさった項目になっており，その出荷額等は 2007年の 919 億円から直近の 2014 年に 701 億円に減少しているものの，700億円水準を維持している点は燕市の技術蓄積のなせる業といえよう。後藤・

表 1.12　主要業種別製造品出荷額等の推移（旧燕市，旧吉田町，旧分水町の合計，単位：万円）

	2000 年	2001 年	2003 年	2000 年→2003 年	2004 年	2005 年	2006 年	2007 年	2004 年→2007 年
金属洋食器	1,741,987	1,648,901	1,286,706	73.9%	1,014,237	943,272	929,574	1,135,755	112.0%
利器工匠具	398,244	375,903	402,184	101.0%	398,116	400,740	422,920	539,064	135.4%
作業用工具	343,243	331,076	293,319	85.5%	263,324	285,011	279,646	278,344	105.7%
やすり	30,294	29,793	24,495	80.9%	21,130	16,274	12,841	×	×
製缶板金	612,147	504,280	710,913	116.1%	681,110	901,276	872,781	894,658	131.4%
金属器物	4,705,755	4,504,206	3,745,709	79.6%	3,731,537	3,635,149	3,520,744	3,345,227	89.6%
金属彫刻	26,859	25,448	29,394	109.4%	15,563	11,101	14,221	×	×
電気めっき	160,875	165,815	147,122	91.5%	119,422	123,641	128,243	132,387	110.9%
金属研磨等	573,862	535,888	494,913	86.2%	276,119	262,712	247,599	170,708	61.8%
農業用機械	290,161	330,307	304,962	105.1%	282,789	286,335	396,882	437,740	154.8%
金型・同部品	1,184,127	1,156,403	1,102,520	93.1%	874,415	1,054,854	946,876	1,044,107	119.4%
プラスチック	1,541,691	1,546,144	1,311,610	85.1%	1,589,980	1,406,851	1,544,088	1,337,358	84.1%
鉄鋼	2,943,548	2,851,635	3,643,792	123.8%	4,066,811	4,531,648	4,884,193	5,405,288	132.9%
電気機械器具	4,870,738	4,894,032	5,242,713	107.6%	5,397,364	5,617,638	4,904,069	5,137,114	95.2%
情報通信機械	3,509,871	3,829,825	8,437,064	240.4%	10,210,468	6,798,125	7,407,932	8,768,581	85.9%
計	22,933,402	22,729,656	27,177,416	118.5%	28,942,385	26,274,627	26,512,609	28,626,331	98.9%

注：2002 年については従業員 4 人以上の事業所のみを対象とした調査であったため、掲載していない。
資料：燕市 [2007]，[2008] から作成
出典：宮嵜 [2009]

森川［2013］にiPodの光沢度の基準値「ミラーの800番」を超えて極限値の1000番まで高まったと記されている（45頁）。アップル社からの受注で研磨力に磨きがかかり，「それが今の仕事につながっている」（同）と考えられよう。筆者も2009年に磨きのかかったチタン製タンブラーを「磨き屋一番館」で購入したが，それも17世紀の和釘の生産，18世紀の銅精錬から矢立，煙管の生産，鑢の生産によって，金属地抜き技術，鎚起技術，金属圧延技術，彫金技術が同地に蓄積され，それらの応用によって第一次大戦を機に真鍮製洋食器の試作，その生産が広まり，第二次大戦後にはステンレス製の洋食器の量産までに結実する産地としての燕のDNAがあればこそできたことで，そうでなければばったり仕事もなくなってしまったところであった。アップルのようなグローバル企業の仕事を受けるとどのような事態を招くか，その教訓といってよいであろう。

　これも2008年の実地調査で得られたものであるが，金属洋食器の羽布研磨の場合，その仕上げは研磨の回数によって熟練工の仕上げを代替できるようで，その意味では賃金の安い中国のほうが有利になるという。おそらく映像は中国で活用されているのであろう。スマートフォンで先導的位置にあるのはアップル社である。スマートフォン生産企業がすべてアップル社のビジネスモデルに自社を重ねるわけではないであろうが，アップル社との競合の中ではアップル社のビジネスモデルを意識せざるをえない。また，スマートフォンはOSとCPUで優位性が保持できなくなった時点でモジュラー型オープンアーキテクチャーのコモディティになっているため，デザインでひきつけるか，発注単価の引き下げ，人件費の切り下げを行わなければ利益を確保できないので，アップル社のビジネスモデルを意識せざるをえないのである。したがって燕市の例はスマートフォンでグローバル企業に依存することの一つの教訓であると考えられる。技術あるいは低賃金を利用し，それがもはやできなくなれば逃げ足が速い。燕市のように技術の蓄積があれば，他の事業機会を見出すこともできるが，グローバル企業からの受注仕事が組立工程だけであれば，技能・技術の蓄積もままならず，グローバル企業の他国への再々

配置の後には大量失業の発生が懸念されるのである。ベトナムも並行して別の分野で，基盤技術が定着できる工業化を早く模索すべきであろう。

　またグローバル資本主義との野合についても留意しておかなければならない。新興諸国での経営戦略をたてるグローバル企業（製造業）の狙いは大きくは２点。迂回輸出用生産拠点と現地市場確保型生産拠点である。「ルイス転換」を迎えた中国では前者から後者に転換する企業が多い。まだ「ルイス転換」を迎えていないベトナムにおいて前者が基本となろう。サムスンもそうだといえる。しかし，ベトナムでは労働力不足がよく問題とされている。農村での暮らしやすさが農村からの労働力供給の妨げとなっているからである。

　守部［2012］によると，2011 年「現状，第一次産業から第二次産業，農村から工業地帯への人口移動がスムーズに行われておらず，外資系製造業にとってはワーカー不足が深刻な問題になっている。農林水産業から製造業に就業人口が移動しない背景として，所得の低い農村においてもそれなりに食べていけるという実態がある」(29-30 頁)。そこで「今後さらなる経済成長，また工業化をはかっていくためには，農林水産業の就業人口を製造業にスムーズに移行させるような仕組みづくりが必要」(31 頁) となる。ではどうすればこの仕組みができるのか？　その仕組みの前提に都市と農村の所得格差形成がなければならない。その場合都市住民所得の上昇か農村所得の低下のいずれか，または両方が起きなければ格差は生じない。都市住民の所得上昇は工場労働者の賃金上昇の結果もたらされるのであるから，この点を求めると多国籍企業，グローバル企業を呼び込むこともできないし，すでに移管している外国の企業には再配置の要因となる。この点で農村所得の低下によらなければ，農村からの人口移動は実現できない。農村所得の低下は租税負担の増大，農業所得の低下によってもたらされる。農業所得の低下は農産物価格の低下によってもたらされる。農産物価格の低下を最も期待できるのは海外からの安価な農産物の流入である。ベトナムは 2010 年 3 月に TPP へのオブザーバー参加，11 月には正式に参加を表明しているが，こうした深

第1章　グローバル資本主義の変容とベトナム工業化　　41

遠な計画が考えられているのであろうか。

　途上国に限らず，工業化の端緒に不可欠なのは農村に産業予備軍が潤沢に
存在することである。アーサー・ルイスのいう，「労働力の無制限供給」で
あり，問題は農村から労働力が供給されざるをえない状況がどうやってつく
られるかである。イギリスでは二次にわたる「囲い込み運動」，日本では地
租改正，松方デフレ政策，韓国では PL480 援助による農産物価格の低下，
これらによって農村から都市に労働力が提供されたのである[11]。つまり「農
村においてもそれなりに食べていけるという実態」が崩されてこそ，「農林
水産業の就業人口を製造業にスムーズに移行させる」ことができるのである。
「社会主義国」中国では李捷生によれば，農民工は農村との関連では戸籍制
度による拘束を受け，農地所有を維持するために「半農半工」を選択せざる
をえず，さらに政府による食糧価格低位維持政策によって出稼ぎが強制され，
その処遇として最低賃金以下，長時間労働，休日なし，早朝出勤，賃金未払
い・一部不払い，婦女暴行，口頭契約，児童労働，労災多発があり，(李[2011]
289-291 頁)，その人口は 2013 年にも 2.69 億人に上っている。2010 年段
階で西南財経大学（四川省）の調査によると，ジニ係数は 2010 年で 0.61
となり，警戒ラインとされる 0.4 だけでなく，社会不安につながる危険ラ
インとされる 0.6 も超えてしまっていたという（『日本経済新聞』2012 年 12
月 11 日）。この章において中国が開発独裁の手法を用いていると記した。
ここでもう一度韓国ならびに台湾の経験に学ぶと，1980 年代後半からの民
主化の中で「開発の分配」が行き渡り，その後の持続的成長の基礎である内
需形成がもたらされたその教訓を生かすべきだと考えられる。このような内
需は中間層の厚みなくしてはできないのであって，そのための制度づくりは
喫緊の課題である。「中国薪酬発展報告 2015」[12] によると，農民工の長時間
労働，未払い賃金も問題になっているものの，①経済の持続的な発展，②最
低賃金の上昇，③集団協議，集団契約制度の普及，④教育訓練レベルの向上
によって，農民工の平均月収は 2011 年の 2049 元から 2014 年には 2864
元に上昇している。ただし近年その上昇率は低下しており，なお一層上記の

諸要因の強化が必要だと記している。また都市部従業員(非私営企業在職者)との所得格差も60％もの水準であり，十分とはいえないながらも，「新常態」の下で農民工の待遇改善の跡はそれなりには認められる。

　ベトナムについて，その工業化はスマートフォンの量産拠点化によって定着してきた。しかしこの産業分野はこれまで見てきたように，二重の意味で厳しい環境にある。まずモジュラー型オープンアーキテクチャーによって中国から量産拠点として再配置されたが，賃金上昇が生じれば同じ理由から再々配置される可能性も高い。量産の内容も組立てが主な工程なので，再々配置されたときに残る技術も次に繋がる可能性は低いと考えざるをえない。またその先導的役割を果たしているアントレプレナー旺盛の企業との競争関係によって受注環境も良好なものと成り難いところがあり，両者を合わせて考えると，この分野では持続的な工業化の道筋が描き難い。加えてGalaxy Note 7の充電時の出火問題も，そのリチウム電池の生産拠点の所在にかかわりなく影響を及ぼし，その再出荷がこの拙稿執筆中も見合わされており，最終組立のベトナムへの影響も心配される [13]。同じモジュラー型オープンアーキテクチャーでも，オートバイのほうが四輪車にも繋がる可能性がある。四輪車に繋がれば裾野産業も育つ。守部［2012］によると，「ベトナム政府は自動車産業を重点分野と位置付けて産業奨励を図る一方で，需要面ではそれを奨励するというよりむしろ抑制するというちぐはぐな政策を続けている。都市部の道路事情が悪く，これ以上の増加は交通事情を一層悪化させること，現地調達率が低く部品の大半を輸入に頼っていることから，需要が増えると貿易赤字を悪化させることなどがその理由である」(89頁) とされている。自動車産業は道路網の整備，補助金，助成金の手厚い支給という政府需要の形成があって育っていくので，スマートフォンから「百年の計」を立て，着実な技術集積の方途を図るべきだと考えられる。

【注】
1) この点は長谷部［2008］，長谷部［2015］を参照されたい。

第1章　グローバル資本主義の変容とベトナム工業化　　43

2）実際にIBMはマザーボードをSCIテクノロジーから，CPUをインテルから，OSをマ
　イクロソフトから調達した。

3）以上は夏目［1999］第5章を参考とした。

4）宮嵜［2010］，宮嵜［2014］，宮嵜［2015］を参照されたい。

5）石橋貞夫は黒田異次元緩和について，「この金融政策の本質は，むしろ直接的に円高対
　策の意味合いが大きかったのではなかろうか」とその「隠されていた狙い」が円安誘導
　にあったことを指摘している（石橋［2016］280頁）。

6）この点は宮嵜［2015］に詳しく記してあるので参照していただきたい。

7）これらの要因以外に向山［2016］は「TPP（環太平洋経済連携協定）に参加している
　こと」，「15年末にASEAN共同体が発足した」（9頁）ことをあげている。

8）向山［2016］によればグループ企業以外でも「プリント基板関連で韓国BHflex，韓
　国Interflexなどの協力会社が進出して量産を開始している」（15頁）とのことである。

9）iPhoneが「ハードウェアからシステム全体までを垂直統合型アーキテクチャーにシフ
　トさせた」（泉田［2013］29頁）という見解に対して，それは「モジュラー型オープ
　ンアーキテクチャー」であることを宮嵜［2014］では記してある。参照していただき
　たい。

10）iPhoneはアップル社がファブレスだけに，その組立てに関しては外部の企業の技術
　の結合によって生産されている。シュンペーターは既存の技術に新たな技術が結合され
　て，創造的破壊が生まれると，「新結合」を考えた。新たな技術は結合されて新たな利
　益を生むことが期待されて生み出されるのであるから，ここにアントレプレナーシップ
　がいかんなく発揮されることになる。この「新結合」の場合新たな技術を生み出すのは
　その企業家である。つまり自らの発明，技術革新を儲けに繋げる，ここに技術革新とア
　ントレプレナーシップが結びついている。この場合は自分の褌で儲けを得るのである。
　アップル社の場合，結合するのは外部の諸技術であり，人の褌を借りてその貸し手より
　多い儲けを得ているのであるから，それだけにアントレプレナーシップがより強く発揮
　されているといえよう。

　　またiPhone内部に組み込まれている技術に関しては，マッツカートが興味深いこと
　を指摘している。

　　「iPod，iPhone，iPadの内部にまとめて組み込まれている12の主要な技術があり，
　それらの技術はイネーブラー（コンピューターのある機能を有効にするもの），あるい
　は市場の競争相手の製品と差別化を図る機能としてアップル社製品を際立たせている。
　12の主要技術のうち九つは，①マイクロプロセッサーまたは中央処理装置（CPU），②
　ダイナミック・ランダム・アクセス・メモリー（DRAM），③ハードディスクドライブ
　（HDD），④液晶ディスプレイ（LCD），⑤リチウムポリマーとリチウムイオン電池，⑥
　高速フーリエ変換（FFT）理論に基づくデジタルシグナルプロセシング（DSP），⑦イ
　ンターネット，⑧ハイパーテキスト移送プロトコール（HTTP）とハイパーテキストマー
　クアップ言語（HTML），⑨移送体通信ネットワーク——といった半導体機器を含むも

ので，これらすべてがiPod, iPhone, iPadの中心的イネーブラー技術と考えられる。他の三つ，⑩ジー・ピー・エス（全地球測位システム：GPS），⑪クイックホイールナビゲーションとマルチタッチスクリーン，⑫シリ（発話解析・認識インターフェース：SIRI）——といった技術は，消費者の期待に大きなインパクトを与えて，商品人気を高めるような特質を持つ機能である（Mazzucato［2014］大村訳　196頁）。

　マッツカートはこれら技術の由来とその発展を一つ一つ丹念に調べ，「実際，iPhoneの裏にある技術で，公的研究費以外で実現したものは一つもない。情報通信技術のほかにインターネット技術，GPS，タッチスクリーン画面，音声起動SIRIなどがあったからこそiPhoneはスマートになったのである。……アップルは税金のおかげで大成功を収めた企業の典型例である」（55頁）と述べている。そしてiPod, iPhone, iPadの技術と公的機関の研究成果との関連を図1.2のように描いている。

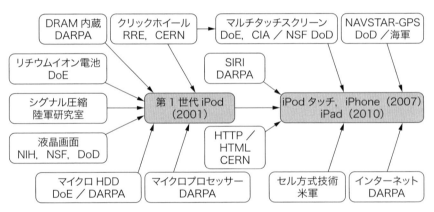

注1　基礎研究がイノベーションにもたらす利益を示したOSTPダイアグラム
　　Impact on Basic Research on Innovation（2006, 8）をもとに著者マッカートが作成
注2　略称の名称は以下のとおり

DARPA	Defense Advanced Research Projects Agency	アメリカ国防高等研究計画局
DoE	United States Department of Energy	アメリカ合衆国エネルギー省
NIH	National Institutes of Health	アメリカ国立衛生研究所
NSF	National Science Foundation	全米科学財団
DoD	United States Department of Defense	アメリカ国防総省
RRE	Royal Radar Establishment	イギリス王立レーダー研究所
CERN	Conseil Européen pour la Recherche Nucléaire	欧州原子核研究機構

出典：Mazzucato［2014］，大村訳　222頁より引用．注2は筆者が作成

図1.2　人気アップル社製品の由来

第 1 章　グローバル資本主義の変容とベトナム工業化　　45

11）PL480 による農産物の低価格は都市と農村の所得格差を拡大させ，1966 年から 70
　　年にかけて年平均で 60 万人弱の農村流出人口を生み出した（服部［1987］171 頁）。
　　なお，宮嵜［1994］はこうした観点も含め，米国の対途上国援助の功罪を記している。
　　参照されたい。
12）独立行政法人労働政策研究・研修機構「『中国報酬発展報告 2015』（2016 年 5 月）」
　　（http://www.jil.go.jp/foreign/jihou/2016/05/china_03.html）を参考にした。
13）10 月半ばには Galaxy Note 7 の販売・生産停止が決定され，その主力工場のベトナ
　　ム 2 工場への直接的影響は従業員 12 万人も抱えているのであるから深刻なものと想像
　　される。ほかにも周辺の部品サプライヤーへの直接的影響とこれら従業員向けサービス
　　業への間接的影響を含めると直ちに給与減少，受注減少，サービス収入の減少が心配さ
　　れる。「レイオフ（一時解雇）こそないようだが，一部工員は自宅待機を命じられ，給
　　与が 70％に減額されたという」（『日本経済新聞』2016 年 11 月 22 日）。また「2016
　　年のスマホ，携帯電話（部品含む）の輸出は前年比 14.4% 増と 15 年の伸び率（28% 増）
　　から半減した」（『日本経済新聞』2016 年 12 月 29 日）という。
　　　また，米調査会社ガートナーによると，2016 年第 3 四半期のサムスンのスマホ売上
　　げは前期の 7674.5 万台から 7173.5 万台に 5000 万台も減り，シェアも 22.3% から
　　19.2% に落ている（http://www.gartner.com/id/3516317）。

【引用文献】
青木昌彦，安藤晴彦［2002］，『モジュール化──新しい産業アーキテクチャの本質』東
　　洋経済新報社。
石橋貞男［2016］，「『量的・質的金融緩和』の本質と課題」仙台経済学研究会編『経済学
　　の座標軸─馬渡尚憲先生追悼論文集─』社会評論社。
泉田良輔［2013］，『日本の電機産業──何が勝敗を分けるのか』日本経済新聞出版社。
大島篤［2012］，『Inside of iPhone』C&R 研究所。
河村哲二［2015］，「アメリカ発のグローバル金融危機・経済危機とグローバル資本主義
　　の不安定性」SGCIME 編『グローバル資本主義の現局面 I　グローバル資本主義の変容
　　と中心部経済』第 1 章，日本経済評論社。
朽木昭文［2007］，『アジア産業クラスター論──フローチャート・アプローチの可能性』
　　書籍工房早川。
後藤直義・森川潤［2013］，『アップル帝国の正体』文藝春秋。
近藤信一［2015］，「中国スマートフォン端末市場における日系電子部品メーカーの市場
　　戦略─『アンゾフの成長マトリクス』を活用した定性的分析─」『機械経済研究』
　　No.46。
佐野晶［2012］，『半導体衰退の原因と生き残りの鍵』日刊工業新聞社。
ジェトロ［2007］，『ジェトロ貿易投資白書 2007 年版』。
ジェトロ［2013］，『2013 年版ジェトロ貿易投資白書』。

ジェトロ［2016］，「上半期の貿易収支は約17億ドルの黒字に―外資企業による輸出が好調―（ベトナム）」通商弘報　7180bd9a9cb96b36。

ジェトロ・ハノイ［2016］，「ベトナム一般概況～数字で見るベトナム経済」，https://www.jetro.go.jp/ext_images/world/asia/vn/data/vn_overview201608.pdf

内閣府［2010］，『世界経済の潮流2010 I』日経印刷株式会社。

夏目啓二［1999］，『アメリカIT多国籍企業の経営戦略』ミネルヴァ書房。

長谷部孝司［2008］，「アメリカの金融システムの変容が意味するもの（上）（下）」『情況』2008年3・4月号，7月号。

長谷部孝司［2015］，「アメリカの金融システムにおける証券化の進展と意味」SGCIME編『グローバル資本主義の現局面 I　グローバル資本主義の変容と中心部経済』第4章，日本経済評論社。

服部民雄［1987］，『韓国の工業化―発展の構図』アジア経済研究所。

百本和弘［2016］，「対中ビジネスは新局面に」『ジェトロセンサー』2016年3月号。

平川均・石川幸一・山本博史・矢野修一・小原篤次・小林尚朗［2016］『新・アジア経済論』文眞堂。

ブイ・ディン・タン［2015］，「サムスンのベトナム進出とベトナム経済への影響」日本国際経済学会 第5回 春季大会（2015年6月13日）での報告，http://www.jsie.jp/2015s_Hannan_Univ/pdf/E-3.pdf。

ブイ・ディン・タン［2016］，「サムスンのベトナム進出とその影響」『佐賀大学経済論集』第48巻第4号，31頁。

丸屋豊次郎・石川幸一［2001］，『メイド・イン・チャイナの衝撃』ジェトロ。

宮嵜晃臣［1994］，「アメリカの対途上国援助の歴史的特性」大野和美・鎌田一義編著『現代世界経済の研究』第4章，学文社。

宮嵜晃臣［2009］，「燕産業集積の変遷と展望」『専修大学社会科学研究所月報』No.548，http://www.senshu-u.ac.jp/~off1009/PDF/smr548.pdf。

宮嵜晃臣［2010］，「米主導のグローバル資本主義の終焉と日本経済」『専修大学社会科学研究所月報』No.562・563・564。
http://www.senshu-u.ac.jp/~off1009/PDF/smr548.pdf

宮嵜晃臣［2014］，「IT/グローバル資本主義下の長野県経済再考」『専修大学社会科学研究所』月報No.615。
http://www.senshu-u.ac.jp/~off1009/PDF/smr615.pdf
http://www.senshu-u.ac.jp/~off1009/PDF/smr615-a2.pdf

宮嵜晃臣［2015］，「グローバル資本主義の変容と日本経済」SGCIME編『グローバル資本主義の現局面 I　グローバル資本主義の変容と中心部経済』第8章，日本経済評論社。

向山英彦［2016］，「サムスン電子のベトナム生産拡大が変える貿易関係―韓国の『過度な』中国依存是正につながるか―」日本総研環太平洋ビジネス情報RIM 2016 vol.16，http://www.jri.co.jp/MediaLibrary/file/report/rim/pdf/8799.pdf。

守部裕行［2012］,『ベトナム経済の基礎知識』ジェトロ。

李捷生［2011］,「市場化の展開と労使関係」菅原陽心編著『中国社会主義市場経済の現在』
　　第10章，御茶の水書房。

アイザック，ウォルター［2011- Ⅱ］,井口耕二訳『スティーブ・ジョブズⅡ』講談社。

Kraemer, Kenneth L., Linden, Greg and Kraemer, Jason Dedrick［2011］, *Capturing Value in Global Networks: Apple's iPad and iPhone*, Irvine: Personal Computing Industry Center (PCIC) University of California Irvine, June.

Mazzucato, Mariana［2014］, *The Entrepreneurial State*, Anthem Press, 大村昭人訳［2015］『企業家としての国家——イノベーション力で官は民に劣るという神話』薬事日報社。

Wessel, David［2009］, *In FED we trust, Ben Bernanke's war on the panic*, 藤井清美訳［2010］『バーナンキは正しかったか』朝日新聞出版。

第 2 章
消費市場としてのベトナムの
可能性と課題

佐藤 康一郎

1. はじめに

　世界の食市場の規模は，2009 年の 340 兆円から 2020 年には 680 兆円へ
と倍増すると農林水産省は推計している。とりわけアジア全体の市場規模は，
所得水準の向上による富裕層の増加や人口増加等に伴い，2009 年の 82 兆
円から 2020 年には 229 兆円へと約 3 倍増と予測される [1]。他方で，人口
減少や少子高齢社会の進行によってわが国の農林水産物・食品市場の規模は
今後縮小の一途をたどることが明らかとなっている。そのため，わが国の農
林水産業や食品製造業は成長を維持するために新たな市場の開拓が喫緊の課
題となっており，アジア地域をはじめとする海外市場への輸出が注目されて
いる。

　2015 年 10 月には環太平洋戦略的経済連携協定（Trans-Pacific Strategic
Economic Partnership Agreement）の交渉が大筋合意された。この合意で
は，多くの関税が撤廃されることとなっており，農業への影響緩和と国際競
争力の強化が課題となっている。これを受けて日本政府は攻めの農林水産業
への転換（体質強化対策）を打ち出しており [2]，その中で農林水産物・食品
輸出の戦略的推進を柱の一つとしている。

　本研究で取り上げるベトナム社会主義共和国（以下，ベトナム）もわが国
の農林水産物・食品輸出の重要な輸出先となっている。これは 1999 年のファ

ン・ヴァン・カイ（Phan Văn Khải）元首相の来日以降積み重ねてきた長年
にわたる経済交流の成果でもある [3]。また，ベトナムは 2000 年から 2010
年までの 10 年間で平均経済成長率は年 7.26％と極めて高く，2011 年以降
も 5％以上の成長を続け [4]，人口も東南アジアにおいてインドネシアやフィ
リピンに次ぐ第 3 位となっている。このような両国の蜜月関係に加えて高
い経済成長率や人口増加が農林水産物・食品輸出の輸出先としてのベトナム
の魅力を増しているのである。

　以上のような点を意識しながら，本章ではわが国の農林水産物・食品輸出
におけるベトナム市場の可能性と課題を明らかにしていくことにしたい。

2.　わが国の農林水産物・食品の輸出促進

　政府は 2013 年 6 月 14 日に「日本再興戦略― JAPAN is BACK ―」を閣
議決定し，この中で日本の農林水産物・食品の輸出促進等による需要の拡大
を図ることを示した。2012 年の輸出額約 4500 億円を 2020 年に 1 兆円へ
引き上げる目標を掲げ，この実現に向けて農林水産省は「農林水産物・食品
の国別・品目別輸出戦略」を 2013 年 8 月 29 日に策定した。この戦略では
①加工食品，②水産物，③コメ・コメ加工品，④林産物，⑤花き，⑥青果物，
⑦牛肉，⑧茶の 8 品目を重点品目とし，重点品目ごとに重点国・地域を定め，
輸出環境の整備や商流の確立・拡大を図っていくことを位置づけている [5]。

　また，先の「日本再興戦略― JAPAN is BACK ―」においては食文化や食
産業のグローバル展開を推進することも明記された。そしてこれを実現する
ため，世界の料理界で日本食材の活用推進（Made FROM Japan），日本の「食
文化・食産業」の海外展開（Made BY Japan），日本の農林水産物・食品の
輸出（Made IN Japan）の取り組みを一体的に推進することとした。

2.1　わが国の農林水産物・食品の輸出額の推移

　わが国の農林水産物・食品の輸出は近年順調に拡大し，2007 年には 5000

第2章　消費市場としてのベトナムの可能性と課題　51

表 2.1　農林水産物・食品の輸出額の推移

		2006年	2007年	2008年	2009年	2010年	2011年	2012年	2013年	2014年	2015年
農産物	金額(億円)	2,359	2,678	2,883	2,637	2,865	2,652	2,680	3,136	3,569	4,431
	前年比	8.8%	13.5%	7.7%	-8.5%	8.6%	-7.4%	1.1%	17.0%	13.8%	24.1%
林産物	金額(億円)	90	104	118	93	106	123	118	152	211	263
	前年比	-1.6%	15.6%	13.6%	-21.3%	13.6%	16.3%	-3.9%	28.7%	38.5%	24.7%
水産物	金額(億円)	2,040	2,378	2,077	1,724	1,950	1,736	1,698	2,216	2,337	2,757
	前年比	16.7%	16.5%	-12.7%	-17.0%	13.1%	-11.0%	-2.2%	30.5%	5.4%	18.0%
計	金額(億円)	4,490	5,160	5,078	4,454	4,920	4,511	4,497	5,505	6,117	7,451
	前年比	12.0%	14.9%	-1.6%	-12.3%	10.5%	-8.3%	-0.3%	22.4%	11.1%	21.8%

財務省貿易統計（輸出）から筆者が作成

億円を超えたが，いわゆるリーマンショックをきっかけとした不況や 2011年 3 月に発生した東日本大震災および福島第一原子力発電所事故の影響によって減少し，停滞していた。このような中，「農林水産物・食品の国別・品目別輸出戦略」などが奏功し，2013 年には 1955 年に日本政府が統計を取り始めて以来の最高額となった。そして 2013 年から 3 年連続で最高額を更新し続けて 2015 年の輸出額は 7451 億円となった（表 2.1）。

　「農林水産物・食品の国別・品目別輸出戦略」における 2016 年の中間目標は 7000 億円に設定されていたため，目標を 1 年前倒しで達成することとなった。また，2016 年の上半期の輸出実績は 3622 億円で対前年同期比 2.1％の増加であったため，政府は「輸出額 1 兆円目標」についても 2020 年から 2019 年に 1 年前倒しした [6]。

　品目別に分析すると，表 2.2 のとおり，金額では加工食品と水産物の輸出額が大きいことがわかる。また，地域に着目すると 7451 億円の輸出のうち，およそ 4 分の 3 にあたる 5474 億円はアジア地域が占め（表 2.3），国別に見ると 2 位のアメリカ合衆国を除き，8 位までを占めるに至っている（表 2.4）。

表 2.2　農林水産物・食品の品目別輸出額

	品　　　目	2015 年の輸出額（億円）	前年比
農産物	加工食品（アルコール飲料，調味料，清涼飲料水，菓子等）	2,221	26.0%
	畜産品（食肉，酪農品，鶏卵，牛・豚等の皮等）	470	5.1%
	穀物等（小麦粉，米等）	368	35.6%
	野菜・果実等（青果物，果汁，野菜・果実の缶詰等）	350	44.0%
	その他農産物（たばこ，播種用の種，花き，茶等）	1,022	21.0%
	小計	4,431	24.1%
林産物	丸太，製材，合板等	263	24.7%
水産物	水産物（調製品除く）（生鮮魚介類，真珠（天然・養殖）等）	2,063	20.3%
	水産調製品（水産缶詰，練り製品（魚肉ソーセージ等））	693	11.5%
	小計	2,757	18.0%
	合　　　計	7,451	21.8%

農林水産省「平成 27 年農林水産物・食品の輸出実績（品目別）」[7] より筆者が作成

表 2.3　農林水産物・食品の輸出額（地域別）

地域名	億円	シェア
世界	7,451	100.0%
アジア	5,474	73.5%
北アメリカ	1,168	15.7%
ヨーロッパ	467	6.3%
オセアニア	184	2.5%
アフリカ	113	1.5%
南アメリカ	45	0.6%

農林水産省「平成 27 年農林水産物・食品の輸出実績（国・地域別）」[8]
より筆者が作成

　この 3 年の好調要因を堀千珠［2015］[9] は，円安が進んで日本産商品の割高感がやや弱まったこと，海外の和食ブームを受けて輸出に取り組む生産・販売業者（農林水産業者および企業）が増えたこと，2011 年に日本で原発事故が発生した後に一部の国が強化した輸出規制が徐々に緩和されていることを指摘している。

3. ベトナムへの農林水産物・食品の輸出

3.1 ベトナムへの農林水産物・食品の輸出の推移

表2.4に見るように2015年におけるベトナムへの輸出は345億円で輸出全体に占めるベトナムの割合は4.6%，順位では7位となっている。品目に着目すると，表2.5のようになる。

2015年はやや減少したものの，2010年から2014年の上位には「植木等」がある。ベトナムでも盆栽や植木はよく見られる。ベトナム国内ではとりわけNam Dinh省のVi Khe村がbonsai village（bonsaiが現地でも通じる）としてとても有名である。

ベトナム人の実際の食生活や購買行動を見ると「植木等」を除いた農林水産物・食品は，多くがベトナム市場に最終消費用として回っているわけではなく，加工原料として用いられたり，再輸出されたりしているケースもある。上位品目について現地の日本料理店や小売業者などへのインタビューも参考に考察してみよう。

表2.4 農林水産物・食品の輸出額（国別）

	国名	億円
1位	香港	1,794
2位	アメリカ合衆国	1,071
3位	台湾	952
4位	中国	839
5位	韓国	501
6位	タイ	358
7位	ベトナム	345
8位	シンガポール	223
9位	オーストラリア	121
10位	オランダ	105

農林水産省「平成27年農林水産物・食品の輸出実績（国・地域別）」[10]
より筆者が作成

表 2.5　ベトナム向け農林水産物・食品輸出上位 10 品目

	2010 年	2011 年	2012 年	2013 年	2014 年	2015 年
1 位	植木等	いか	植木等	ホタテ貝	ホタテ貝	ホタテ貝
	36 億円	29 億円	43 億円	70 億円	68 億円	61 億円
2 位	牛肉	植木等	いか	植木等	植木等	粉乳
	12 億円	28 億円	26 億円	30 億円	20 億円	27 億円
3 位	いか	ホタテ貝	さば	いか	さば	さば
	11 億円	22 億円	17 億円	19 億円	17 億円	21 億円
4 位	鶏肉	さば	ホタテ貝	さば	かつお・まぐろ類	さけ・ます
	7 億円	15 億円	15 億円	18 億円	14 億円	13 億円
5 位	さば	豚の皮	豚の皮	豚の皮	いか	かつお・まぐろ類
	7 億円	11 億円	15 億円	15 億円	13 億円	12 億円
6 位	ホタテ貝	さけ・ます	さけ・ます	かつお・まぐろ類	さけ・ます	植木等
	7 億円	9 億円	12 億円	11 億円	12 億円	9 億円
7 位	小麦粉	かつお・まぐろ類	かつお・まぐろ類	さけ・ます	粉乳	いか
	6 億円	6 億円	8 億円	10 億円	11 億円	8 億円
8 位	さけ・ます	アルコール飲料	小麦粉	小麦粉	小麦粉	小麦粉
	5 億円	6 億円	5 億円	6 億円	7 億円	7 億円
9 位	ゼラチン	小麦粉	ゼラチン	牛・馬の皮	播種用の種等	アルコール飲料
	4 億円	6 億円	4 億円	6 億円	4 億円	6 億円
10 位	アルコール飲料	ゼラチン	牛・馬の皮	ゼラチン	ゼラチン	ゼラチン
	3 億円	4 億円	3 億円	5 億円	4 億円	6 億円

農林水産省「平成 27 年農林水産物・食品の輸出実績（国・地域別）」[11] より筆者が作成

　「ホタテ貝」は，外食店向けに高い人気があり，一部は再輸出されているようである。日本産のホタテ貝はベトナム以外からの引き合いもあるので価格動向によっては輸出量が変動する可能性がある。また，出荷に至るまでに数年を要するため，急な需要拡大には応じづらい。

　「粉乳」は，乳製品原料に用いられている。もともとベトナムコーヒーに乳製品（牛乳やコンデンスミルクなど）が欠かせないことに加えて，近年牛

乳やヨーグルトの消費が活発で原料が不足気味である。また,「さば」「さけ・ます」「かつお・まぐろ類」は加工原料用としての輸出が中心で, 一部外食店向けになっているようである。

3.2 サンマ輸出の取り組み

ベトナム向け農林水産物・食品輸出上位には水産物が目立つ。わが国の水産物が競争優位を発揮するためには, ①南シナ海で獲ることができない水産物であること, ②価格優位性がある水産物であること, ③わが国以外の水産資源管理（トレーサビリティや環境配慮など）が発達している国で獲ることができない水産物であること, ④近隣の水産物の大量輸入国（中国など）が扱わない水産物であること, の複数が当てはまることが望ましい。たとえば, 表2.5の「さば」は①と②が当てはまり, 先述の「ホタテ貝」は①と③に当てはまる。

北海道根室市は日本有数の水揚量を誇る漁港を持つ水産都市であるが, 近年は魚価が低迷して売り上げが落ちている[12]。また, わが国の1人当たりの年間水産物消費量は, 2001年度の40.2kgをピークとして急激に減少し, 2014年度には1960年代半ばと同水準の27.3kgとなっている[13]。

このような背景から, 根室市は2010年5月に地域経済の活性化や産業振興の観点から根室水産物の国際ブランド化を目的に根室市アジア圏輸出促進協議会を発足させた。この根室市アジア圏輸出促進協議会は, 根室市や根室商工会議所, 根室水産協会, 市内4漁業協同組合（根室・歯舞・落石・根室湾中部）, 地元金融機関などから構成される官民一体の地域プロジェクトである。

根室市アジア圏輸出促進協議会はベトナムを最初のターゲットに, アジア市場に向けて根室水産物の輸出促進への取り組みを進めている。日本貿易振興機構（JETRO）北海道貿易情報センターの支援もあり, 2012年2月には「根室サンマ祭り」をハノイ市およびホーチミン市のスーパーマーケットや日本食レストランなどで開いた。「根室サンマ祭り」ではサンマの試食会や

56

表2.6　ベトナムを中心とするアジア市場に向けて直接輸出した品目と実績（単位；kg）

内　　訳	2010 年	2011 年	2012 年	2013 年	2014 年
根室産冷凍サンマ	6,700	100,665	414,821	665,225	77,616
根室産冷凍秋サケ	15,000	23,000	10,000	—	1,952
根室産冷凍マダラ	—	4,842	—	—	—
その他加工品等	70	9,423	2,432	11,779	9,514
合　　計	21,770	137,930	427,253	677,004	89,082

根室市総合政策部資料「水産物・食品の輸出促進のための支援事業の実施について」（2015 年 9 月 15 日）より引用。この表における年区分は，当地における漁業シーズン（8 月から翌年 7 月まで）を暦年としている。

即売会を実施し，現地の富裕層や上位中間層に向けて PR した。その後も断続的に開催している。また，ベトナムの水産企業なども招いてサンマ水揚げや水産加工施設の視察会および水産物・食品輸出商談会も 2010 年から毎年根室市で開いている。現在の成果は，表 2.6 のようになっている。

残念ながら，ここ数年間は暖水塊[14]の影響で漁獲量が減っており，輸出はおろか国内需要に応えることも難しくなっている。とりわけ 2015 年の水揚量は根室市だけではなく全国的な不漁で，1976 年以来 39 年ぶりの低水準となった。北海道根室市の花咲漁港は 4 万 4753 トン（前年同期比 26％減），岩手県大船渡市の大船渡漁港が 1 万 3672 トン（同 47％減），宮城県気仙沼市の気仙沼漁港が 1 万 1769 トン（同 54％減），宮城県女川町の女川漁港が 9413 トン（同 58％減）という大幅減であった[15]。また水産庁は資源量推定値が 2015 年よりやや減少していることから，2016 年の漁場への来遊量は 2015 年をやや下回ると予測している[16]。

4.　日本の強みを生かした輸出戦略の構築

4.1　輸出戦略の構築

わが国の地方公共団体などは海外で産品フェアを主催したり，出先機関を各国に設けたりと輸出の促進に向けた積極的な取り組みを行っている。しか

第2章　消費市場としてのベトナムの可能性と課題　　57

し，他方で各産地が個別にイベントを実施していることから，十分に取り組みの成果を得ているとは言えない。それは自治体間競争やブランド競争が激化し，日本国内ばかりではなく輸出先でも限られたパイを巡って争われているからである。その結果，日本ブランドとしての浸透は限定的なものになっている。

　そこで農林水産物・食品の輸出を拡大していくためには，個々の輸出事業者や地方公共団体が各々にプロモーションに取り組んでいる状況を改善して，いわばオールジャパン体制で実効性のある取り組みが重要となっている。

　このような状況を改善するために，2013年に農業，食品，観光などの各種産業団体や全国都道府県知事，関係省庁などからなる農林水産物等輸出促進全国協議会を全国でブロックごとに開催して，農林水産物・食品の品目別・国別輸出戦略案について意見交換を行った。次いで2014年6月に農林水産物等輸出促進全国協議会に輸出戦略実行委員会を設置して，重点品目ごとに輸出実績の分析や輸出戦略に基づく取り組みの検証などの方針をまとめ，課題をとりまとめるようにした[17]。

4.2　農林水産物・食品の輸出先進国デンマークの取り組み

　国をあげての取り組みの先行事例としてデンマーク農業理事会の例がある。デンマーク農業の統合機関であるデンマーク農業理事会は，デンマーク農業に関わるあらゆる政策的課題や経済的課題，技術的課題について，生産者団体およびデンマーク政府とともに活動している。農業理事会はいくつかの部局や委員会により運営されており，農業通商および国際的な案件に対応するため，EU本部のあるブリュッセルと東京に在外事務所を設けている。アジア地域の市場については，デンマーク農業理事会日本事務所がその業務を担当している。担当する業務は，「市場アクセスの向上及び市場対策」「調査活動」「市場の開発・商品開発」「交渉の調整」「広報活動」「普及・啓蒙活動」など多岐にわたる。近年は，製品そのものの紹介だけにとどまらず，技術やノウハウの移植や提携など多様な活動を展開している[18]。

4.3 食文化の普及および確立と一体となった輸出戦略

前項で述べたデンマーク農業理事会だけでなく，国をあげての輸出促進をしている国がある。代表的な国にイタリアやフランスがある。イタリアやフランスは，自国の食文化の売り込みと一体となって輸出促進を進め，イタリア料理やフランス料理と直接関係が深い品目が輸出品の上位にある。イタリアであればワインやチーズ，デュラムセモリナ粉を用いた製品（パスタ類），オリーブオイルが上位であるし，フランスであればワインや蒸留酒（果実酒から造ったブランデーなど），チーズが上位である。このように食文化とともに農林水産物・食品を輸出しているのである。

やや手前味噌な可能性も否定できないが，JETRO の調査では，日本料理が「好きな外国料理」第 1 位に選ばれている [19]。多少割り引いてみても「人気はある」と考えても無理がないであろう。また，2013 年には「和食」がユネスコ無形文化遺産に登録された。日本料理・和食の普及や確立と一体的に農林水産物・食品の輸出拡大を目指す素地は整っている。

日本酒，茶，味噌・醤油など日本料理・和食を象徴する品目の輸出は伸びているものの，日本の輸出総額のうち，日本料理・和食を代表するこれらの食材が占める割合は決して多くはない。

2015 年に食をテーマに開催されたミラノ万博の日本館は，日本の食文化を発信するのに一定の成果を示すことができ，2020 年のオリンピック・パラリンピック東京大会に向けてさらに発信の機会がある。このような世界的なイベントの機会を活用して日本料理・和食の普及や確立と一体となった輸出に取り組んでいくことが望まれる。

5．わが国の農林水産物・食品の輸出における課題

5.1 為替レートを考慮した輸出額の推移

先に述べたように 2020 年までに農林水産物の輸出額 1 兆円を目指し，

第2章　消費市場としてのベトナムの可能性と課題　　59

表 2.7　農林水産物・食品の輸出額の推移（円換算・ドル換算）

	輸出額（円表示）		為替レート	輸出額（ドル表示）	
	億円	増減率	（円／アメリカドル）	百万ドル	増減率
2006 年	4,490	12.0%	116.28	3861.4	6.1%
2007 年	5,160	14.9%	117.77	4381.6	13.5%
2008 年	5,078	-1.6%	103.33	4914.2	12.2%
2009 年	4,454	-12.3%	93.53	4762.2	-3.1%
2010 年	4,920	10.5%	87.77	5605.6	17.7%
2011 年	4,511	-8.3%	79.78	5654.2	0.9%
2012 年	4,497	-0.3%	79.79	5636.1	-0.3%
2013 年	5,505	22.4%	97.60	5640.4	0.1%
2014 年	6,117	11.1%	105.84	5779.7	2.5%
2015 年	7,451	21.8%	121.02	6156.7	6.5%

日本銀行の時系列統計データ（17 時時点／月中平均）を活用し，筆者が作成

　2015 年 11 月に策定された TPP 政策大綱においては 1 兆円達成を 2019 年
へ前倒しした。しかしながら，為替レートを考慮すると異なる側面が見えて
くる。

　2012 年 12 月 16 日の第 46 回衆議院議員総選挙で自由民主党が圧勝し，
政権与党に復帰した。12 月 26 日に安倍晋三が第 96 代内閣総理大臣に選出
され，第 2 次安倍晋三内閣が発足した。円換算で見れば安倍晋三内閣発足
以降，農林水産物輸出は伸びている。2013 年 22.4％増，14 年 11.1％増，
15 年 21.8％増と大幅な伸びである（表 2.7）。

　しかし，これは為替相場が 51％も円安になった結果であり，ドル換算で
は伸び率は円換算ほど大きくない。つまり数量ベースで見ると，農林水産物・
食品の輸出は微増であるという姿が見えてくる。日本の農林水産物・食品の
輸出は為替相場に依存しているのである。

　2016 年 1 月から 12 月の為替レートの平均は，108.8 円であった。仮に
前年並みに輸出額がドル換算で 6.5％伸びたとすると，65 億 5690 万ドルと
なる。これを 108.8 円で円換算すると 7133.9 億円となり，4.3％減となっ

てしまう。

5.2 知的財産侵害への対策

日本産農林水産物・食品の世界的な評価の高まりを背景に，海外において
わが国の地名等が商標登録出願されたり，市場にわが国の農林水産物・食品
のブランドイメージに便乗した模倣品が流通したりしている。その結果，他
国・地域においてわが国の地名等が商標として登録された場合は当該商標と
同一あるいは類似の地名を付して販売すると権利者から警告・提訴される可
能性が出てきた。また，日本国内で育成・品種登録された種苗が，育成者権
者に無断で品種保護制度のない国・地域や当該植物を保護対象としていない
国・地域に持ち出され，現地で生産されることも指摘されている。このよう
な案件は，農林水産物・食品の輸出促進を図る上で大きな妨げになる。

農林水産省は，海外での知的財産権取得や第三者による商標出願に関する
情報把握を行うため，農林水産・食品知的財産保護コンソーシアムを立ち上
げた。そして，海外の知的財産制度やわが国の農林水産物・食品の模倣品の
発生状況について現地調査をしている。

ASEAN 地域には，植物品種保護制度が十分に整備されていない国・地域
が多い。そこで，2008 年から ASEAN ＋日中韓からなる「東アジア植物品
種保護フォーラム」を設置して植物品種保護制度の整備や運営のための協力
活動を始めている [20)]。

5.3 地理的表示制度の拡充

地理的表示（GI：Geographical Indication）とは，「農林水産物・食品等
の名称であって，その名称から当該産品の産地を特定でき，産品の品質等の
確立した特性が当該産地と結び付いているということを特定できるもの」と
特定農林水産物等の名称の保護に関する法律（地理的表示法）で定義されて
いる。

地理的表示を保護する制度は世界 100 カ国を超える国々で採用されてお

り，品質や社会的評価その他の確立した特性が産地と結び付いている産品について保護している。このことにより，「信用の低迷」や「生産者全体の利益の逸失」，「ブランド価値の毀損」，「生産者全体の不利益」などが守られる。ベトナムにも独自の地理的表示保護制度がある。

　両国間で地理的表示の相互認証を推進すれば，両国の地理的表示を保護でき，ブランド価値を維持しながら輸出の促進ができるのに加えて模倣品の排除も容易になる。

6. 消費市場としてのベトナムの発展

6.1　輸出環境の整備（フードバリューチェーンの構築）

　日系企業の冷凍倉庫や保冷トラックもあるものの，ベトナムのコールドチェーンには多くの課題が残されている。温度管理が徹底されないケースも少なくなく，3 節で述べた「ホタテ貝」や「さば」「さけ・ます」「かつお・まぐろ類」も輸送中の品質保持や鮮度維持がさらに改善できれば輸出拡大が期待できる。「粉乳」についても賞味期限の延長が望まれているが，輸送状況が改善すれば賞味期限の延長に役立つ。

　2015 年 8 月に開催された日越農業協力対話第 2 回ハイレベル会合において，ベトナムにおけるフードバリューチェーンの構築のための日越農業協力中長期ビジョンが承認された。日越農業協力中長期ビジョンは，ベトナム農業の中長期的な課題解決を目的に，モデル地域における今後 5 年間（2015-2019）の行動計画等について策定されたもので，日越双方による計画の着実な実施によってベトナム農業の包括的発展に大きく寄与することを目的としている。

　日越農業協力中長期ビジョンは，「生産性・付加価値の向上」「食品加工・商品開発」「流通改善・コールドチェーン」「分野横断的な取組」の 4 つの柱からなる。「流通改善・コールドチェーン」については首都のハノイ市や最大都市のホーチミン市をモデル地域として，冷蔵・冷凍倉庫の建設や低温

流通体制構築に向けた民間投資の促進と食品安全法に基づく食品衛生管理の法制度やその運用の透明性確保に取り組むことになっている。これらが達成されれば日本からベトナムへの生鮮食品や日本酒などの輸送が円滑になり，日本食を普及するための温度管理を実現することも容易になろう。

6.2　中間層と富裕層

　ボストンコンサルティンググループは2013年12月に「Vietnam and Myanmar Southeast Asia's New Growth Frontiers」を発表した[21]。この報告書では，ベトナム国内約1400の地域について人口や収入の分析を行っており，世帯月収で1500万〜3000万ドンを「中間層」，3000万ドン以上を「富裕層」と定義している。報告書が出た時点の為替レートが1ドル＝2万800ドン前後であったため，中間層は約700〜1400ドル，1400ドル以上が富裕層となる。この調査では2012年の中間層は980万人（全人口の約11％），富裕層（全人口の約3％）は260万人であった。さらに，2020年には中間層が2250万人に，富裕層は1020万人に，人口は9610万人になると予測している。したがって，中間層は人口の23％，富裕層は11％にまで増加する。

　居住地域に着目すると，中間層や富裕層の約半数はハノイ市とホーチミン市に集中しているが，今後は中間層や富裕層の居住地域が広がる。ハノイ市とホーチミン市に住む中間・富裕層は増加するものの，ベトナム全体の中間・富裕層に対してこの2都市が占める割合は，2020年には全体の約3分の1まで減少すると予測される。そのため，今後中間層や富裕層をターゲットとする企業はハノイ市やホーチミン市以外にも営業拠点を拡大する必要がでてくる。

　また，JETROハノイ事務所の調べでは，1人当たりのGDPの推移は表2.8のとおりである。ここでもハノイ市とホーチミン市の数値が全国平均を大きく上回っていることがわかる。特に，ホーチミン市の伸びは著しい。

　一方で，うがった見方をすれば，日本企業が主に対象とする中間層や富裕

表 2.8 ベトナムおよび 2 大都市の 1 人当たり GDP

	2010 年	2011 年	2012 年	2013 年	2014 年
ベトナム	1297	1532	1753	1902	2053
ハノイ	1993	2292	2674	3024	3348
ホーチミン	3067	3324	3666	4549	4986

ベトナム統計は IMF, 2 大都市は両市の統計を基に JETRO ハノイ事務所が推計（通商弘報 2015 年 11 月 11 日）。

層は 2012 年の時点で 1240 万人（全人口の約 14 ％）しかいない。「約 9000 万人の人口」「国民平均年齢は 28 歳」「高い経済成長率」「チャイナ・プラスワン」などと魅力的な言葉がしばしば語られるが，冷静に現実を見つめ，他方で将来に期待する眼をもたねばならない。

7. おわりに

　以上のとおり，本章では，ベトナムへの農林水産物・食品の輸出の概観を明らかにし，現在行われている取り組みについて分析した。その結果，ベトナム市場の可能性といくつかの課題が明らかになった。特に，為替レートを考慮した輸出額の推移や中間層・富裕層の拡大速度については，わが国の農林水産物・食品輸出のみならず，今後の両国の経済関係に大きな影響を及ぼすと考えられ，さらなる検討を必要とする。この点を筆者の今後の課題としたい。

【注】
1) 農林水産業の輸出力強化ワーキンググループ（第 1 回）資料 6-1「農林水産物・食品の輸出の現状」。http://www.kantei.go.jp/jp/singi/nousui/kyouka_wg/dai1/siryou6-1.pdf
2) http://www.maff.go.jp/j/kanbo/tpp/pdf/nousei_sin_ph.pdf　農政新時代～努力が報われる農林水産業の実現に向けて～〈農林水産分野における TPP 対策〉。
3) 2003 年からの「日越共同イニシアティブ」，2004 年発効の「日越投資協定」，2009

年の「アジアにおける平和と繁栄のための戦略的パートナーシップに関する日本ベトナム共同声明」，同じく 2009 年発効の「日越経済連携協定（EPA）」などがある。

4）IMF - World Economic Outlook Databases（2016 年 4 月版）。http://www.imf.org/external/ns/cs.aspx?id=28

5）http://www.kantei.go.jp/jp/singi/keizaisaisei/pdf/saikou_jpn.pdf　82 頁。

6）2016 年 8 月 2 日に，「未来への投資を実現する経済対策」を閣議決定した。http://www5.cao.go.jp/keizai1/keizaitaisaku/20160802_taisaku.pdf

7）http://www.maff.go.jp/j/shokusan/export/e_info/pdf/27_hinmoku_meguji_kakutei0.pdf

8）http://www.maff.go.jp/j/shokusan/export/e_info/pdf/27_kuni_meguji_kakutei_1.pdf

9）堀千珠［2015］みずほ総合研究所「みずほリサーチ」2015 年 4 月号，8 頁。

10）http://www.maff.go.jp/j/shokusan/export/e_info/pdf/27_kuni_meguji_kakutei_1.pdf

11）http://www.maff.go.jp/j/shokusan/export/e_info/pdf/27_kuni_meguji_kakutei_1.pdf

12）根室市総合政策部への聞き取り。

13）水産庁『平成 27 年度　水産白書』23 頁。

14）暖水塊とは，海洋中に散在する周囲より高温の海水の塊である。通常は直径 100km から 200km 程度の円形状になって回転運動を伴っており，暖水渦とも呼ばれる。サンマは水温帯 15 度以下にサンマが集まるため，高温の海水の塊に集まらない。

15）『河北新報』2015 年 12 月 16 日。

16）水産庁のプレスリリース「平成 28 年度　サンマ長期漁海況予報（道東〜常磐海域）」。http://www.jfa.maff.go.jp/j/press/sigen/160729.html

17）http://www.maff.go.jp/j/shokusan/export/e_kikaku/zikkou.html

18）デンマーク農業理事会のホームページ　http://www.dafc.jp/

19）https://www.jetro.go.jp/world/reports/2015/02/12ba5703b261d87f.html および，https://www.jetro.go.jp/industry/foods/foreign_consumer.html

20）http://www.eapvp.org/jp/index.html

21）https://www.bcgperspectives.com/content/articles/consumer_insight_growth_vietnam_myanmar_southeast_asia_new_growth_frontier/

第3章
ベトナム社会の人口変動と
持続可能な発展への影響

グエン・ディン・クー
チャン・ティ・ニュン
翻訳　ファム・ティ・トゥ・ザン

　1979年から2014年まで家族計画の促進や社会・経済の発達により，ベトナムの人口は規模，構造も分布の面で大きく変化してきた。こうした人口推移状況は今世紀の半ばまで続くと見られる。

　本稿では，ベトナム統計総局データ，2009年の人口調査結果に筆者の予測を加えて，その人口推移がベトナムのこの35年間（1979-2014）の発展にどのような影響を与えたのかを考察し，分析する。それをふまえてベトナムを持続可能に発展させるため，人口推移の機をとらえ，その課題を克服するための政策を提案したい。

1. 20世紀半ばから現在までのベトナムの人口推移傾向

　この半世紀以上にわたるベトナムの人口政策は主に出生率の低減を目標にしてきた。経済・社会の開発で成果をあげる一方，ベトナムの人口構成は急速に変わった。以下，この50年間の人口推移および今世紀ここまでの傾向について述べたい。

1.1　出生率の急速な低下

　ベトナムは1961年から家族計画を実施しはじめた。そのため，出生率が連続的に減少し，2005年に「人口置換水準」まで下がった。合計特殊出生

表3.1 1965－2014年の間の合計特殊出生率（TFR）

年	TFR	年	TFR
1965-1969	6.81	2001	2.25
1974-1979	4.8	2005	2.11
1986-1987	4.2	2010	2
1993-1994	3.1	2014	2.09

出典：Ban chỉ đạo Tổng điều tra dân số và nhà ở Trung ương [2010], Tổng cục Thống kê [2011], Tổng cục Thống kê. Tổng điều tra dân số Việt Nam -1989 [1991]., Trần Thị Trung Chiến [2003]

率（TFR；total fertility rate），つまり1人の女性が生涯に産む子供の数であるが，それは表3.1に示される。

　表3.1から見れば，ベトナムの合計特殊出生率は2005年に人口置換水準（2.1倍）に到達した。つまり，その40年前の女性と比べ出産する子供の数が3分の1減少したのである。それはベトナムの出産分野において飛躍的な変革であるといえる。出生率の変化は常に社会の発展と逆行するものである。そのため，この低い出生率が引き続き未来まで続くと思われる。

1.2　人口規模が大きく，高い人口密度

　2014年のベトナムの人口は9070万人であり，東南アジアの第3位，アジアの第8位，世界の14位に達した。人口密度は$1km^2$当たり274人であり，世界の平均密度（$1km^2$当たり53人）の5倍，ヨーロッパ（$1km^2$当たり32人）の8.6倍，北アメリカ（$1km^2$当たり16人）の17倍である。これらの数値から，ベトナムの人口規模は大きく，密度も高いといえる。

　一方，ベトナムの人口は依然として増えている。予測によれば，2027年にベトナムの人口は1億人に達し，その後現在の増加率に比べて遅いスピードではあるが今世紀の半ばまでに1億600～700万人に増加する。

1.3　年齢分布が激しく変化しているベトナムの人口構造

　表3.2は各調査時点でのベトナムの人口の年齢構造を示したものである。

第3章　ベトナム社会の人口変動と持続可能な発展への影響　　67

表 3.2　ベトナム人口の年齢構造（1979 年 −2014 年）（単位：%）

年齢	1979	1989	1999	2009	2014
0-14	42.55	39.00	33.48	25.10	23.50
15-64	52.23	56.40	60.72	68.28	69.40
65 +	0.68	4.60	5.80	6.62	7.10
合計	100	100	100	100	100

出典：1979 年，1989 年，1999 年，2009 年，2014 年の中間国勢調査の結果

表 3.3　ベトナムの従属人口指数

年	1979	1989	1999	2006	2009	2014	2048
従属人口	89.5	77.3	64.7	49.9	46.4	44.1	50.5

出典：表 3.2 などのデータをもとに筆者作成

　1979 年から 2014 年までベトナム人口の年齢構造は年少人口（0 〜14 歳）
が大きく低下している。また労働人口と 65 歳以上の人口が急速に増えてい
る。

　すなわち，従属人口の比率が小さく，人口構造は「黄金期」を迎えている。
表 3.3 から見れば，ベトナムの「従属人口の比率」は，1979 年から 2009
年の 30 年間で半分近くにまでに大きく低下した。

　従属人口指数は次のように定義される。従属人口指数＝（年少人口＋老年
人口）÷生産年齢人口× 100。この場合の年少人口とは 6 歳から 14 歳であり，
老年人口とは 65 歳以上である。したがって生産年齢人口は 15 歳から 64 歳
を意味している。これによって得られるベトナムの従属人口指数は表 3.3 の
とおりとなる。

　現在ベトナムの従属人口指数は 50 前後まで減少した。つまり，労働人口
の 100 人が 50 人を「支えなければならない」。それを人口構造の「黄金期」
という。2006 年にベトナムの「従属人口の比率」が 49.9 まで低下し，「黄
金期」に入ったということである。人口予測によればベトナム人口の黄金期
が今後 40 年間，つまり今世紀の半ばまで続く。

1.4　高齢化の急速な進展

　ベトナムの法律では60歳以上を高齢者と規定している。世界各国と同じ
ように，ベトナムの高齢者は数も割合も増え続けている（表3.4）。

　高齢者人口の割合が総人口の10％に達し，その増加傾向が止まらない場
合，社会が高齢化しているといわれる。その割合が20％にまで達すると，
その国は「高齢社会」と呼ばれる。

　その意味でベトナムは2012年に「高齢化社会」に突入した。ベトナム統
計総局の予測によれば，ベトナムは2037年に「高齢社会」になるという。
注目すべきは，ベトナムが2012年から2037年の25年という短い期間で「高
齢社会」になることである。高齢社会になるのにフランスは115年，スウェー
デンは85年，オーストラリアは73年，アメリカは69年，日本は26年かかっ
た。なかでも80歳以上の人口がもっとも速いスピードで増加している。
1979年から2019年の40年間で高齢者の割合が2倍に増える見込みだが，
80歳以上の人口は3倍にも増加する。80歳以上の人々の中には，自分で生
活したり自分の面倒をみたりすることができない人もいる。また2009年に
おいて高齢者の7割が都会より開発レベルの低い農村地帯に居住している。
それがベトナムの今後の発展に向け大きな試練となる。

表3.4　ベトナムの高齢者（人数と割合）

年	総人口 （万人）	高齢者数 （万人）	高齢者人口の割合 （％）
(1)	(2)	(3)	(4) = (3)／(2)
1979	5,374	371	6.9
1989	6,441	464	7.2
1999	7,632	619	8.1
2009	8,585	745	8.7
2012	8,877	906	10.2

出典：Ban chỉ đạo Tổng điều tra dân số và nhà ở Trung ương [2010], [1983], Tổng cục Thống
　　　kê. Tổng điều tra dân số Việt Nam -1989 [1991], Ban chỉ đạo điều tra dân số trung ương
　　　[2000].

1.5 激化する都市への人口集中

2014年世界の都市人口の平均割合は53％である。先進国では78％である。アフリカの割合は低いと言われたが，それでも40％に達している（ベトナム統計総局［2015]）。一方，ベトナムでの都市人口の割合は33％にとどまる。ところが，工業化と市場経済の拡大が人口移動を激しく促している。2004年から2009年に移動した人口は700万人にも上り，1994年から1999年までの段階と比べ5割も増えた。それがこの15年間の都市人口を増加させた要因である。1979年から1989年の間はその割合がほとんど増えず，20％前後にとどまったが，1999年に23.5％に上がり，2009年に29％，2014年に33％に達した。

人口が大都会や特定地域に集中する傾向が表れている。たとえば，ホーチミン市の人口は1979年に340万人であり，全国の総人口の6.4％しか占めていなかったが，2014年には800万人で9％を占めるに至った。ベトナムの東南部の人口は1979年に700万人で全国の総人口の5.7％であったが，現在1570万人で17.4％を占めている。

2. ベトナム社会の発展に与える人口の影響

2.1 人口増加と食糧安全保障

現在のところベトナムは食糧安全は確保できているが，将来的には全国民に食糧を十分に供給することが大きな課題となる。その理由の第1は，耕作面積が世界の中でも少ない国でありながら，工業化によりそれが大きく縮小されていることである。2001年から2010年までの10年間で37万ヘクタールも農地が減った。理由の第2は，国連によれば気候変動の影響で30年後，ベトナム全国土の5.3％が浸水するという「大きな危機」を抱えるという点（水利経済管理研究所HP）。理由の第3は，人口が増加し，近い将来に1億人を超えようとするため，食糧に対する需要が次第に拡大されて

いくという問題である。

2.2　人口構造の黄金期：短期経済成長のメリットと長期的試練

「人口構造の黄金期」の特徴は，この 20 年間（1999-2019 年）における
労働人口（15 ～ 64 歳）の総人口に占める増加である。3 つの予測案によれ
ば，2019 年までその割合は最大限にまで増加し，総人口の 70％を占める。
その後，次第に低下するが，今世紀の半ばになっても高い割合を占め続ける。

　人口の増加程度および「人口構造」を評価するために，以下の公式がよく
使われる。

$$\tilde{y} = Y/P = Y/L \times L/P = y \times L/P$$
$$=> g\,\tilde{y} = gy + gL - gP$$

　　　Y：国内総生産（GDP）

　　　P：総人口

　　　$\tilde{y}$：1 人当たりの GDP；$\tilde{y} = Y/P$

　　　y：生産効率；y = Y/L

GDP の成長速度＝生産効率増加速度＋労働人口増加速度－人口増加速度…(1)

　人口規模の変化が経済成長に与える影響を分析する際に，公式（1）を援
用して，本稿においては TFR（合計特殊出生率）を 1.6 として，2059 年予
測データを使う。

　表 3.5 のデータを使って公式（1）を計算すると，以下の結論を出すこと
ができる。

・1999 年から 2009 年までの時期においては労働人口（人口の構造）が急
　速に変化し，経済成長率を 2.29％も増加させた。しかしながら，その影
　響は徐々に低下し，「人口構造の黄金期」にマイナスになった。

・予測する期間内に人口増加率が徐々に下がるため，その経済成長への影響
　も弱くなっていく。しかし，2009 年から 2019 年までの時期において，
　人口増加は年間経済成長率が 1％に下がるときまで続く。「人口構造の黄

第3章　ベトナム社会の人口変動と持続可能な発展への影響　71

表3.5　総人口および労働人口の推移（1989-2049年）

	年	1989	1999	2009	2019	2029	2039	2049
第2案： TFR=1.6	(1) 人口数（万人）	6,440	7,660	8,579	9,496	10,152	10,525	10,618
	(2) 増加率（%）	—	1.7	1.1	1	0.7	0.36	0.09
	(3) 労働人口（万人）	3,623	4,666	5,865	6,613	7,014	7,184	7,030
	(4) 増加率（%）	—	2.53	2.29	1.2	0.5	0.24	-0.2
	(5) 影響度＝(4)-(2)		0.83	1.19	0.2	-0.2	-0.12	-0.29

出典：Nguyễn Đình Cử［2011］

金期」後，人口規模の縮小こそが，経済成長率を増加させる要因である。
・1999年から2009年まで人口の増加と人口構造の変化が経済成長率を
1.19％も上げたが，その後，その影響が低下し，2020年にマイナスになる。

　したがって2020年以降，人口の規模と構造の変化は，ベトナム経済の持
続可能な発展をはばむという課題を生み出すこととなるであろう。公式（1）
から見れば，この試練を乗り越えるためには，生産性を伸ばすしかないとい
うことが窺える。

2.3　低出生率によって得られるメリット

　出生率の低さは，家族レベルで見れば子供の数が減少するという点に，全
国的レベルでみれば学校教育に影響が出てくる。学齢期（5〜24歳）の人
口が減少しはじめている。1999年に3320万人だったが，2013年には
2950万人まで低下した。その結果，家庭や関係施設にとって，子供たちを
教育したり世話したりするのに，よりよい条件が与えられるようになった。

　第1は，栄養不足の5歳以下の子供が減少している。1990年代に58％
であったが，2014年には14.5％まで下がった。

　第2は，入学率が増加する。初等教育，中等教育，高等教育の入学率が
増え続けている。2012年初等教育の入学率は104.2％ [1]（2004年は96％），
中等教育の入学率は90％（2003年は65％），高等教育の入学率は68.7％
（2000年は38％）である [2]。

表 3.6　各年度の 12 月 31 日時点で受け入れた生徒数（単位：千人）

年度	1998 年度	2001 年度	2006 年度	2008 年度	2013 年度
合計	17,391.1	17,875.6	16,256.6	15,127.9	14,900.7
小学生	10,223.9	9,315.3	7,029.4	6,731.6	7,435.6
中学生	5,514.3	6,259.1	6,152.0	5,468.7	4,932.4
高校生	1,652.9	2,301.2	3,075.2	2,927.6	2,532.7

出典：http://www.gso.gov.vn/

　第 3 は，小学校・中学校・高校の生徒数が減少しつつあるため，それが
教育の質を高める良い条件になっている。生徒数は，2001 年度に達成した
1787 万 5600 人という最高記録から 2013 年度に 1490 万 700 人にまで下
がった。つまり 300 万人も生徒数が減ったのである（表 3.6）。

　出生率が低下した結果，初等・中等教育の規模が縮小しただけではなく，
教育システム全体の構造までもが変化した。1998 年度に小学生の割合は 59
％，中学生は 32％，高校生は 9％であったが，2013 年度にその割合は 50％，
33％，17％になった。

　このように学生の人数が著しく減少したにもかかわらず，一方で教員の人
数は増加し続けているため，教員 1 人当たりの生徒数が少なくなり，その
数は平均 17.4 人となっている。

　また人口移動が教育システムに大きな影響を与えている。人口が流出して
いく地域と人口が流入してくる地域の教育システムの構造が大きく異なって
きている。たとえば表 3.7 で，住民が多く流出しているタインホア省と，人々
が多く流入してきたホーチミン市との違いを見てみよう。

　これらは，ベトナムの教育が量的成長から質的成長へと転換していくため
の良い条件といえる。

　第 4 は英才教育が強く展開されていることである。子供の数が少なくなり，
経済的に発展したため，保護者が子供に十分な教育する余裕が生まれた。そ
の結果，英才教育が強く推進されている。

　2000 年代の 10 年間だけで大学・短期大学とその学生数が 2 倍以上に増

第3章　ベトナム社会の人口変動と持続可能な発展への影響　73

表 3.7　2013 年度のタインホア省とホーチミン市の初等教育

	タインホア省	ホーチミン市
平均クラス数 / 学校	14.7	29.1
平均生徒数 / 学校	337.6	1149.9
平均生徒数 / 1 クラス	22.9	39.5
生徒率 / 教師	17.6	29.5

出典：http://www.gso.gov.vn/ に掲載されているデータに基づき筆者が計算したもの

表 3.8　大学および短期大学の発展状況（2001−2014 年）

	2001	2005	2010	2014
学校数	191	277	414	436
学生数（人）	974,100	1,387,100	2,162,000	2,363,900

出典：http://www.gso.gov.vn/

表 3.9　ベトナム教育システムにおける女子学生率（2013 年度）

教育レベル	初等教育	中等教育	高等教育	専門学校	短大・大学
女子学生率（%）	47.9	48.7	52.9	58.6	52.8

出典：http://www.gso.gov.vn/ に掲載されているデータに基づき筆者が計算したもの

加したが，その後も強く伸び続けている（表 3.8）。それによりベトナム人の人材の質も改善されつつある。

　第 5 は女子学生率が増加し，男子学生率と並ぶようになった。子供の数が少なくなり，経済・社会が発展したため，男子も女子も同じように学校に通わせられるようになった。その結果，女子学生の数が男子学生と同じように増加してきた。むしろ，高いレベルになればなるほど，女子学生のほうが多くなっている。

　その結果，発展の中核的目標の一つである女性の地位が高まり，ジェンダー的な平等も可能となる。

　このように人口の変化がベトナムの教育システムの規模や構造，質に強く影響を与えている。その影響は，教育分野におけるチャンスであると同時に課題でもある。それは教育を量的成長から質的成長へ変革させる機会である

と同時に，人口の規模，構造，分布の激しい変化に見合う教育システムの構築という試練でもある。

2.4　人口の高齢化問題

2014 年の中期調査結果によれば，ベトナムでは男性は 60 歳を超えてから平均 18 年間も生き，また女性なら 20 年間も生きることが明らかになった。これは長寿に向けての努力の成果である。このように健康であり，専門知識や技術をもって適切な仕事をするならば，高齢者になっても社会に貢献し続けられる。しかし，そこにも課題がある。

第 1 は，高齢者の中で年金受給率がまだ低い。2015 年 6 月の段階では高齢者のうち 37.4％しか年金受給者はいない。2009 年の国勢調査によれば，高齢者の 72.5％が農村地帯で生活し，老後のための貯金をしていない。実際に高齢者の収入確保が大きな課題である。

第 2 は，2011 年に実施された高齢者を対象にした調査によれば，高齢者の 56％は健康に問題があるか，非常に大きな問題があると回答しており，平均 1 人当たり 2.7 のなんらかの病気の症状があるという。子供の数が少なくなり，娘も息子も経済活動に忙しく，親元を離れて暮らしている。老人ホームなどはまだ少なく，利用料金が高いという社会的背景の中で，高齢者を世話し，特に看病することが非常に難しくなっている。

第 3 は，就労の機会が少なく，特に大卒でも 22 万 5000 人もの人々が仕事を見つけられないでいるという状態のため，高齢者に適切な仕事を与えることはますます難しくなっている。その結果，せっかくの人材が無駄になり，経済成長および生活水準向上を妨げるものになっている。

2.5　天然資源の減少および環境汚染の問題

人口が 1 億人を超えると，石炭や石油やガスなどの再生不可鉱物資源がますます採掘使用されるため，1 人当たりの平均埋蔵量が減少する。その原因は分子，すなわち石炭埋蔵量などが減って，分母，つまり人口が増えるか

らである。石炭の埋蔵量が急速に減少している。たとえば，ベトナムはもともと石炭輸出国であったが，最近では輸入しなければならないようになった。エネルギー総局によれば，輸入量は2020年に2650万トンで，2030年にはこれが8820万トンになる見込みである[3]。

　つぎに生物資源であるが，その再生速度が人口増加速度より遅いため，1人当たりの量が鉱物資源と同じように年々減っている。たとえば，ベトナムの1人当たりの森林面積は1943年に0.64haであったが，2013年にはその4分の1の1人当たり0.16haとなってしまった。70年間に森林総面積は減少し，人口が4倍近くも増加した。

　一方，人口が増えるため，食糧，食品を確保するのに化学肥料，殺虫剤などをより多く使って生産性を上げるなど，土地潜在力を最大限に活用しなければならなくなった。そのため，化学肥料と殺虫剤の生産量が急速に増加した（表3.10）。

表3.10　化学肥料と殺虫剤の生産量

	単位	1989	2014	倍増率
人口	人	64,411,713	90,728,900	1.41
食糧	千トン	19,834.3	49,270.9	2.48
化学肥料	千トン	373	3654	9.80
殺虫剤	トン	4,753	86,792	18.3

出典：統計総局『20世紀ベトナムの統計データ』第2巻，ハノイ，2004年12月
　　　統計総局［2014］『統計年鑑』

　1989年から2014年の25年間で，人口は1.41倍増えたが，食糧は2.48倍増加した。その食糧量を生産するのに化学肥料が9.8倍，殺虫剤が18.3倍（輸入分を含まない）も使われた。それによって土壌汚染が深刻になっている。人口がハノイ市やホーチミン市などの大都会に密集し，人口密度が1km^{2}当たり4万人に上る地区もある。そのため交通渋滞，ごみ・排水処理問題が発生し，環境問題が深刻化している。一方，インフラ施設を整備するため，土地を収用するのに時間も経費もかかり，これが経済と社会の成長を

妨げている。

3. まとめ

　ベトナムの人口は急速な増加傾向にある。2000 年代以降のベトナムの人
口変化は，従来とまったく違った趨勢を示してきた。それは，出生率の低下，
「人口構造の黄金期」，高齢化，急激な人口移動，大都会への人口集中，など
である。こうした変化にはベトナム社会の発展に寄与する面もあれば阻害す
る面もある。人間を開発の中心に考えるという基本原則を順守し，実践性が
高く，効率の良い計画をたてるためには，この人口変動の特徴を念頭に置く
必要がある。

【注】
1) この数値は，分母を小学生に相当する年齢の人数（6 歳から 10 歳までの人数），分子
　　を実際に入学した小学生の人数で算出している。入学率が 100％を超えている理由は，
　　何らかの事情でこの年度に 6 歳以下と 10 歳以上の子供が小学校に入学したからである。
2) 2007 年 11 月 29 日発行の TUOITRE 新聞のオンライン版とベトナム統計総局。
3) ベトナムエネルギー協会，2015 年。http://nangluongvietnam.vn/news/vn/than-
　　khoang-san-viet-nam/buoc-tien-moi-trong-nhap-khau-than-cua-viet-nam.html

【参考文献】
Trần Thị Trung Chiến [2003]., *Dân số Việt Nam bên thềm thế kỷ XXI*（『21 世紀に向かうベト
　　ナムの人口』），NXB Thống kê, Hà nội.
Nguyễn Đình Cử [2011]., *50 năm chính sách giảm sinh ở Việt Nam: Thành tựu, tác động và bài
　　học kinh nghiệm*（『ベトナムにおける出生率減少政策の 50 年間：その成果，影響および
　　教訓』），NXB Đại học Kinh tế quốc dân, Hà Nội.
Ban chỉ đạo điều tra dân số trung ương [2000]., *Điều tra dân số và nhà ở 1999: Kết quả mẫu*（『人
　　口と住居調査　1999 年：サンプル調査結果』），Nhà xuất bản Thế giới, Hà Nội.
Ban chỉ đạo Tổng điều tra dân số và nhà ở Trung ương [1983]., *Dân số Việt Nam 1-10-1979*（『ベ
　　トナムの人口』），Hà Nội.
Ban chỉ đạo Tổng điều tra dân số và nhà ở Trung ương [2010]., *Kết quả Tổng điều tra dân số và
　　nhà ở năm 2009*（『2009 年国勢・住居調査の結果』），Hà Nội.
Tổng cục Thống kê [2015], *Niên giám Thống kê 2014*（『2014 年統計年鑑』），NXB Thống kê,

Hà Nội.

Tổng cục Thống kê [2011]., *Điều tra biến động DS-KHHGĐ 1/4/2010* (『人口の推移・家庭計画調査』), Hà Nội.

Tổng cục Thống kê. *Tổng điều tra dân số Việt Nam -1989* [1991], Phân tích kết quả điều tra mẫu (「サンプル結果分析」『1989年ベトナム人口調査』), Hà Nội.

Viện Kinh tế và quản lý thủy lợi, *Quy hoạch thủy lợi để ứng phó với biến đổi khí hậu* (『気候変動に対処するための水利計画構築』), http://www.iwem.gov.vn/.

第4章

ボランタリー・アソシエーションからみた ベトナム農村における社会的空間構成

ダン・ティ・ビエット・フォン
ブイ・クアン・ズン
翻訳　ファム・ティ・トゥ・ザン

1. はじめに

　ドイモイ改革以降，ベトナムの北部農村地帯，特にホン河デルタにおいてはボランタリー・アソシエーション（voluntary association）[1] が数多く生まれてきた。それは職業や趣味や性別などを共通とする人々が，自ら参加することによって形成するNGO，NPO団体である[2]。これらの団体は主に集落の範囲内で活動を展開するが，ほとんどが法人格をもたない。

　ベトナム村落についての研究書（Gourou[1936], Nguyễn Từ Chi[1980], Jamieson [1983], Luong [2010]）でよく言及されてきたため，ベトナムの村落およびベトナム人の生活の中で，これがどのように重要な役割を果たしているかを知ることができる。20世紀のはじめごろ，各団体の結成は「北部の村落の生活において最も注目すべき要素である」（Gourou [1936]）と言われたほど，研究者たちは数多くの社会団体の活発な活動に注目していた。Nguyễn Từ Chi [1980] は，各個人が社会団体に加入することを「農民の個性」の表れであると述べた（83頁）。Jamieson [1993] は農村地帯に存在しているさまざまな団体からベトナム人が社会性の高い伝統をもっていると断言した。最近, Luong [2010] はホン河のデルタにおけるボランタリー・アソシエーションの誕生およびその再生現象を認めて，それをベトナムのド

イモイ後の経済発展につなげるものとして取り上げている。同氏によれば，農民が地元の各団体に参加することで，社会的ネットワークを広げようとしているという（234-235頁）。ホン河の農村地帯におけるボランタリー・アソシエーションを社会学からアプローチして，農民の生活をより綿密に描こうとする研究も発表されている（Phuong［2015]）。

　上述の先行研究を踏まえ，本章では，村内における社会的関係を構築し，強固にする住民の取り組みを考察し，特にその社会的関係の拡大のありかたに注目したい。そこで筆者は，①ボランタリー・アソシエーションが，地域の秩序を再生するのにどのような貢献をしているのか，②農村地帯の住民がボランタリー・アソシエーションに参加することによって社会的関係をどのように構築しているのか，③ボランタリー・アソシエーションがメンバーのライフサイクルに関わる祭祀への参加を分析することによって，農村地帯における「社会的空間（social space)」が構築される上での重要な特徴を引き出したい。ここでいう社会的空間とは，社会的関係やネットワークなどによって形成されており，諸個人がその中に配置されるある種の社会構造を意味している。農民にとって，家族や親族によって構成される内的空間と，村落内秩序やネットワークによって構成される外的空間が存在する。本章の目的は，ボランタリー・アソシエーションへの加入によって，農民たちがどのように外的空間に位置づけられていくかを具体的事例に即して検討することである。

　フィールドワークは，ホン河デルタにあるバクニン省のドンクアン（Dong Quang）社[3]とナムディン省のザオタン（Giao Tan）社で行われた。社会・経済条件の違いが，異なる社会的関係を形成するという仮説のもとで，筆者は研究対象を選択した。その違いは2つの地域の歴史的形成に発している。現在のドンクアン社は紀元前1世紀に形成され，ベトナムの古い文明の発祥地であるといわれている。一方，ザオタン社は新しい社で，19世紀のはじめグエン朝の開墾政策により開発された埋立地である。両者の面積はほぼ同じであるが，ザオタン社は農地がその3分の2で，ドンクアン社は農地

がその2分の1である。ザオタン社では非農業用の土地がほとんどないが，ドンクアン社の場合，工業生産が面積の4分の1を占めて行われている。

　ザオタン社は人口が8000人，世帯数が2300戸で，他の村の平均と比べ大差はない。同じ時点でドンクアン社の人口はザオタン社の約2.5倍を数えた。すなわち，ドンクアン社の人口は1万8500人で，世帯数は4000戸であった。ザオタン社の1世帯当たりの人数は3.4人であるが，ドンクアン社の場合は4.6人である。本研究の開始当初，ザオタン社の生産高は166億ドン（8000万円相当）であった。ドンクアン社の場合，商業やサービス業を除いて手工業（木製品）だけの収入は，2006年に1950億ドン（10億円相当）であった。手工業，商業，サービス業が盛んであったため，ドンクアン社は政府に税金を納める余裕があったが，ザオタン社は財を維持するため，毎年政府から補助金を得なければならなかった。

　現地調査は2007年から2009年まで32カ月間，約3年間にわたり実施された。村人と生活をともにしながら情報やデータを収集し，聞き取り調査を行い，観察を行った。この2つの社を行き来して調査を行うことで，異なる社会状況に置かれる村落を比較研究することが可能になった。

　32カ月の間，ボランタリー・アソシエーションのイベントに参加するための短期調査を除いて，11回の現地調査を実施し，研究テーマに直接関わる126人にインタビューした。具体的には，ザオタン社では51人，ドンクアン社では75人にインタビューを行った。深層インタビュー（In depth interview）が本章の情報を収集する主な方法であった。インタビューは事前に作成した聞き取り項目に基づいて行われた。聞き取り調査はボランタリー・アソシエーションの代表，会員，地域の行政機関の代表，各「社」の政治・社会団体およびボランタリー・アソシエーションと関係をもたない村民に対して，1人当たり2時間ほど行われた。聞き取り調査の対象を選ぶ際には，それぞれ社会的特徴をもった人とした。さらに年齢，性別，職業，学歴の多様性も考慮した。その他，ボランタリー・アソシエーションの定期会合，会員の葬式，結婚式なども観察した。

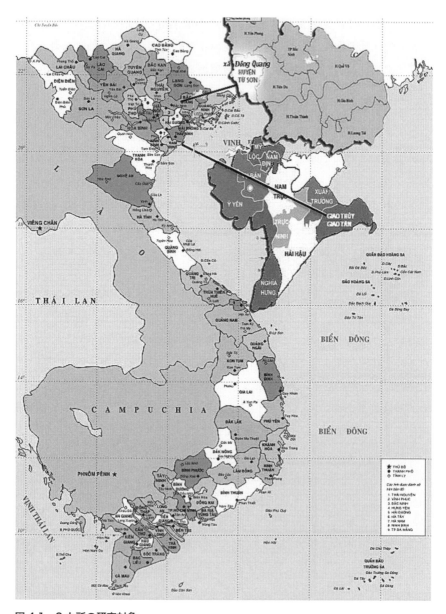

図 4.1　2 カ所の研究対象

第4章　ボランタリー・アソシエーションからみたベトナム農村における社会的空間構成　　83

　ホン河デルタの農村地帯の人々にとって人生の節目ごとに行われる儀式が重要なため，その際の交換，すなわち贈与関係についても調査した。研究チームでは，通過儀礼と贈与関係交換習慣について記録する 206 冊の帳簿を集めることができた。本章で使われているデータは主にザオタン社で収集された結果である [4]。これらの検討から，農家がボランタリー・アソシエーションの活動を通じて自分の「社会的空間」を築き，拡大してきたということがわかった。それでは，そうしたボランタリー・アソシエーションを通じた社会的空間の構築・拡大がどのように行われたのかをこれから見ていきたい。

2.　村落の社会的秩序の再生

　社会的秩序の再生はボランタリー・アソシエーション，その中でも特に「同年会」の活動と原則を通じて観察することができる。それはボランタリー・アソシエーションが村のルールや伝統的しきたりなどを維持・強化して，村の秩序を守るために村人の資格を分類することに表れている。

2.1　「村のきまり」[5] を守る

　村民は村を運営するために，それぞれの役割を果たしている。このような活動は，昔は主に男性によって行われていた。男は 17 〜 18 歳になると村のきまりに定められた日に供え物などを用意し，成人の儀式を行う。それ以降，正式に村の帳簿に登録され，田んぼが分け与えられ，堤防をつくったり，村の巡視をしたり，祭りを手伝ったりして，税金や兵役などを担ったりすることになる。代々継続して運営される団体，あるいは祭祀を手伝うための団体は，歴史の長い団体であるが，ドンクアン社ではそのような団体は村の伝統的活動を維持するため，会員に対して一定の規定を定めている。

　ドンクアン社においては村人が全員 18 歳から「同年会 (hội đồng niên)」[6] に参加する。年齢が変わればその年齢に見合った同年会に移る。村民しかその同年会に入会することができない。村の女性と結婚する婿なら，

3代以上村に住まなければ入会できない。村民でない人は同年会に参加することができない。人々が「(同年会に)参加するのは村のきまりで定められているからである」(DQ18，男性，1962，中卒，木製品生産業)。村のきまりでは，村民として村のさまざまな活動に参加する義務が与えられる。同年会を通じて村民に関わる仕事や義務を担うこととなる。「同年会というのは義務として参加しなければならないものであって，趣味として参加するものではない。(中略)ある年齢になって呼ばれるため，参加しなければ孤立してしまう。人々が参加するのに，自分だけが参加しないというのは，いけないと思う」(DQ18)。同年会に入会することは村の社会に入るための準備作業と見なされている。人間関係のとり方や秩序や上下関係などは村の行政的規定とは異なっているが，村の男性ならそれに慣れなければならないのである。

　同年会に参加したあとは，村人同士のプレッシャーがあって，退会することができない。もし退会するようなことになれば，それは同年会についていけなかったということで，死ぬまで悪い評判がついてまわる。その人はケチな者である(経済的に余裕のない人の場合)，あるいは人を軽視する者である(経済的に裕福な人の場合)とされる。その噂はその人だけではなく，彼の一族，子供，孫にまで言い伝えられる。「私はこの前，アメリカに行ってきたが，留守の間は子供に同年会のイベントを代行させた。そういうことをしないといけないよ。同年会は恐ろしいもので，村民の伝統であるから，従わなければ大変だよ」(DQ18)。

　同年会の入会基準は，村人であるかどうか，自分の年齢を確定することができるかどうか，ということである。その基準は当然なことである(村で生活しているため，村人でないわけはない。年齢をもたないということはない[7]ため，同年会に入会を許可されたメンバーはみな年齢が同じである)。しかし，「社会参加」の面から見ればまったく違う。社会参加をあまりしない人にとって村内の義務に密接に関わる団体である同年会の会員であることは名誉であり，そこで責任を果たし，発言権をアピールするチャンスである。社会的に

顔がより広い人は同年会の活動にあまり関心を払わず，形式的に参加する態度を示す。しかしながら，「その地域のきまりや風習」があるため，ある団体のメンバーになる以上は，その団体の規定に従わなければならない。

ドンクアン社においては，行政機関の幹部を含めて全員が，その社会的プレッシャーを負っている。村人は「どこの幹部かわからないが，村に帰ったら普通の村人である」と考えるからである。「あなたは幹部かもしれないが，村人の中にいる」(DQ36，男性，1958，小卒，木製品生産業)。その態度は同年会だけではなく，他のボランタリー・アソシエーションにも見ることができる。他の同窓会，青年団，自転車クラブなどに参加する幹部も「ほどほど」の態度をとり，偉そうな態度，あるいは団体を軽く見るような態度をとったりはしないという。

会員の参加に対するプレッシャーから見れば，同年会は他のボランタリー・アソシエーションと比べてかなり異なっている。同年会は他のボランタリー・アソシエーションと比べ，長年の伝統をもつ団体である。同年会は村の伝統を生かし，先祖[8]の文化を維持する村全体のための団体である。村内の他の社会的団体と同じように，同年会は農村社会の中で自分の村落の存在を強調する役割を果たす。ドイモイ以後に新しくできた団体の会員は，同年会の会員ほどはっきりとしたプレッシャーを村のきまりとしては感じないようである。しかしながら，現地で観察した限り，その会員の自発的精神の裏側には，どこかで強制的に入会させられている，という側面がないわけではない。聞き取り調査では，入会するのは「友達に負けないように」，「兄弟に負けないように」するためであるという思いがどこかで表れていた。共同体の中で自己実現をしたいという思いも一種の社会的プレッシャーに違いない。ある場合，その自己実現の行為がより高いレベルでその団体と会員の特徴を規定することもあろう。

筆者は，バドミントンクラブや盆栽クラブを観察した際にそれを感じた。このような団体の特徴（ドンクアン社の場合）は会員がほとんど裕福な人々で，発言権をもつ人々である。実際にはこのようなクラブのメンバーは，ド

ンクアン社のさまざまな産業の中で最も活況を呈する木材製品業に就いている人々である。彼らは村のエリートと見られてきた行政機関の幹部と並んで，新しく誕生した農村エリートであるが，バドミントンクラブや盆栽クラブは経費がかかり，農村社会では珍しい活動であるため，誰でもよいということではなく，会員のメンツが認められる。それによりクラブのイメージがつくられる。ドンクアン社で現地調査を行ったときは，木材製品を売買する事業が非常に発達していた。バドミントンクラブの数十人のメンバーは，ほとんどこの産業に携わる人たちであるため，バドミントンクラブは経済的な成功者の集まりとしての特徴を有していた。実際にバドミントンクラブのメンバーは他のクラブと交流したり試合をしたりする際に，よく「利益」（情報交換，取引先のターゲット）に言及していた。しかしながら，「農村の新しいエリート」としてクラブに特徴をもたせることがこのようなクラブのメンバーの本音である。クラブの一人のメンバー（木材製品工場の経営者）がその参加目的を語った後，実際に他のクラブと親善試合をする（社会的関係を拡大するためであるとされている）目的をこのように内緒で語ってくれた。それも一年に春と夏の１〜２回しか行わないという（DQ36）。

　一方ザオタン社では，職業や祭祀などに携わる各団体は存在するが，ドンクアン社のように厳密な同年会はない。それはザオタン社の設立の経緯に関わる問題であろう。この社は19世紀のはじめ阮公著[9]により海岸に沿って開墾された新開地である。ホン河のデルタ沿いに古くから形成された村落で結成された同年会が，この新地ではさまざまな理由によってつくられなかったのである。ボランタリー・アソシエーションの結成のされ方から見ると，この２つの社の違いは，ドンクアン社の場合は同年会あるいは趣味によって結成されたクラブであり，ザオタン社の場合は，主に愛友会によって結成されたクラブであった。その団体の形式から見て，求められる入会の条件が違うということがわかる。参加を促すためにドンクアン社の場合，入会条件が最小限に省略されている。一方，ザオタン社の場合，入会しようとする人は具体的で特殊な条件を満たさなければならない。たとえば，A師団で戦っ

た人しかA師団の友の会に参加できない。公務員として勤めていた人，あるいは元幹部でなければ退職者の会に入会できないなど，さらに厳しく要件が検討される場合がある。それによってどの会にも入れない，あるいは入会できる団体の数が少ないという状況が生まれる[10]。そのため，新しい会がつくられることもある。ザオタン社の「水牛の会」と「猫の会」という同年会に近い会がつくられたのもその状況の結果であろう。「水牛の会」というのは幼いころから一緒に水牛を世話したり，草を刈ったりする友達の会であるが，その会員の年齢には1～2歳ぐらいの差がある。「猫の会」というのは1951年（つまり猫年[11]）生まれの人たちが集まる会である[12]。ザオタン社の場合，ボランタリー・アソシエーションの入会基準が厳しく規定されているが，一方，ドンクアン社の場合，かなりオープンである。後述する事例からその特徴がより明らかになる。

　ザオタン社の「幹部の会」の設立は，かなり特別な出来事であった。筆者がザオタン社とドンクアン社のボランタリー・アソシエーションの数を数えてみたが，ザオタン社では38団体ある中で12団体もが元幹部の会であった。それは元医療幹部の会，元土地管理幹部の会，元女性幹部の会，人民委員会の元最高幹部の会，元共産党書記の会，元共産党副書記の会，元軍事幹部の会，役場の元幹部の会，青年団の元幹部の会などである。（Dang Thi Viet Phuong［2015]）。それはザオタン社とドンクアン社との最も大きな違いである。ドンクアン社を調査したときには，そのような「幹部の会」は見かけなかった。ドンクアン社のボランタリー・アソシエーションの名簿をよく調べても，その地域の元幹部が特定の会に参加する傾向は見られなかった。ザオタン社の「幹部の会」の誕生から，この地域では「身分」社会が再現されている，という仮説を立てることができるかもしれない。

　前述のようにザオタン社は新しく開墾された地域であり，ドンクアン社はホン河デルタに古くから存在している地域である。しかし，その2つの地域の違いはその歴史的特徴ではなく，階層社会の構造にある。ドンクアン社の階層はかなり複雑で，市場経済の影響を受けている。この地域では政治に

関わる幹部以外に，地域の新しいエリートとして「大きな顔」をもつ人たちが登場してきた。古い社会的構造の中では，政府を代表する社幹部と村民しか存在しなかったが，最近新しい社会階層および「身分」が生まれてきている。それは商人，熟練職人，雇い職人などである。こうした変化が「社」の社会関係および各グループの厳しい関係を調整している。ドンクアン社の自営業の経営者と人民委員会の幹部との友人関係からその事実がうかがえる。一方，ザオタン社ではその古い社会的構造を変化させるような要素はまだ見られない。ドンクアン社では自営業の経営者は社会的グループとして認められているが，ザオタン社では商売をする人たちはただ「道端」にいる人にすぎない。ザオタン社では稲作がまだ主要産業であるため，その状況の中で人民委員会の幹部（地方のエリート）と村民との差を和らげるような要素がなかなか生まれていないのである。

筆者はこうした違いは，厳密に参加要件を厳密にするかオープンにするかという団体設立の条件から生まれたと考える。特にザオタン社の「幹部の会」を分析することによってその状況が明らかになった。さらに追加すれば，ザオタン社の元幹部がこのような団体に参加する理由を説明してくれたが，政府の政策，方針を徹底的に実施するために，行政的強制よりは会のメンバーとして働きかけたほうがやりやすいという。そうしたほうが村民にもより受け入れられやすくなるようである。

2.2 平等性および輪番奉仕

各ボランタリー・アソシエーションは以下の方式で運営されている。名簿は，ノートか単なる1枚の紙であり，参加者の氏名，住所，電話番号，毎年の実行委員，名前の順番などが記されている。抽選あるいは自薦で役員は交代し，会費制で一年に何回かの懇親会が行われる。

そのような規定がほとんどのボランタリー・アソシエーションに適用されている。それは村落の社会構造に密接に関わっており，この原理はベトナム北部の農村地帯の「平等性」を忠実に表す同年会でも同様である[13]。ここ

でその平等性がどのように形成されたかを検討しよう。

　まず，ドンクアン社の同年会の宴会を例として挙げたい[14]。なぜなら宴会には以下のような独自性があるからである。宴会は1年に2回，村の祭りで開かれるが，会員が輪番で主催する。古い風習によれば，その日に他の会員が主催者ために料理を調理し，食卓に並べる作業などを手伝う義務がある。しかしながら，現在，飲食関係のサービスが盛んなため，主催者が自分で全部準備するか，あるいは兄弟，親戚にしか頼まない。同年会の最初の宴会で次の主催者を選ぶために抽選を行う。

　宴会の前に同年会はミーティングを行う（通常はその宴会の前日の夜に行う）。参加メンバーは特に決まっていない。都合がよければ参加するというのが通例である。そのミーティングは主催者の自宅で行われる。そのときに宴会の参加者，開催形式，供物（神様へのお供え物），料理および会費について意見交換をする。その同年会の財政状況により会員が宴会のために会費を出すか，あるいは以前集められた会費から支出することになる。会費が貯まっている（数億ドンが貯まって，銀行に預けて利子を得ている）同年会の場合，そのミーティングでいくら支出するかを決める。それがない場合，ミーティングで会費をいくらにするかを決める。主催者はその予算に従って食事を支度する。同年会の会員にとって主催者になることは名誉である。なぜなら一生の中で1回か2回しかそのチャンスがないからである。そのため，予算以上に支出する場合もあるが，主催者はそのオーバーした分の金額は受け取らない。たとえば，1人当たり5万ドンの会費であるが，前日のミーティングで30万ドンの予算しか合意を得なかったならば，主催者は30万ドンだけを受け取って，超過分は自分で負担する。しかしながら，会員の誰もがそのような主催者の負担を歓迎するわけではない。なぜなら同年会の宴会に出席するというのは自分が出した会費で食事するのであって，誰かから食事代を払ってもらう必要はないと考えているからである。そのため，皆が平等に会費を払う必要があるという。「そのときの食事は自分で支払うものである。つまりお互いさまである」（DQ50，男性，1965，高卒，農業サービス業）

写真 4.1 ドンクアン社ドンキー村で宴会の準備をするボランタリー・アソシエーションのメンバー

出所：2009 年　筆者撮影

とのインタビューへの回答がある。また別の人は「平等」精神について以下のようにより詳しく述べている。

「我々は競争にならないように前もってルールを考えました。経済的に余裕があるなら問題ないかもしれませんが，余裕がない場合，他の人に負けないようにするなら死んでしまいますよ。今，目立とうとするなら欧米の酒，あるいは中国の酒を手に入れますが，余裕がない人が頑張ってもそうすることが無理ならばかわいそうです。一番良いやり方というのは限度を決めておくことです。しかし，限度を規定すれば，食事したり缶ビールを飲んだりしようと思ったら，会員から合意を得なければなりません[15]」（DQ54，男性，1955，高卒，農園経営者）。

同年会は宴会の主催者にこれまでの規定より多くの料理を用意することを勧めない。「輪番であること」，「平等に会費を納める」原則（同年会における会費制）は，他のボランタリー・アソシエーションでも同様である。Nguyễn Từ Chi［1980］がベトナム北部の村落を調査した結果によれば，それは農村社会の伝統であるという[16]。

宴会の主催者が好意で予算より贅沢な食事を出しても，わざわざそのオー

バーした金額を計算し、会員に均等に分ける気の細かい会員もいる。たとえば、予算では1人当たり3万ドンであるが、主催者が5万ドンをかけたなら、彼らが5万ドンを払う。もし主催者が受け取らなければ、その分を同年会の基金に入れる。また予算より贅沢な食事を出すと、次回主催する会員、特に経済的に余裕のない会員を困らせると思われる。村人は、経済的に余裕のある人も余裕のない人も参加できるように、同年会の会費を最低限に規定する。貧しい人がもし会費の都合で同年会の宴会に参加できないなら、代々批判され、「同年会の会員を1回も食事に招待することができなかった」と噂される（DQ42、男性、1942、高卒、無職）。宴会の主催者が予算より多く出費する許可を得た場合、他のメンバーに「一言」を言わなければならないようである。その宴会の風習は同年会だけではなく、ドンクアン社の他のボランタリー・アソシエーションにも見られる。そこでは貧しい会員を考慮し、「目立つ」ことを勧めないという原則が定められている。

　上述の「平等」の原則は、村人が商業（木材製品の生産・販売など）で経済的に余裕のあるドンクアン社で見られたが、農業だけに依存し、北ベトナムの農村地帯の平均所得よりも低いザオタン社では見られない。ドンクアン社と違ってザオタン社では、宴会の主催者が予算より多く出しても他のメンバーから異議は出ない。むしろ勧める声が多い。

　「宴会の主催権を争うことはありませんよ。主催したいならミーティングで発言しなければならない。いくら出してくれてもかまわない。いくらでも認められる。主催したいなら発言し、主催したくないなら何も言わなくてもよい。儲かっている人が自ら言い出さないなら後ろから押します。あまり儲かっていない人なら後ろからいくら押しても無駄です」（GT26、男性、1962、中卒、農業サービス業）。

　注目すべきは、ザオタン社の人々の生活水準はドンクアン社より低いため、外食（村の人民委員会の幹部を招待する食事を含む）はめったにない。筆者は本調査を行っている間、1回だけ同年会の会員に食事に招待されたが、それも主催者の自宅で行われた。一方、ドンクアン社では外食が頻繁に行われ

る。何も理由がなくても，かなり定期的に集まって一緒に食事をしたりする。その参加メンバーは友達であったり，近所であったり，お客さんであったりする。

　ある集団のために奉仕し，その責任を交代する原則が近所の会，小路の会，親戚の会，ボランタリー・アソシエーションなどの農村地帯の団体に見られる。ドンクアン社では代々続いてきた団体や祭祀運営関係の団体は村の伝統を維持するために，会員に特定の規定を設けることが多い。村の祭りや他の祭祀が頻繁に行われるため，ほとんどの団体が参加しなければならない。村の祭りが数日間続くが，その期間内しか存在しない団体もある。将棋の会が毎年3月に将棋大会を開催し，村人を楽しませている。相撲の会，闘鶏の会，鳥の会などの会も同様である。一方，ザオタン社は新しい村であるため，共同体全体の祭りやイベントが少なく，それに参加しなければならないプレッシャーも村人にはあまりかかってこない。そのため，さまざまなボランタリー・アソシエーションが文化的イベントや祭りなどを豊かにするために結成された。タイン・タム舞踊の会も同様である。舞踊に熱心な若い女性たちを集め，他の地域の伝統舞踊を習うことで普及した。そして，毎年の村の祭りでは，この舞踊の会が舞踊関係活動をすべて管轄することとなる。このように地域の祭祀などに参加することによってボランタリー・アソシエーションがその地域に貢献し，その存在意義を強調するために活動を継続しているのである。

2.3　ボランタリー・アソシエーションにおける「身分処遇制度」

　地方の同年会の諸特性から現代農村社会の構造がどのように編成されているのかを理解するため，これをより深く考察し分析する価値がある。同年会に入るということは各個人が村の社会に加入する準備の一歩とされている。一般的に村のきまりによれば18歳になってはじめて同年会に参加することができる。その時から「丁民」と呼ばれ，「チャ（Chạ）」，「ツオン（Trưởng）」，「カイン・ティエット（Khánh tiết）」という3つの身分がある組織に入るこ

第 4 章　ボランタリー・アソシエーションからみたベトナム農村における社会的空間構成　　93

とになる。チャは同年会の最も若いメンバーのグループを指す。そのため，彼らは言われたら木棺を運んだり，埋葬用の穴を掘ったり雑務をしたりするような肉体的仕事を担う。ツオンは地理的範囲ごとに存在する同年会のグループを指すが，1 つの村，あるいは 1 つの農業生産チームを担当する。ドンクアン社のチャンリエット村，ビンハー村では 49 歳，ドンキー村では51 歳になると，同年会の重要なグループであるカイン・ティエットに昇格することができる。またチャンリエット村，ビンハー村では 50 歳，ドンキー村では 52 歳からは「老（lên lão）」に昇格し，つまり「長老」になって，村人に「民の屋根（Nóc dân）」と呼ばれるようになる。そこからは「民の屋根」となって村に対する奉仕責任から解放され，「民の事」，つまり村の重要な仕事のミーティングに参加することができるようになる。注目すべきは「老」として昇格してからはじめて，自ら祠堂などで儀式を挙げることができる。それまではもし儀式を挙げたいなら別の年寄りに頼むしかない。このように同年会は 1 つの団体であるが，村の男性が昇格する場でもある。その中で農民たちが組織の中の上下関係の取り方や行儀などを身につけ，村内での奉仕作業を交代で行う[17]。

　同年会が村の仕事を分担するために抽選で上下を決めるが，それは 35 歳〜 40 歳の会員の間で行われる。その抽選によって順番がつけられる。ドンキー村では，会員の人数が多いため，生まれ年の甲から癸という 12 年ごとに行う。それによってどの氏族もその年の村の仕事を負担する人が選出されるようにする。このように，大きい氏族も小さい氏族も，常に村の仕事を負担する人が選ばれている。このようなことからも，「平等」「交代」の原則が村の中でいかに徹底的に行われているかがうかがえる。

　その抽選会では村の長老を招いて，会員の生まれ年の地支（十二支）を確定してもらう。各地支から 4 人の代表と 2 番，3 番のメンバーを選出し，合計 12 人である。その 12 人はその年の担当者になる。そこからグループ 1，グループ 2，グループ 3，グループ 4 を抽選で分ける。カイン・ティエットの会で 4 人の代表がクアン・ダム・ドー（Quan Đám Đỏ）と呼ばれ，帽子

から靴まで全身赤い衣類を身に付ける。グループ2の4人はクアン・ダム・サイン（Quan Đám Xanh）と呼ばれ、全身青い服を着て、線香や提灯などを担当する。グループ3の4人はクアン・ダム・ティム（Quan Đám Tím）と呼ばれ、全身紫色の服を着て、供え物を村民から預かって、神棚に捧げる儀式を担う。カイン・ティエットのメンバーになると、神様に関する儀式や祠堂、寺院の整備にかかる経費の計算も負担しなければならない。その12人はカイン・ティエット・グループの常務委員であり、その村の一年の仕事をすべて実施する責任をもつ。その12人を選ぶための抽選が行われるが、それによって選ばれた会員が「昇格できた」とされている。

　「誰でもその地位を獲得したいのです。誰でも欲しいのです。誰もが昇格したいのです。それは経済面でも大きい影響を与えます。経済的に見ても選ばれた人はたくさんお金を持っていなければなりません。私の場合、家が狭いので、大変困ります。そのとき、私はそこの壁と台所の2個の棚を壊し、ここに爆竹を置きました」（DQ36）。

　「昇格」プロセスは同年会の会員にとって、前述のように村の奉仕労働を実施する過程を経て達成されるものである。それは肉体労働をする「チャ」というグループのメンバーである段階から、祠堂や寺院の祭祀を手伝ったりする段階、および「老」として昇格する段階（つまり、村の奉仕から解放された段階）までである。各段階で会員の活動が厳しく決められているため、それを厳守しなければ罰を与えられる。その賞罰制度はドンクアン社の同年会では「身分処遇（Sổ ngôi）」と呼んでいる。

　同年会の事業に参加しない、あるいは遅刻したりすれば罰を与えられる。以前には罰を与えられた人は檳榔樹とキンマの葉のセットを持って村人に謝らなければならなかった。現在はその風習は止められているが、そのかわり該当者が村内放送で名前を挙げられる。たとえば、Aさんは村の祭りで旗を掲げて参列する義務があるのに、それを果たさないのはなぜかという責任が追及される。1回目ならば二度とないように警告されるだけだが、2回目、3回目になると、会員としての身分を剥奪される[18]。

第 4 章　ボランタリー・アソシエーションからみたベトナム農村における社会的空間構成　　95

　身分を剥奪されると，村の名簿に記載されず，同年会からも排除され，村のイベントに出席しても座る場所が用意されない。つまり村の男性ではないと見なされる。一度処分されたら村の仕事にも寺院の祭りにも参加できない。カイン・ティエット会にも同年会にも参加できない。つまり，「居場所のない人間になってしまいます」（DQ36）。

　村に住んでいるのに，孤立し排除されるのは農民にとって望ましくない状況である。それは村人にとって最も重い処罰である。伝統的な村において村民の名簿から外されるということは，村の一人のメンバーとしての義務と権利が奪われることであるため，村人にとって最も重い処罰に違いない（Nguyễn Đức Nghinh［1978］420 頁）。

2.4　村の内と外

　ドンクアン社の同年会は村人の組織で，同い年（旧暦で数える）の男性たちの集まりである。元々村人ならば，ある年齢になれば当然，同年会に入ることとなる。それでは「同年会」自体はどのように誕生するのであろうか。18 歳（ドンキー村の場合）あるいは 25 歳（チャンリエット村, ビンハー村）になる人で，活発で熱心な人が，社の人民委員会の法務担当幹部のところへ同年会の成立を相談しにいく。チャンリエット村やビンハー村の場合，人数が少ないため，お互い知っているが，ドンキー村の場合，人数が多く，村の中はより小さな単位に分かれているため，お互いを知らない場合が多い。そのため，社の人民委員会で管轄している戸籍帳を調べなければならない[19]。そこで同い年の人たちを探し，同年会を結成する。まず，自分に近い人たちを集め，その後，人から人へつなげ，村の同年会を結成するのである。当然ながら断る権利もあるが，ドンクアン社での聞き取り調査によれば，同年会の参加を呼びかけられて断る人はいなかった。

　村民の組織であるため，村の婿であったり，新住民であったり，あるいは木鉦担当[20]であったりしても差別しない。村の人間になるために 3 代，つまり曽祖父，祖父，父が村に住んで，村のすべての義務を果たしてきている

のであれば，その人は村人として認められる。村に溶け込もうと思ったら村のきまりを厳守しなければならない。同年会のイベントなどに参加したいのならば，その会長から許可を得なければならない。その参加申し込みは認められる場合もあり，認められない場合もある。しかしながら，認められたとしても，すぐに村の仕事に携われるわけではない。なぜなら会員の父親の年齢によって順番がつけられるからである。そのため，同じ同年会のメンバーでも，父親の年齢が高い人のほうが順位が高い。ただ，村の女性と結婚した人は，父親の年齢が高くても同年会の中の順位は常に一番低いものとなる。その場合，発言権も弱く，他の会員に「お使い」として取り扱われる場合が多い。年齢がその人の身分を決めるものだが，それでも村の外から移住してきた人に対する差別は揺るがない。以下，これを説明しよう。

　同年会の準会員は正式に会員として認められていない人である。たとえば，ある同年会において 42 人の会員がいて，その中で 2 人が村の婿で準会員なら，会長が会の人数を報告する際に「私たちの同年会は 40 人の会員と 2 人の準会員がいる」と述べる。「会員」と「準会員」の区別は村人とよそ者との区別である。「会員」は正式の地位をもって，村の祠堂などで行われるイベントで座席をきちんと決められている人を指す。「準会員」は同年会内部の宴会や活動に参加できるが，村全体のイベントには参加できない。特にカイン・ティエット会には入れない。「ここに生まれ，ここにルーツがある人だけがカイン・ティエット会のメンバーになれる。ここの女性と結婚したり，あるいは親とともに移住してきたりした人は入会できない」(DQ69，男性，1951，小卒，退職者)。

　「新住民」問題は 1980 年代から激しくなってきた。DQ18 は筆者に次のような話をしてくれた。ドンキー村ではある人の父親がかつて村の木鉦役を務めていた。そのとき，同年会の序列から見ればこの人が村の最も高い地位を占める「上老」として昇格するはずだったが，村人は，もしこの人が「上老」になるなら，何でも「木鉦役」に聞かないといけないことになるのかという疑問を抱いた。村ではそのときから新住民に対する受け入れを厳しくす

第4章　ボランタリー・アソシエーションからみたベトナム農村における社会的空間構成　　97

るようになった。新住民はいつまでも村の仕事に関わることはできず，村の重要な事項に対する決定権をもつ「上老」になることもできない。

　村人とよそ者（外から来た人）との差別は同年会の入会規則に表れるが，それはインタビューを受けた人によれば，村人がよそ者の昇格に対して非常に違和感をもっているからである。古くからの住民は年齢によって自然に昇格できるが，よそ者が村人と同じように昇格することは許せないという。村人から見れば，外から来た人が村の「上老」になる，つまり村人に尊敬される人間になることは，「このプライドの高い村」（ドンキー村を指す）にとってみっともないことなのである。

　「たとえば，彼ら（よそ者）をカイン・ティエット会に参加させたなら，彼らは年をとったときに村で一番偉くなる。それでは村の一番高い地位の権威をなくしてしまいます。村の一番偉いお爺さんは村人に尊敬され，村の初春の祭りや儀式で何をやっても村人はこれに従います。ここには村民が1万4000人もいるので，彼はすごく大事にされています。彼が正しいと言ったら正しい。誰も反論できない」（DQ69）。

　このように同年会が村のよそ者を「チェック」していることになっている。この会は誰なら入会できるのかを最初からチェックする。もし同年会がある新住民を入会させようとしたならば，村の祠堂で「新住民を同年会に入会させるのはだめだ」と言われることとなる（DQ69）。彼に対して異議をとなえ，同年会から排除することもある。

　村人とよそ者との差別は見えないプレッシャーを生み出し，よそ者は，村人に認められるようにさまざまな方策を探らなければならない。村人ではない人が村人として認めてもらうために格の高い家族の養子にしてもらうこともある。

　「ある人が，その人は村外から来た人で，ずっと前に戸籍の登録をして，ヴー一族（村で第2に大きい氏族）に入った。ヴー族の長は祠堂の管轄者で格がかなり高いのです。しかし，今になっても彼はまだ正式には認められていません。彼は祠堂の扉を奉納しましたよ。それでもまだ同年会には参加でき

ません。格の高い一族に入ったのに。カイン・ティエット会に入れてもいい
という意見もありましたが，まだ通らないのです」（DQ18）。

　別の人（DQ52，男性，1962，中卒，村公安委員会委員）によれば，そ
の人は父が元々村の婿であるため,同年会に参加できなかった。しかし,「『新
住民』でありながら，村のあらゆる活動に参加しました。最初から参加しま
した」。彼は2代目になるが，それでも同年会の「準会員」とされている。
その「準会員」の立場の弱さを補うため，彼は積極的に退役軍人会，相撲会，
村の友の会などのボランタリー・アソシエーションの活動に取り組んだ。父
が生きていたとき，できるだけ役場の仕事をするように勧められたため，村
の公安委員会の委員を務めたという。彼の家は村の外側，田んぼに近いが，
欠勤せずに毎日村の中心にある公安委員会の事務所に通っている。インタ
ビューをするため，彼にアポを取ったとき，それまでは家でインタビューを
受けたいという人がほとんどであったが，彼だけは村の文化会館の中にある
公安委員会の事務所で待ち合わせた。しかも息子にも積極的に村の活動に参
加するように勧めたようである。村で調査を行ったときには，その息子さん
が調査団を村中案内してくれた。彼は社の青年団の実行委員の候補として選
ばれたという。

　ドンキー村の経営者に関わる事例もある（DQ20，男性，1968，中卒，
小経営者）。彼の父親は元々ドンキー村の村民であったが，近くにあるフー
ケー村の女性と結婚し,婿入りをした[21]。木製品生産業が盛んになったとき，
他の家族と同じように彼はドンキー村に戻って，この女性と結婚した。彼は
一所懸命自分のルーツを証明したが，村人は婿としか見ず，同年会に入会さ
せてくれない。同年会に排除されてから彼は，他の村民を誘って別の会を結
成した。彼の文芸の会にはドンキー村の大金持ち（銀行の支店長，企業の経
営者など）が集まって，近代的音響設備を購入し，毎月村人のためにただで
歌や舞踊などの文化的イベントを開催している。

　村人とよそ者との差別は「同じ村人と結婚したら名誉である。ちゃんとし
た家族だけが村人と結婚することができる」というレベルにまで極端になっ

ている（DQ18）。よそ者と結婚する人は「天下の人」と結婚するとして，マイナスの意味で言われる（「天下の人」というのは村の人ではなく，よそ者という意味である）。その差別から「天下人の嫁の会」という会がドンクアン社，ザオタン社だけではなく，北ベトナムの農村地帯でよく見かけられる。ドンキー村の人で工業団地[22]の近くに土地をもっていて，そこで家を建てても，村にある家屋を維持し，「私は元々ドンキーの人間ですが，ここで出稼ぎしているだけです。私のルーツは村にあります」という（DQ72，男性，1977，高卒，経営者）。この場合の「ドンキー」という言葉はただの地名ではなく，ブランドであって，「アイデンティティー」である。そこからなぜドンクアン社の最も盛んな街の土地はドンキー村の人が所有しているのかということがうかがえる。外から来ても顧客と交渉したり，取引先を開拓したりするのは困難なことである。なぜならドンキー村の人々は彼ら（よそ者）と付き合ったりしないからである。外から来て，土地を買う人もいたが，結局ドンキー村の人達に貸したり，木製品販売ではない別の商品を販売したりすることになった。

　注目すべきは1990年代の終わりごろ，木製品生産業が盛んになったため，ドンキー村の人たちは外に行かず，村で生産・営業活動をして，よそ者を雇ったりしたことがあった。朝ドンキー村に来て仕事をして，午後帰る人もいれば，工業団地で土地を購入し，営業活動をする人もいる。ドンキー村で戸籍を登録する人もいるが，「村人」になることは決して容易ではない。

　「頑張って村に入ろうとしたら入れます。きちんとした生活をしたらどこに住んでも良いですが，村のきまりを厳守することによってはじめて村に入る許可をもらえるかもしれません。田んぼの仕事をしたり，木製品を生産したりして村人と同じような権利をもちますが，ただ，祠堂や寺院のイベントに参加できないだけです」（DQ18）。

　このように同年会の組織の中でも村人とよそ者との差別が明確に見えた。さらに国の政策と村のきまりのあいだにもこの差別は存在する。「一般の法律に従って村で戸籍を登録してもいいですが，村のきまりにより正式に村の

活動に参加することはできません」(DQ18)。それと同じ趣旨を以下のように語る人もいた。「移住してきた人は村の中に入れないだけです」(DQ35, 男性，1941，中卒，退職者)。すなわち法律面では村の「公民」として認められるかもしれないが，村の一員としては認められないのである。

3.「趣味」による社会関係の構築

　ボランタリー・アソシエーションの普及と多様性によって，数多くの村民の参加に対する要求がかなえられることとなった。特定の条件（同い年，同学年，退役軍人，同じ職場）がなければ入会できないような会と違って，「趣味」で結成された会は他の村民の参加を許した。我々のインタビューの対象者が参加する団体の中で，趣味をもとに結成された団体はその4分の1を占める。その団体は主に地域の文化，文芸，スポーツおよび他の信仰的活動に携わる団体である。村と社の内でも外でも，人々の趣味によって結成された団体はさまざまあり，あらゆる年齢の人々が参加できる。伝統芸能の他にも，文化，歌，将棋，相撲，鳥などの会がある。このような会はほとんど，年配の男性が若いときに見聞した事柄(祭りなど)の復興に関わることとなっていて，多くの参加を得ている。

　一方，さらに新しい団体いわゆるクラブは，青年あるいは中年に注目されている。たとえば，盆栽クラブ，文芸クラブ，バドミントンクラブ，詩歌クラブなどである。このようなクラブには主に文化，文芸，体操，近代的スポーツの好きな男女が集まる。現地調査した際，朝早くか夕方になると，公の場である祠堂の広場や文化会館でスポーツをしたり体操をしたりする光景をよく見かけた。祭祀に携わる男性チーム，女性チームおよび仏弟子の会などの信仰的活動をする会は，目立つ活動はしない。彼らは仲間の家，あるいは祠堂，寺院の庭で活動をすることが多い。会員同士が舞踊や儀式のやり方を教えあったりする。

　趣味に基づいて，村民はボランタリー・アソシエーションに参加する。入

会する理由として，地域の活動をしたい，「趣味」があるからと説明する人が多い。闘鶏が好きな人なら闘鶏の会に入る。スポーツが好きな人ならスポーツクラブ，バドミントンクラブに入る。文化，文芸が好きな人なら「クアンホー（quan họ）」クラブ，ダンスクラブに入る。盆栽が好きな人なら盆栽クラブに入る。将棋が好きな人なら将棋クラブに入る。「人々が入会するのは趣味のためであって，他の目的はないと思います」（DQ50）。「それは趣味であって，好きなら入会して，一緒に楽しむのです」（DQ54）。

　一般的にボランタリー・アソシエーションは村人の趣味に対応している。たとえば，闘鶏の会，将棋の会，バレーボールの会などがある。彼らは趣味が一致しているから参加しているのであって，そこに何の支援がなくても参加する。3カ月に1回，会議を開き，1年に1回，宴会などを行う（DQ65，男性，1945，大卒，社人民委員会委員）。

　他の会に参加する条件を満たすことができない人が多い状況の中で（退役軍人の会は以前に軍隊経験がある人でなければ入会できない。あるいは同窓会はどこかの学校を卒業した人でなければ入会できない），趣味で結成された会は入会できる幅が広い。趣味をきっかけとしてどこかの会に入会する場合，「（条件が）合わない」という理由で断られることはない。「趣味ということなので束縛がない。自主的に参加するだけですよ」（DQ61，男性，1951，中卒，自営業）。このような趣味によって結成された会は村落の文化，スポーツ，娯楽の維持に貢献していて，行政機関が共同体を容易に管理できるような力にもなっている。同時に条件にこだわらずに参加できる団体であるため，どこの団体にも参加できない村民が集まるような団体でもある。

　趣味を入会の理由にするのは「合法」であり，趣味で結成された団体は村人が誰でも参加できる団体になっている。しかし，ドンクアン社の「趣味の会」の意味はただそれだけではない。

　このような団体が，市場経済によって生活水準が向上したドンクアン社に偶然に生まれたわけではない。実際にこのような団体がドンクアン社に誕生したのは例外ではなく，農村社会のアイデンティティーの再生を反映しての

ことであった。Kerkvlietは，世帯単位で農耕することで，ベトナム社会の基礎となる秩序を回復させると述べた（Kerkvliet [2000]）。Luong [1993] によれば，信仰の空間，儀礼の空間がドイモイ後に拡大されたと述べられ，経済成長と儀礼の展開との関連性を強調している。Kleinen [1999] は権威，いわゆる経済的地位が儀礼を通じて示されていると述べ，農家が儀式と人生に関わるイベントに関心をもち始めたのは，請負生産システムが発足した1981年だったと強調する。

　こうした見解から，趣味で結成された団体の存在によって，経済の自由化によって変化している社会の中で生活している農民の「資格」の基本的変化をうかがうことができる。そのような「趣味」は「自由農民」にしか見られない[23]。趣味で結成された団体のメンバーで，インタビューを受けた人が偶然にドンクアン社にいたわけではない（ドンクアン社には69団体があるが，ザオタン社の場合，6団体しかない）。団体の数から見れば，調査チームに情報を提供してくれた団体のうち，趣味で結成された団体がその5分の1を占めている。一方，ザオタン社の場合，5％にも満たなかった。

　実際は，そうした趣味の会に参加するには，ある程度の経済的余裕が求められる。趣味の多様性によって団体の種類も多様化しているが，趣味をもっているからと言って簡単に参加できるわけではない。自転車同好会のメンバーは年配者の趣味としてそのクラブの活動を紹介したが，入会者のほとんどが「経済面での心配はない」と述べていた（DQ42）。自転車同好会は年配者のクラブであり，ドンキー村の1000人の高齢者の中で87人が参加している。参加者が少ない原因は家族の都合および経済的事情にある。参加者はほとんどが年配者であり，子供に頼っているため，子供たちに迷惑をかけたがらない（入会するなら，子供に会費などを負担してもらわなければならない）。

　骨董クラブは趣味によって結成された会である。しかしながら，好きだからと言って簡単に入会できるわけではなく，経済的な心配のない人だけが入会できる。「経済的，文化的交流をするので，当然なにがしかのお金がなけ

ればなりません。遊びにも階層があります。食べるものがなければ，どうして遊べるでしょうか。子供を養ったりしている人はどうやって遊ぶのか。余裕がなければ遊べませんよ」（DQ61）。

　ところが，思いつきでボランタリー・アソシエーションが設立される場合も少なくない。会の結成のきっかけがある人のアイデアであることもあった。「ちょうど子育てが終わったころ，友の会に誘われたから入会しました」（DQ39，女性，1970，中卒，専業主婦）。そこから会が立ち上げられたが，1年に数回一緒に寺院を参拝する活動だけを行う会である。「ある人が友達に入会を勧めました。どこででも一緒にいたかったからでしょう。ですので，バドミントンが好きじゃなくてもお友達に誘われたから，入会したようです」（DQ26，男性，1959，中卒，小規模商売）。あるいは普通のボールクラブから多数決で別のクラブを結成することもある。

　「よく一緒に散歩していた数人の女性がボールを使って何か運動をしましょうということでボールで運動をするようになりました。メンバーが誰かから学んだというわけではなく，好きなようにボールを使って運動してみたら楽しかったので，散歩はやめました。毎朝女性5～7人で，村の広場でボール遊びをしました。そうしますと，参加者がどんどん増えて，10人にもなりましたので，バレーボールのようにして遊びました。単なるボール遊びであって，あまり技術はわかりませんでした」（DQ70，女性，1959，小卒，経営者）。

　趣味といっても，それが代々継承される場合もある。父が亡くなったら，その会員の資格が子供に継承されるのである。子供が父の趣味を継続しなければならないという責任を感じる場合が多い。たとえば，将棋の会の場合，父が参加するので，息子も入会を申し込む。一家で3代の親子が参加する場合がある。「Aさんは以前将棋の会員でしたが，亡くなってしまいました。彼の息子のNさんによれば，Aさんは亡くなる前に必ず将棋の会に入りなさいという遺言をしたということです。しかし，Nさんは将棋ができることはできるのですが，あまり好きではありませんでした。父に言われたから，

将棋の会に入ったのです」（DQ54）。

　趣味を理由にするが，あまりできない人も入会させられる場合がある。ある団体に参加したが，その活動についてさほど理解していない場合もある。筆者のインタビューに答えた一人が盆栽クラブのメンバーについて次のように述べた。「いろいろなタイプの人が集まっています。盆栽に詳しい人もいれば，まったくわからない人もいます」（DQ18）。彼によれば，盆栽クラブの100人中3分の1は盆栽に詳しい。残りはただ参加して，楽しんでいるだけである。重要なのはどこかの会に参加するかしないかである。年明け，春の花祭りが開催されるが，そこに参加し，宴会などをする。あるいはトゥオンという伝統芸能の会があるが，それを歌えない，演技できない人も参加する。「それは遊びです。ただ参加しているだけで，夢中にはならないようです」（DQ74，男性，1959，高卒，社人民委員会幹部）。歌もできず，舞台に一回も上がったことがない人でもトゥオンの会に参加する。「歌はできませんが，宴会なら参加します。会費を払えと言われたら払います」（DQ58，男性，1958，中卒，木材販売）。ドンキー村の詩歌の会の会長が「ここで詩歌などの活動を展開するのは難しい。人々は忙しいし，詩などは好まれていない」（DQ61）。しかしながら，趣味として詩歌の会に入会する人は多い。

　伝統的な会が会員の趣味に合わせて，「活動趣旨」などを変える場合もある。ドンキー村の水牛の会がその典型である。水牛の会はかつて水牛業者の会であった。合作社が設立されて水牛業者がなくなったことで，その業者の子孫や関係者などが会員となり，拡大を見せた。現在では，農業が近代化し，水牛で土を耕さなくなったため，水牛の肉の好きな人というところまで水牛の会は変質し，毎年水牛をさばいて宴会をしたりする。

　一般的にボランタリー・アソシエーションは参会者の趣味に合わせた会である。しかしながら，重要なのはその趣味に関わる詳しい知識があるということより，会員同士の親睦を求め，「友人関係」を作ることである。その「友人関係」を「会員同士」，あるいは「同会員」と呼ぶ。

4. 人生に関わる儀式への参加

　人生に関わる儀式の本質は，結束力を強化し，贈り物を交換したり宴会に招待し合ったりする風習の一部である（Kleinen［1999］）。それには病人の見舞い，葬式の香典，結婚式のお祝い，新築祝い，子供の誕生祝いなどがある。村人にとって，何か出来事が起きたとき，大勢の村人が見舞いに来てくれることは名誉である。特に家族が病気になったときに見舞いに来てくれる団体や組織などが多ければ多いほど，その家族は信頼されていると見なされる。それによってその家族の人間関係の広さが表されるため，他の人から尊敬される。顔が広いということで，その家族は人々に信頼されているとされる。「何か出来事が起きて，年配の方々や団体や機関などが見舞いに来てくれたら，それは名誉なことである」（DQ54）。あるいは「何か起きたときに見舞いに来てくれたら，自分の顔が広いということを示すことができる」（GT18）。「何かが起きたり親が病気になったりしたときに，友達や各団体の人々が見舞いに来てくれました。すごく光栄でしたよ」（GT29，男性，1966，中卒，農業）[24]。

　ホン河デルタの農村地帯でよく見られたのは，葬式と結婚式への参加の仕方の違いである。結婚式の場合は，招待されなければ出席しないが，葬式の場合は，村人なら誰もが行かなければならない。「故人に対する恩義は永遠の恩義である」と考えられているため，誰かが亡くなったら，皆でお悔やみに行って，故人に対して最後の恩義を表す。調査した2カ所においては葬式でも結婚式でも出席者が一定の金額（お見舞い金，香典，お祝い金）を持っていくが，その家の主人はそれをきちんと記録に取る。その記録に必須の項目は，参列者の氏名，住所（結婚式，または葬式の当事者との関係を記入するときもある），お祝いや香典の金額である。その金額によって参列者と当事者との関係がわかる。その金額が5万ドンほど（250円相当）なら近所の関係，10万〜30万ドン（500〜1500円相当）なら友達の関係である。親族なら香典はその親疎によって50万〜数百万ドン（2500〜数万円相当）

である。

　ドンクアン社では，インタビューをした高齢者の一人（かなり村人に信頼されている人）によれば，香典帳は長男が記録するものだという。その長男は香典を管理し，葬式関係の経費を全部支払い，将来的にはお返しとして他の村人の葬式などで香典を供えなければならない。次男も別に香典帳を作成してもよいが，香典の管理権は与えられない（DQ16，男性，1921，小卒，経営者）。ザオタン社の場合，「主人」が特定されない。一家の中に夫，妻，子供（息子，娘，婿など）がいて，それぞれ社会的関係をもっている。そのため，一家の出来事（たとえば葬式）が起きたら，自分の社会的関係の範囲内でそれぞれ「主人」の役割をもつ。各人が香典帳を作成し，自分と関係のある参列者についての記録を取る。つまり，基本的に香典帳の冊数は，一家の人数と共通の香典帳の一冊を合わせた数となる。共通の香典帳は，一家の特定のメンバーの関係者ではなく，一家の共通の知り合いについて記録する。弔問に来た人がその一家の人との関係を明確にするため，関係する人の香典帳に香典の金額まで書く。香典を明確にするため，葬式の受付テーブルで参列者に記帳してもらう。それぞれの香典帳には担当者がいて，参列者からもらった香典を管理しなければならない。その受付テーブルで参列者が故人の家族との関係に応じて相当する香典帳に香典の金額，自分の名前あるいは団体名などを記入する。それに基づいて担当者が，参列者の氏名と団体名をアナウンスする。

　Marcel Mauss［1950］は贈与交換の慣習について言及している。Maussは，その贈与交換は社会の結束力を強化する機能をもっており，外見的には「自発的」に見えるが，実は一般的な「義務」であることを強調している。その見解はさまざまな点から証明された。たとえば，Baker［1999］は，フランスの祭祀に関わる団体の機能の一つは，人生に関わる儀式を通じて共同体のメンバー間の結束力を強化することであることを発見した。Yan［1996］は中国のある村の「贈与関係の流れ」について調査したが，同様な結果をデータによって示した。村人が皆，その贈与交換の流れに参加することによって，

第4章　ボランタリー・アソシエーションからみたベトナム農村における社会的空間構成　107

写真 4.2　メンバーの息子の結婚式に集うザオタン社のボランタリー・アソシエーション
出所：2008 年　筆者撮影

村内の連携関係が形成される。近年発表された研究であるが，Shimane ［2012］によれば，日本の葬送儀礼においても「社会的交換」が行われているという。

　筆者の現地調査からも，葬式の弔問という行動の中で「義務意識」が存在しているということが確認できた。調査した 2 カ所の村では互恵は責任であって，もらった分（金銭または現物）を返す義務を果たさなければならないという。その「責任的」関係はもらったものに対する「お返し」，「お互いさま」と表現されている（DQ55，男性，1955，高卒，自営業／DQ50／GT32，男性，1950，中卒，人民委員会委員）。結婚式に参加する義務について他の証言を見てみよう。「そもそもお返しと呼んでよいのか。自分の子供の結婚式に招待したのに，彼らの子供の結婚式にはなぜ呼ばれないのか」（DQ54）。

　「お返し」の原則は「贈与関係」だけではなく，各団体の中での責任分担でもうかがえる。チャ（cha）・グループのメンバーは若いが，団体の事務的仕事を担わなければならない。葬送儀礼なら埋葬用の穴掘りは近隣集団や親族が行うが，柩を運んだりするなどの肉体的労働はチャ・グループが負担

する。風習から見れば，そのチャのメンバーの中で障害者だけがその義務を
免除されるが，出稼ぎのメンバーは免除されない。何かあって帰れない場合
は，他の人に代わってもらわなければならない。あるドンクアン社の人が葬
式の際に柩を運ぶ義務について次のように述べた。「今，私はあなたのお父
様のお柩を運んだので，私の父のときにはあなたに運んでもらわなければな
りません。もし私があなたのお父様のお柩を運ばなかったのならば，私の父
のときに誰も運んでくれませんよ」（DQ54）。葬式の柩搬送に関する恩義は，
その儀式の中で厳しく規定されている。それまでチャ・グループのメンバー
として香典などをきちんと納めていたならば，親族が亡くなったときに「依
頼状」を書いて，チャ・グループのメンバーに手伝ってもらうことができる。
しかし，それまでチャ・グループのメンバーとしての義務を果たしていなかっ
たら，「依頼状」を書いて出すことはできるが，それまで恩義関係をもって
いなかったメンバーに対してチャ・グループはこれを断る権利がある。

　香典の「予算」は家族の収入の中で小さくない。ザオタン社での普通の葬
式なら，50万ドンも出さなければならない場合がある（故人が親戚である
場合）。その50万ドンの香典は，故人の家族のメンバーとの関係に従って，
それぞれの香典帳に出すのである。たとえば，亡くなった人がAさんの近
所なら，近所として5万ドンを包んで弔問する。その香典は家族共通の香
典帳に記載される。さらにAさんが亡くなった人の娘の同級生なら，同級
生としてその娘関係の香典帳に10万ドンを出す。またAさんが亡くなった
人の長男と同じ年に軍隊に入ったなら，10万ドンを長男関係の香典帳に出
す。Aさんがまた亡くなった人の次男と同じ青年団のメンバーなら，その次
男関係の香典帳に10万ドンを出さなければならない。さらにAさんの奥さ
んが亡くなった人の長男の奥さんと一緒にタイン・タム舞踊会に参加してい
たなら，その長男関係の香典帳に10万ドンを入れるべきである。同時にA
さんの奥さんが次男の同級生であるため，その次男関係の香典帳にさらに
10万ドンを入れる。近所関係と各団体の関係だけでその葬式に香典を55
万ドンも出さなければならない。もしAさんが故人の親戚ならさらに30万

ドンから数百万ドンまで出さなければならない。注意すべきは平均収入（出稼ぎの収入を含む各世帯の総収入）が筆者の調査時点で年間一人当たり800万ドンであり，その平均収入と労務の提供などの「互恵的関係」による出費を比較すると，その出費がどんなに農家の負担になっているかがわかる。さらに，その出費は現金でなければならないのである。

　こうした「贈与交換」の習慣は社会的関係を強化するために行われているが，そのお返しの実際の価値は無意味ではない。村人がお返しをするときには「時価」をかなり気にする。一般的にお返しは少なくとももらった分と同じであるか，あるいはそれより多くなければならない。上述の「贈与交換」の習慣について聞いたとき，ある人は次のように答えた。「お返しはもらった分より多く出さなければならない。少なくとも同じでなければならない。以前ある人の家のパーティーでハムがあったのに，今度私の家でパーティーを開いたときに，ハムを用意しないでいいのでしょうか。それはお互いさまなのです」(DQ54)。

　人生に関わる儀式を表現する言葉があるが，それは標準語ではなく，方言である。ある出来事が起きてお祝いや香典を出さなければならないときに「坊に納めに行く」，あるいは「坊に納める」，極端な場合には「行く」とだけ言う。ここで使われている「坊」はある団体を指す言葉で，それはたとえば一種の信用金庫の活動として村人がお金を納めることを言うが，それは「金の坊 (phường vàng)」，あるいは「銭の坊 (phường tiền)」と呼ばれる。「坊を降ろす (đổ phường)」というのは，ある出来事でその家の主人がある程度の金銭を引き出すことを指す。

　「葬式や結婚式があった家では『坊を降ろす』と言います。私の祖母の葬式のときは2000万ドンももらいました。葬式用の音楽団，机，いすのレンタル代を除いたら残りは1500万〜1600万ドンでした。しかし，その後，お返しをしなければなりません。もらった分は光栄に思いますが，金銭は後で返さなければなりません。お互いさまなので」(GT40, 男性, 1984, 高卒，獣医師)。

村人はこのようなイベントで得られた金銭の意義を非常に重視する。その金額が数億ドンにもなると，ホン河デルタの農村地帯の貧しい農家，特にザオタン社の村人にとって，それは大金に違いない。一方，儀式を行うことによって一種の「信用金庫」ができるという考えかたは，ドンクアン社には普及していない。ドンクアン社ではそのお祝いや香典は，儀式を行うために村人が納めた金額であるとはとらえられていない。それはその家族に対する気持ちの表れであるとされている。

　ザオタン社の場合，貧しい人が多いため，さまざまな社会的支援の形式がある。実際に困難な状況の中で行われる「社会的支援」について，多くの研究者が言及している。たとえば，Woodside［1971］は，各団体が病気にかかったメンバーのお見舞いをしたり，緊急の場合にメンバーにお金を貸したり，亡くなったメンバーのために葬式を行ったり，あるいはメンバーに字を教えたりすることについて論じている。それによれば，植民地支配以降，社会的関係が弱体化し，結婚式や葬式に携わる社会的団体がその力を発揮して継続的に支援の活動を行った。その目的は，葬式あるいは結婚式の経費を負担しなければならないメンバーを助けることにあった。Nguyen-Marshall［2004］も同じ見解を示していて，農村地帯の農家の貧窮状態と各団体との連携性を強調した。また，フランス植民地時代のベトナム社会における社会的団体の機能および意義については，そのような団体が特に一般農家にとっては重要であったと述べられている。そのような団体は各家族に生計手段を与え，地域の文化，風習，社会的関係を維持する助けになる。中レベルや低レベルの収入の農家にとって，このような助け合いの社会的団体に参加することは一種の保険である。人生に関わる儀式を行うときに助けを求めることができるのである。その助け合いの団体は，生存と共同体構築の戦略として，当時の貧困問題の解決の大きな力になっていた。

　ボランタリー・アソシエーションが人生に関わる儀式に関与するのは，家庭，親戚，近所の間で行われている贈与交換の習慣の一部にすぎない。しかし，ザオタン社で統計をとった結果，他の団体とともにボランタリー・アソ

シエーションの訪問の回数はかなり多かった。各家族より提供された葬式・結婚式の帳簿に記入されていたお祝いや香典を分析した結果，ボランタリー・アソシエーションの訪問回数は全体の 6.2%で，その他の公的な団体の訪問回数は 3%にすぎなかった。

　ボランタリー・アソシエーションの訪問，見舞いおよび贈与関係に関するルールはザオタン社とドンクアン社でほぼ同じである。一般的に各団体はある程度のお金を保有している。メンバーの家族が病気になったり，事故にあったりした場合，その金額から一定の見舞金を出す。入院するほどの病気や事故ならば，見舞いのときに 1kg の砂糖，1 箱の牛乳，現金ならば 2 万ドンぐらいの見舞金をもっていく。メンバーの親が亡くなったときには，1 束の線香，2 本のろうそくと「黒い礼」[25]をもって弔問する。その価値はたいしたものではなく，象徴的意味にすぎない。葬式や結婚式で家族が望むことは各団体が儀式に参列することである。

　ザオタン社で行われた葬式を例として挙げよう。その地域の習慣によれば，参列者が多ければ多いほど，葬式が長く続けば続くほど，その家族の社会的信用度が高いとされている。「なぜ団体と一緒に参列するのかと言いますと，まず人数が多いからです。第 2 は団体として参列することは個人参加よりも光栄なことなのです」(GT29)。葬式が長く続くというのは，多くの団体が参列しているからである。個人ではなく，団体だけで参列することもできる。葬儀式場に着いたら，まず記帳する。葬式の実行委員会が記帳された団体名をアナウンスし，団体の代表者が供え物などを祭壇に上げて線香に火を付けてから，参列者全員が一礼し，故人の柩を順々に回り家族にお悔やみを述べる。その儀式は，1 回当たり平均 5 分間行われる。筆者に情報を提供してくれた一人は，自分の親の葬式について以下のように述べた。「私のところの場合ですが，親が亡くなったときに，4 つの団体と共産党の支部が弔問に来ました。さらに近い親戚と遠い親戚を入れたら 10 グループも参列しました。これほど偉い人は他にいないでしょう」(GT26)。個人がその故人の家へお悔やみに行くのならば，その人と関係のある家族の香典帳に名前を記

写真 4.3　ザオタン社の葬式で正しい香典帳に正しい金額を入れるために並んでいる人々
出所：2008 年　筆者撮影

入するだけである。一般的に個人の記帳は，入り口の横に置かれる受付で行う。その受付テーブルで参列者がお悔やみを表すことは少ない。まずやらなければならないのは香典を渡す手続きを済ませることである。家族の人数が多い場合，その家族のメンバーに応じて香典帳を別々にするが，自分と関係のある人の香典帳を探すだけで「現場」は賑わいを見せる。人々がお互いを呼んだり，適切な香典帳の場所を教えあったりする。待つ時間が長くなるとけんかが起こったりすることもある。誰かが列に並ばずにいきなり先頭に割り込んだり，あるいは間違った香典帳に記帳してしまうと，順番を入れ替えてもらったり，記載事項を補足させてもらったりするように記帳の担当者に頼むこともある。

　前述したように葬式の際は，家族共通の香典帳と家族の各メンバーの香典帳がつくられる。家族の誰と関係があるかによって，それに相当する香典帳に名前が記入されるとその人は将来お返しをすることが期待される。家族共通の記帳は無記名で，誰もお返しをする義務はないのである。筆者が観察し収集した香典帳に記録された名前を分析した結果，家族共通の香典帳より個人の香典帳に名前を書く傾向のほうが強い。なぜなら個人の香典帳に名前を

第4章　ボランタリー・アソシエーションからみたベトナム農村における社会的空間構成　113

入れたなら，その人は責任をもって「贈り物」のお返しをしなければならないと考えられているからである。故人の家族が貧しくて，助けてあげなければならないと思われる場合だけ，その家族共通の香典帳に名前を記入する。共通の香典帳に記入することは，それが故人の家族を助けるための香典であり，お返しはしなくてもよいという意味である。

　筆者が現地調査したときにある男性が感電で死亡したため，弔問したいと言ったところ，村人は彼の家族は貧しく人数も少なく社会的関係も狭いため，家族共通の香典帳に入れたほうがよいと教えてくれた。筆者は一人で参列したが，そのインフォーマントは「団体の名目」で入室できるように葬儀実行委員長に筆者の勤め先を伝えていた。「ハノイの機関も参列してきたと人々に知らせたいから」（社の文化担当幹部）ということである。さらに団体らしくするためにそのインフォーマントと社人民委員会の代表者が筆者と一緒に斎場に入り，団体らしい儀式のやり方を教えてくれた。また，香典の入っている封筒に筆者個人の名前ではなく，団体名を書くように教えてくれた。

　団体が参列する場合，封筒に団体名と一人一人の香典を明記する。その集団の香典は地域の風習で「黒い礼」と呼ばれる。「黒い礼」は祭壇に上げて，一旦故人の家族の家長に引き受けられるが，葬式の後，その団体のメンバーである人の香典帳に分ける。団体が来たときには大きくアナウンスする。「それは村人に知らせるためですよ」（GT40）。その際，団体の代表者の名前もアナウンスされる。団体が列する重要性は，以下のように詳細に説明される。

　「団体の香典は黒い礼に入れて，特定の香典帳には入れません。斎場の外に受付が設置され，そこで参列者を登録し，担当者に団体名を書いて渡します。これはアナウンスしてもらうためです。その紙に団体名，故人の家族との関係，供え物の種類（線香なのか，花なのか）を詳細に書きます。団体が入室する前に担当者が「Ａさんの同級生」などの団体名を唱えますが，それが終わったら入室し，祭壇に供え物を捧げます。もし花を持ってこなければ，香典と線香だけを捧げます。1団体当たり大体5分ぐらい弔問を行います。家族の1人当たり4〜5団体の会員が来れば20分かかります。祖母が亡く

なったときには70数団体も参列がありましたので，午後3時から始まり夜9時になってもまだ終わりませんでした。とても多かったです」(GT40)。

　葬式や結婚式に参列する人はほとんど直接そのイベントに参加する人たちである。そこに顔を出し，儀式の最初から最後までいて，持ってきた香典やお祝の意味を主人に伝えることができる。贈り物は単に経済的価値をもつだけではなく，そこに「顔」(特に社会的地位をもっている人の顔)を出すことこそが，その家族に親戚，近所，友人などの前で光栄をもたらす。葬式や結婚式を行うことによって，各家族が村人の前で社会的権威，地位を示すことができるのである。Yan Yun Xiang は中国のある村を研究したときに同じような発見をしている。「村のイベント(葬式，結婚式など)で顔を出し，人の前で物を渡すことで，特に社会的地位・関係を披露することができる。それはその家族がどれだけ社会的関係をもつか，具体的なイベントで具体的に社会的関係の広さを示すことができる」(Yan［1996］)。どの機会よりも葬式は，顔を出し，そこで交わす会話が参列者と故人の家族との親密関係を維持する最高の機会である。そこからベトナム人が他のアジアの国の人々と同じように体面を非常に重視するということがわかる(Shimane［2014］)。

5．おわりに

　農村地帯の住民は村落での生活を営んでいくためにさまざまな形で，それぞれの役割を担った団体を結成した。そのような団体の活動は主に男性によって行われている。特に伝統的結社に代々継続的に参加するのは，村落の社会に入るための重要なステップの一つとされている。

　ボランタリー・アソシエーションは，ほとんど以下のような形式で営まれている。それは参加者名簿，結社に対する宴会主催責任，名簿上の順番による担当交代，会費などである。そのようなルールは同年会を含めて北ベトナムの農村地帯に存在しているボランタリー・アソシエーションの「平等性」を表現するものである。筆者が分析した結果，訪問や見舞いを通じて「物の

提供」や「返礼」に対する「義務意識」がボランタリー・アソシエーションのメンバーの間に存在していることがうかがえる。誰もその訪問，見舞いや「贈与交換」の「義務」から逃れることはできず，他の村人から「贈り物」を受けることを断ることもできない。互恵関係は「贈り物」だけではなく，結社内の責任分担にも徹底されている。

２カ所の調査地域において，ボランタリー・アソシエーションの儀式や社会的交換に関する活動の基本的特徴を見いだすことができた。それは伝統的村落空間の中で，新しい社会関係を構築しようとする努力である。変化している社会背景から見れば，それは社会的進歩である。その社会の中で商業や物流（市場経済）が変化をもたらす基本的要素である。農民が新しい社会的空間（各団体の形式，ルールなど）を新しくつくり，それは新しい社会的関係として構築される。彼らはドイモイ（1986）後の社会・経済の変化から生まれた「自由な農民」である。

その農民の努力は現在，ホン河デルタにおける「市民社会」の形成にどこまで影響を与えているのであろうか。そうした市民社会が「ベトナム式」に存在していると言えるだろうか。前述したボランタリー・アソシエーションの活動や社会的空間が，農村地帯に市民社会を実現しているのかどうか，ここには検討の余地が残っている。言い換えれば，ホン河の農村地帯に居住している農民に「社会性」があると論じることができるのか。Jamieson［1993］は，このような組織がすでに伝統的社会内に存在しており，伝統的ベトナムの農民が「高い社会性」をもつと述べていたことに注目しておきたい。

現在ベトナムでは，市民社会論が活発に議論されているが，その中でベトナム農村地帯にすでに市民社会が存在していたとの見解は少なくない。そのような見解は同様な根拠に基づいたものであるが，社会・政治組織（政府の支援を受けて，「政治システム」に頼っている組織）も市民社会に属すると強調されている（Le Bach Duong et al.［2002］, Wischermann［2011］, Norlund［2007］を参照）。

ホン河デルタとメコンデルタを比較することによって，ホン河デルタのボ

ランタリー・アソシエーションの本質を深く理解できるようになるかもしれない。実際には前述したボランタリー・アソシエーションが，自給自足からまだ脱皮していない農村経済を抱える北ベトナムに無数に存在している。一方，筆者が見るかぎり，そのようなボランタリー・アソシエーションは長期にわたって市場経済と民営企業を発展させてきたメコンデルタにはない。ホン河デルタのボランタリー・アソシエーションの代わりに，メコンデルタにおいてはスポンサーが農村開発事業を支援する場合が多い。

　ホン河デルタにおけるボランタリー・アソシエーションに市民社会的な性格があるかどうかという問いに答えるにはまだまだ資料が足りない。少なくともその問題は，現在の政治的・社会的背景，特にボランタリー・アソシエーションと政府との関係をとらえなければ十分に理解できないと思うが，本章ではそこまで考察を進めることができなかった。

【注】
1) voluntary association は森岡他『新社会学事典』［1993］において「自発的結社」と訳され，「人々が自由・対等の資格で，かつ自由意志に基づいて共通目的のために結集する非職業的集団である」と定義されている。しかし日本において自発的結社という用語には筆者の意図とは別なイメージが想起されるため，ここでは Dang Thi Viet Phuong［2015］で用いられている語をそのままカタカナで表記する。ちなみにベトナム語では xã hội tự nguyện（志願社会）である。（訳者注）
2) 親族や金融や宗教などにより形成された団体は本章の対象外である。
3) ベトナムにおける地方の行政区分は社＜県＜省＜中央政府（xã ＜ huyện ＜ tinh ＜ trung ương）となっている。ここでは xã の漢字表記である「社」を訳語としてあてる。行政区分である「社」の下に伝統的な自然村である「村」（thôn または làng）がある。たとえばドンクアン社はドンキー，チャンリエット，ビンハーの３村によって構成されている。（訳者注）
4) 以下のケース記録においては，インフォーマントの居住地域を示すために DQ（＝ドンクアン：Dong Quang），GT（＝ザオタン：Giao Tan）と略記する。略号に続く数字は，インフォーマントの ID 番号，性別，生年，学歴，職業である。インフォーマントに関する詳細なデータは Dang Thi Viet Phuong［2015］の付録を参照されたい。（訳者注）
5) 原語は Lệ làng。辞書的にいえば，「村落の習慣法，習俗による村の決まり」というこ

第4章　ボランタリー・アソシエーションからみたベトナム農村における社会的空間構成　117

とになる。「村令」や「掟」では意味が強いので，単に「村のきまり」と訳した。（訳者注）
6) 同年会とは同じ年に生まれた者の集まりである。
7) 入会基準は簡単のように見えるが，実際には村人であるかどうかを確定するのはかな
り難しい。年齢を確定することの難しさもある（旧暦，陽暦で数えるのか，あるいは単
に誕生日を覚えていないなど）。そのため，もめごとに引っかかり，「格のない」人間に
なる可能性がある。この件については後述する。
8) ドンクアン社でインタビューを受け，情報を提供してくれた村人はほとんど，今日ま
で存続してきた同年会を維持することを誇りに思っている。ベトナムの北部，中でもド
ンクアンの両村人は，自分の村を古い村として認められることを誇りに思うと述べてい
る（ドンクアン社の場合）。一方，自分の村を新しい村であると言われたら，それは軽
い立場に置かれることを意味していると述べている（ザオタン社の場合）。
9) 阮公著（Nguyễn Công Trứ）（1778-1858）はベトナム阮朝の詩人であり，経済学者
であった。軍を率いて，農民の一揆を治める功などを挙げ，阮朝の皇帝に信頼された（訳
者注）。
10) 村民の格は1つの会というより数多くの会に参加することで決められる。
11) ベトナムにおける干支はねずみ，水牛，虎，猫，龍，蛇，馬，山羊，猿，鶏，犬，豚
である。（訳者注）
12) 村人から見ればこのような会はおかしいという。学校で勉強しなかった連中には，中
学校あるいは高校の同窓会がないから，このような会を立ち上げた。それは「親がない
子供たちの会」であり，入会基準がないと村人は批判している。
13) Nguyễn Từ Chi [1996] は，この「平等」を村落の伝統社会の「民主」を表現する
ものであると述べた。
14) ボランタリー・アソシエーションの宴会については Dang Thi Viet Phuong [2015]
第3章を参照。
15) 農村では自給自足のため現金が少ない。そのため，自分で作る物よりも外から買って
きた物のほうが大事にされる。その場合，缶ビールが地酒よりも大事にされる。同年会
の宴会で地酒の代わりに缶ビールを出すことは，主人の丁寧な気持ちを表すことである
が，同時に目立ちたいという願望も込められている。それは場合によっては歓迎されな
い。同じように，レストランなどで宴会を開いた場合は現金を使うため，主催者の自宅
で行うより好評とされる。
16) Nguyễn Từ Chi [1996] は，ベトナム北部の伝統的社会ではボランタリー・アソシエー
ションについて述べるとき，「会員の自覚的参加は村落の民主的な一面」，特に「交代に
奉仕を提供し，平等に会費を納める原則」を強調する。
17) Nguyễn Từ Chi [1980] は，ベトナムの伝統社会において「同年会のメンバーの中
で特別な友情が生まれる。その友情から『同い年の会』が結成される。その中で同い年
の友達同士が集まったり一緒に飲んだりする」と述べている。
18) 場合によって村の仕事を担う責任が免除される人もいる。たとえば，当初から出稼ぎ

なら同年会の会員として登録されない。あるいは郡の幹部，省の幹部になって，村に帰る暇がない場合も免除される。しかし，どうしても同年会に参加したいなら，他の会員から合意を得て，自らすべての義務を果たさなければならない。その時に同年会に入ることができるのである。

19) インタビューに応じてくれた人によれば，以前，村には現在の戸籍帳と同じように村民名簿があったが，そこには男性の名前しか登録されていなかった。男の子が生まれたら，村の役員に知らせ，村民名簿に登録してもらう必要がある。登録するときには正確な生年月日が記録されるわけではない。たとえば，兄弟で同じ時期に男の子が生まれたら，兄の子供が後に生まれても先に登録される。あるいは師匠の子供が自分の子供と同じ日に生まれたならば，先に村民名簿に登録するように譲る。

20)「木鉦」は竹，あるいは木で作られ，命令などを発信する道具である。かつて人々に発信する場合，村中を歩き回ってアナウンスする人がいた。その人が木鉦を叩いて人々の注目を集める。木鉦がその担当者に密接に関わるため，後にその人を村の木鉦と呼ぶようになった。その仕事はレベルの低い仕事として見られていて，移住してきた人や貧しい人が就くという。村人がよく「木鉦」君と呼び，軽視の意を表す。

21) フーケー村も木製品を専門的に生産する村である。ここに紹介するフーケー村の男性も木製品を生産している。

22) 工業団地はコミューンとコミューンを結ぶ道路に面し，交通の便が良いため，あたりの土地に家屋を建てる者も多くいる。ここには大きな木製品生産工場が集まっている。土地を買った人たちは皆経済的に余裕があるため，近代的な家屋を建て，家具などにもこだわっている。ドンキー村は工業団地の裏にあるが，村中の道路がまだ整備されておらず，人口が密集し，環境が悪化している。

23) 前述の「趣味」は，民俗学のある研究においては伝統的社会のイベントに言及する際，農民の「個性」と呼んだものに相当する。その研究者によれば「ベトナム北部の平野と山岳地帯の伝統的社会で生活している農民は小作者ではなく，あるいは中古時代の領地制度の束縛から解放されてもおらず，財産がすべて領主の手元に握られる農家でもない。それは中央君主政権の中である意味で自治的な農民社会の中で生活をしている自由な農民である」(Nguyễn Từ Chi [1996] 222頁)。筆者の理解では農民の「個性」というものは，その「自由」につながるものである。

24) Nguyễn Văn Huyên によれば，ベトナムの伝統的社会においては「社会的出費」が多く，男子の誕生，子供の結婚式，親の死亡などでは宴会を開いて，村だけではなく，社や郡の人々まで招待しなければならない (Nguyễn Văn Huyên [1995] 30頁)。

25)「黒い礼」というのは現金と供え物を指すが，故人の家族が葬式で負担する経費の一部を支援するという意味である。その金額は団体によって異なる。

【引用文献】

Baker, A. [1999], *Fratrnity Among the French Peasantry: Sociability and Voluntary*

第4章　ボランタリー・アソシエーションからみたベトナム農村における社会的空間構成　119

Associations in Loire Valley, 1815-1914. Cambridge: Cambridge University Press.

Dang Thi Viet Phuong [2015], *The Collective Life: The Sociology of Voluntary Associations in North Vietnamese Rural Areas*. Hanoi: Vietnam National University Press.

Gourou, Pierre [1936], *Les paysans du delta tonkinois (Étude de géographique humaine)*, Paris: Les éditions d'art et d'histoire.

Jamieson, Neil L. [1993], *Understanding Vietnam*. Berkeley: University of California Press.

Kerkvliet, B. [2000], *Governing Agricultural Land in Vietnam: An Overview, ACIAR Project ANRE 1/97/92 Impact of Alternative Policy Options on the Agricultural Sector in Vietnam*. Canberra: The Australian National University.

Kleinen, J. [1999], *Facing the Future, Reviving the Past: A Study of Social Change in a Northern Vietnamese Village*. Singapore: Institute of Southeast Asian Studies.

Le Bach Duong, Khuat Thu Hong, Bach Tan Sinh, Nguyen Thanh Tung [2002], *Civil society in Vietnam*. Hanoi: Center for social development studies.

Luong, Hy Van [1993], Reform and the Intensification of Rituals in Two North Vietnamese Village, 1980-1990. In L. B. (ed.), *The Challenge of Reform in Indochina* (pp. 259-291). Cambridge: Harvard University Press.

Luong, Hy Van [2010], *Tradition, revolution, and market economy in a North Vietnamese Village, 1925-2006*, Honolulu: University of Hawaii Press.

Mauss, Marcel [1950], Essai sur le Don: Forme et Raison de l'Échange dans les Sociétés Archaïques,. *Sociologie et Anthropologie*, IX-LII. (マルセル・モース [2014], 『贈与論』岩波文庫)

森岡清美他 [1993], 『新社会学事典』有斐閣。

Nguyễn Đức Nghinh [1978], Làng xã cổ truyền Việt Nam ở Bắc Bộ trên đường chuyển biến. (「変化軌道にのりつつある北ベトナムの伝統的村落」). In Viện Sử học, *Nông thôn Việt Nam trong lịch sử (Tập I)*. Hà Nội: Nhà xuất bản Khoa học xã hội.

Nguyen-Marshall [2004], "Tam quan trong ve kinh te va van hoa cua cac hoi tuong te o mien Bac Viet Nam thoi Phap thuoc (1920-1945)," 〔The economic and cultural importance of Association of Mutual Help in Northern Vietnam in the French colonial period (1920-1945)〕. (*Proceedings of the 2nd Conference on Vietnamese studies*). Hochiminh City: The gioi Publisher, pp. 277-286.

Nguyễn Từ Chi [1980], Le làng traditionnel du Bac Bo, sa structure organizationnelle, ses problèmes. *Etudes vietnamiennes*.

Nguyễn Văn Huyên [1995], *Góp phần nghiên cứu văn hóa Việt Nam* (『ベトナム文化研究』) (*bản dịch tiếng Việt, Tập 1*). Hà Nội: Nhà xuất bản Khoa học xã hội.

Norlund, Irene [2007], *Filling the gap: The emerging civil society in Vietnam*, Research report submitted to UNDP in Vietnam, January, 2007

Shimane, Katsumi [2012], The experience of death in Japan's urban societies. In: *Invisible population: The Place of the Dead in East Asian Megacities*, Natacha Aveline-Dubach (ed.), Lexington Books, pp. 29-49.

Shimane, Katsumi [2014], Funeral ceremony as an Embeded Social Capital, *The Monthly Bulletin of Social Science*, No. 613 (July 2014), pp. 43-56.

Wischermann, J. [2011], Governance and civil society action in Vietnam: Changing the rules from within- Potentials and limits". *Asian Politics & Policy*, 3(3), pp. 383-411.

Woodside, Alexander [1971], "The development of social organizations in Vietnamese cities in the late colonial period", in *Pacific Affairs*, Vol. 44, No. 1 (Spring, 1971), pp.39-64

Yan, Yun Xiang [1996], *The Flow of Gift: Reciprocity and Social Networks in a Chinese Village*. Stanford: Stanford University Press.

第5章

変貌するベトナムの葬送文化

嶋根　克己

1.　はじめに

　筆者はこれまで日本，アメリカ，フランス，モンゴルなどの葬送儀礼や墓地の現状について調べることで，近代化がもたらす社会関係の変化について考察を続けてきた（Shimane［2012］，嶋根［2009］など）。そこで得られた結論は，社会発展や都市化の進展は，人々の社会関係（家族関係，住民関係，職業生活関係など）を大きく変える。このことは社会関係が大きく反映される葬儀や墓のありかた（これら人びとの死にかかわる行為様式の集合を「葬送文化」と呼ぶ）に影響を与えてきたということである。葬送文化の変動は近代化が進展すれば，どの社会においても起こりえるということであり，いかなる社会においてもこの変化から逃れることはできない。

　死者への弔いや埋葬の仕方は，それぞれの社会の伝統的文化を含んだ固有の儀礼であり，簡単には変わらないと考えられている。また集合的な力を維持するためには葬送儀礼の様式性は簡単に変えてはならない。これを「葬送儀礼の硬直性」と呼ぼう。一方で，それぞれの国や地域での社会状況の変化は，長年にわたって維持されてきた伝統的な葬送儀礼でさえも，ゆっくりとあるいは急速に変化させていく。あるいは社会の変化に適応できなければ，儀礼そのものが消滅してしまう。これを「葬送儀礼の可変性」と呼ぶことができる。葬送儀礼は硬直性と可変性の両面を有しているのである。

では現在急速な社会変動を遂げつつあるベトナム社会では，どのように伝統的な様式が維持され，その一方でどのような変化が起こりつつあるのであろうか。本稿では，筆者のフィールドワークに基づいた知見などから，ベトナム社会の葬儀や墓地の変化について記述してみたい。その視点から，現在ベトナム社会に生じている変化を考察してみる。

　1986年の「ドイモイ（刷新）政策」以降，ベトナム社会は急速な経済成長と社会発展を遂げている。最近では経済成長率が5％台に低迷しているが，1991年から2010年までの約20年間は7％を超える高率で成長を遂げていた。また1986年には1人当たりの平均所得が約90ドルにすぎなかったのが2012年には1750ドルにまで所得水準が上昇している。また経済構造も大きく変化している。1986年には農業人口48.6％，工業人口21.6％，サービス産業人口33.1％であったのが，2012年には，農業人口21.5％，工業人口40.7％，サービス産業37.7％と，産業化が急速に進行している。

　また全人口に占める65歳以上の高齢者の比率は1979年には6.80％，89年には6.70％，99年には7.73％，2009年には8.19％と徐々に上昇している（Cu & Nhung［2013］）。比較的安定した生活の獲得と死亡平均年齢の上昇は，死後の世界に大きな関心を向ける契機となることが予想される。

　現在大きな変動過程にあるベトナムの葬儀の変化を示した体系的な研究は少ないように筆者には思われる。したがって本論文では，伝統的な葬儀に関する文献的な先行研究に加え，2011年に筆者が参加することのできたハノイ市における2つの葬儀と遺族への聞き取り調査，ならびに2011年と2013年に訪問したいくつかの墓地の印象などをもとに，ベトナムにおける葬送文化の変貌について分析していくことにしたい。

2. 伝統的な葬送儀礼の流れ

　ベトナムにおける葬送儀礼や墓地などの包括的な研究について，詳細な情報を筆者はもっていない。現在手元にあるいくつかの資料を列挙しておくと

以下のようなものがある。Toan Ánh の著作 *Phong Tục Việt Nam*（『ベトナムの風俗』）は，ベトナムの伝統的な風俗や習慣について述べられた古典的な著作であり，最終章の 30 頁ほどが葬送儀礼に充てられている。グエン・ティ・オワインの「ベトナムの習慣と信仰を古典文学に探る」［2012］は，ベトナム社会の葬送儀礼の底流には『寿梅家礼』(*Thọ Mai Gia Lễ*) など中国文化の影響をうけた「家礼」があることを紹介しており興味深い。葬送儀礼の内容を紹介した論文として，グエン・クアン・チュン・ティエンの「フエにおける葬礼への宮廷文化・仏教・儒教の影響」［2011］や，末成道男の『ベトナムの祖先崇拝——潮曲の社会生活』［1998］や「人生儀礼——結婚と葬礼」［2008］が，ベトナムの葬送儀礼の全体像を示しわかりやすい。ティエンはベトナム中部のフエの葬儀を中心に，末成はベトナム北部の農村地域でのフィールドワークから葬送儀礼を描き出している。それぞれ地方性の高い伝統的な葬儀のありかたであると考えたほうが良い。

2.1 『寿梅家礼』の影響力

ティエンはベトナム人の葬儀習俗について次のように述べる。

> ベトナム人の風俗・習慣においては葬礼の儀式と死者の埋葬はもともと各地方間で多かれ少なかれ異なっているが，胡嘉賓（1690-1760）の『寿梅家礼』が世に出た 18 世紀前半より，ベトナム人の葬礼の儀式は各地方間で基礎的な統一が進んだ。……現在に至るまで，『寿梅家礼』の記す葬送儀礼は，広く人口に膾炙されて社会に普及し，多くの世代に熟知される習慣となり，特に都市部では現代社会に適合させるために簡略化されてはいるものの，ベトナムではいまだに正式な儀礼が多くの場所で行われている。（ティエン［2011］155-156 頁）

つまり地方的な特色はあるものの，ベトナムの多数民族であるキン族においては，『寿梅家礼』を基盤においた葬送儀礼が近代にいたるまで行われて

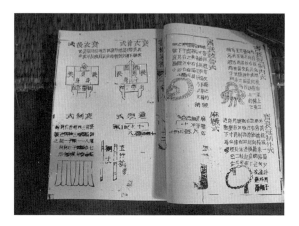

写真 5.1　現在のタイクンが使用している『寿梅家礼』
　　　　　葬儀の際に家族が身に着けるべき衣服を解説している
出所：2013 年　Đường Lâm にて著者撮影

いるということになる。

　そもそも『寿梅家礼』とはなにか。ベトナムの庶民向けに『寿梅家礼』を解説した本の前書きにはおおむね次のように記されている。『寿梅家礼』とはゲーアン省に住んでいた胡嘉賓（Hồ Sĩ Tân）居士（1690-1760）が葬式の慣習について書いた本である。『寿梅家礼』といった名がつけられた理由は，著者の雅号が寿梅であったからである。そもそも家礼（家庭礼節）とは『周公家礼』という紀元前 4～3 世紀ころの中国人である周公が編集したものに基づいている。『寿梅家礼』は主に周公の慣習を省略しながら引用している。胡嘉賓の本には，20 章があり，その中には人間のいまわの際から死んだ後までの葬送の儀礼，動作，挙止，服装，供祭の物などが具体的に書かれている（Xuân Trường［2013］）。つまり現在に伝わる『寿梅家礼』は古代中国の習慣を源流にもち，そこにベトナム的な要素を付け加えながら受け継がれてきたのである。

　またベトナム社会科学院でベトナムの固有漢字（字喃＝チュノム）を研究するグエン・ティ・オワインは次のように指摘している。現在の農村部では漢字の読み書きができる人は少なくなり，葬送の儀礼や次第は村の専門的な

呪術師，霊媒師であるタイクン（thầy cúng）[1] に教えてもらう場合がほとんどであり，昔の葬礼とは異なる点もあるようである（オワイン［2012]）。『寿梅家礼』という書名が示すように本来この書は漢字および字喃＝チュノムによって記述され受け継がれてきた。アルファベットに声調記号を加えた「国語」（Quốc ngữ）しか現代のベトナム人は理解できないために，本来の『寿梅家礼』を読むことはできない。Xuân Trường［2013]の著作のように現在の「国語」で同書を解説した書籍はあるが，伝統的な葬儀についての知識は一般人の間では共有されておらず，寺院やタイクンに相談するしかないようである。

2.2 中部フエの葬儀

ベトナム中部に位置するフエは17世紀以降グエン朝の宮廷が置かれた旧都である。ティエン［2011]によれば現在のフエ市民の葬儀には宮廷文化の名残が見られるとともに，伝統的な様式が残されているという。

ティエンが記述しているのはフエの葬儀の手順であるが，伝統的な『寿梅家礼』の影響が色濃く映し出されていると思われる。その「要素」のみを順次記しておく。

1.招魂, 2.喪主（Tang chủ）と護喪（Hộ tang：葬儀を手伝う人）の決定, 3.墓穴と葬儀の忌日を選定, 4.治棺（Trị quan）：棺の準備, 5.告訃（Cáo phó）, 6.沐浴（Mộc dục）, 7.飯含（Phạn hàm）[2], 8.衾殮（Khâm liệm）と入棺（Nhập quan）, 9.霊床・霊座の設置, 10.復魂と成服, 11.贈弔（Phúng điếu）：親戚や役人の客が訪問・参拝する儀礼, 12.朝祖（Triều tổ）：葬儀の準備を祖先に報告する儀式, 13.朝奠（Triều diện）：葬送の日の午前に行う礼拝, 14.夕奠（Tịch diện）：葬送の日の午後に行う礼拝, 15.告道路（Cáo đạo lộ）：葬送のために夜間に道路を行く許しを請う儀式, 16.遣奠（Khiển diện）：出棺前の儀式, 17.移棺：埋葬のため柩を移動する, 18.齋度中（Tế độ trung）：柩を埋葬場所まで送るための礼拝, 19.下棺（Hạ quan）：柩を

埋葬する，20. 返哭（Phản khốc）：死者の霊位を祠堂に持ち帰り，葬式を完全に終える儀式，21. 齋虞（Tế ngu）：三日後に墓で行う礼拝儀式，22. 卒哭（Tốt khốc）：百日後の礼拝，23. 小祥（Tiểu tường）：一年後の礼拝，24. 大祥（Đại tường）：二年後の礼拝。

　以上が「現在フエにおける葬式で普及している儀式のおおよそ」（ティエン［2011］）である。フエの埋葬の特徴は，墓地の面積がベトナムの平均に比べて非常に大きいことと，二重埋葬[3]を行わないことであるとティエンは述べる。

　このようなフエの葬送儀礼を他地方と比較して人類学的・宗教学的に解説することは筆者にはできない。しかし次の点について確認しておきたい。すなわち，葬儀の内容に立ち入ってみても，基本的に遺族，親族，地域の人々が主体となってこれらの儀式が実行されており，葬儀専門業者が介在している様子はないという点である。

　かつて筆者は，現在の日本の葬儀における主要アクターの役割を一覧表によって示し，現代の日本では葬祭業者などの役割が極めて大きく，彼らのサービス提供を抜きにしては葬儀が執行できないということを論じた（嶋根・玉川［2011］）。そうした観点からすれば，ベトナムの葬送儀礼において，葬祭専門業者の存在は大きくないことが理解できる。

2.3　ハノイ近郊農村の葬儀

　次に日本の人類学者の視点から，ベトナムの伝統的葬儀を検討してみよう。末成道男は 1994 年から 1997 年までハノイ市青池県新潮社潮曲村（làng Triều Khúc, xã Tân Triều, huyện Thanh Trì, Hà Nội）において人類学的調査を行った。その成果は『ベトナムの祖先崇拝 —— 潮曲の社会生活』［1998］，「人生儀礼——結婚と葬礼」［2008］などに克明に記されている。

　末成が現地調査を行った 1990 年代の潮曲村は，ハノイ市内とはいえ戸数 1347 戸，人口 6893 人の，市街地から離れた農村地帯でしかなかった[4]。

したがって末成が記述しているのは北部農村における伝統的な葬儀の様式を維持していた頃の情景と考えられる。またティエンの記述とは異なり，『寿梅家礼』などベトナム文化に通じた者の視点に引きずられることなく，局外者の目でベトナムの葬儀を観察している点がわれわれの分析には有益である。

　末成は葬礼を（1）死から埋葬までの諸儀礼，（2）埋葬後の儀礼，（3）週日毎の供養儀礼，に分けて記述している。各段階における儀礼についての項目は次のとおりである（末成［1998]）。

　（1）死から埋葬までの諸儀礼
1. 着替え，2. 亡霊飯，3. 式の準備，4. 喪服の種類と親族関係，5. 紅葬（hồng tang），6. 発喪（phát tang），7. 棺の到着，8. 魔鬼払い，9. 入棺，10. 復魂礼（lễ phục hồn），11. 奠贈（phúng viếng），12. 家族会議，13. 出棺，14. 道転がり[5]（lăn dường），15. 杖つき歩き[6]（chống gậy），16. 葬列，17. 旛を土に挿す，18. 度亡歌，19. 埋葬，20. 泣送歌
　（2）埋葬後の儀礼
1. 仮祭壇，2. 埋葬後の墓参り，3. 送神の礼（lễ tống thần），4. 三日目の宴会（tam nhật），5. 化金（hoá vàng），分禄（chia lộc），掃除
　（3）週日毎の供養儀礼
1. 初七日の儀礼，2. 第二週目の儀礼，3. 七週間目（thất tuần 四十九日）と五十日の儀礼

　細部ではさまざまな差異が見られるが，ティエンの記述によるフエの葬儀と構造的に異なるところはない。末成による東アジア文化圏の葬儀との儀礼的な類似や差異の分析には興味を惹かれるが，ここでは立ち入らない。むしろこれらの記述に見られる葬儀の参加者，実行者について触れておきたい。

　末成の詳細な記述に登場する人物（あるいはアクター）は家族，親族，地域住民（隣人，村の指導者・組長，仏教信者仲間），タイクン（thầy cúng

＝祈禱師）そして音楽隊などである。参加者について末成は次のように述べる。

> 葬列を大小の鉦を叩きながら指揮するリーダーとサブには，ソム（xóm：自然村のひとつ）内のしきたりに詳しい50歳代の人が選ばれる。柩かつぎの人々と同様，ご馳走に招かれるほか，特に報酬はない。見送りの会葬も全く自発的で，故人の交際範囲や人望により，その人数にかなりの差が出てくる。これを，記録することもない。（末成［1998］）

　文中では明示的には述べられていないが，この中で対価を払うのはタイクンと音楽隊に対してのみであると判断される。また棺，仏幡など，葬儀に必要なさまざまな仏具や食品の仕入れ先については触れられていないが，これらは業者から購入されていると考えられる。つまり1990年代におけるハノイ市内の農村部において，葬儀の実施に関するほとんどの実務は，家族，親族，地域集団によって行われており，葬具の購入などのごく一部だけが外部化され，金銭的に購入されていることが理解できる。

　以上，ティエン，末成にしたがって，ベトナム社会（キン族社会）において伝統的に行われている／きたと考えられる葬送儀礼の形を検討してきた。ここから次のようなことが確認できた。

1. ベトナムの葬儀の原型は中国の習慣をまとめた『寿梅家礼』に求められ，現在においても同書の影響力は非常に強い。
2. 葬儀の執行主体は家族，親族，地域住民，宗教関係者であり，葬儀専門業者によるサービスの提供は認められない。
3. 葬儀の中心的イベントは出棺から墓場までの葬列にある。

　末成のフィールドワークは今から20年ほど前のハノイ市内の村落部を対象としていた。それでは発展が著しい近年のハノイではどのような葬儀が行われているのだろうか。次節では2011年の筆者のフィールドワークに基づいた2つの事例からその変貌について検討してみたい。

3. ハノイにおける 2 つの葬儀

　筆者は 2011 年に 4 カ月間ハノイに滞在しながら，ベトナムの葬儀や先祖供養についてのフィールドワークを行う機会を得た。なかでも 4 月と 6 月に参列することのできた葬儀では，関係者からの聞き取り調査を行うことが可能になり，多くの情報を得ることができた。本節では 2011 年にハノイ市内で行われた 2 つの葬儀について，観察調査と聞き取り調査の内容とともに描写する[7]。

3.1　NH さんの葬儀の過程

　NH さん（80 歳代, 女性）は，2011 年 4 月 2 日午前 10 時ハノイ市内（ngõ Xã Đàn）の自宅で急逝した。自宅は市の中心地から 2 キロほどの市街地である。

　4 月 3 日から 4 日にかけて葬儀が行われ，多くの弔問客が訪れたり葬列に加わったりした。革命後ベトナムでは，繁文 縟 礼を避けるために 24 時間以内に葬儀を行うように政府から指示されている。時間，埋葬場所など，葬儀の段取りはお寺と相談して決める。届け出や親族への知らせ，寺院との交渉，金銭管理などは親族が役割を分担した。お手伝いは近所の人や職場の人，そして友人たちであり，次項のインタビュー記録に見られるように，「他家に冠婚葬祭があれば，周りの近所が援助するのが常識」なのだそうである[8]。

　4 月 3 日（土曜）午後に筆者は喪家を弔問した。

　弔問客は，名前を記した封筒に金銭を入れて用意する。受付で名前を記帳し，しばらく屋外で待つ。司会者に名前を呼ばれると屋内に入って，棺および遺影の前で拝礼し，焼香する。棺を左回りして遺族に声をかける。この間，音楽隊による葬送の音楽が続いている。向かいの小学校の庭が借りられており，弔問を終えると客と親族はそこでお茶を飲みながら話をする。当日は朝 7 時から夜 10 時過ぎまで多くの弔問客があったそうである。来客の弔問に

**写真 5.2　拝礼する弔問客
答礼する遺族の奥では楽隊が音楽を奏でている**

出所：2011 年　ハノイ市内にて著者撮影

対して親族は棺のわきに立ったまま答礼せねばならない。

4月4日（日曜）には親族と同じように午前8時に喪家を訪問した。近い親族は家の中で，遠い親族は家の外で待っている。8時半から追悼式が行われた。司会者のような人物が何かを読み上げていたが，宗教者は見当たらなかった。屋内にはフルーツや食べ物を積みあげた道教風の祭壇が用意されていたが，参列者が取り囲んでいる儀礼の中心は故人（柩）であった。9時に自宅から出棺した。追悼式と出棺時には少し興奮状態になる。これらの儀式の間音楽隊がずっと演奏している。出棺のさいには「道転がり」の儀礼は見られなかった。

バン（霊柩車として救急車を借りたもの）に棺が載せられて，自宅から大通りまでの数百メートルを葬列を組んで移動した。葬列の構成は次のとおり。花輪を持った男女，仏幡を持った一群の婦人たち（バーバイ：在家信者），音楽隊，遺影，仏幡の順。その後息子（に相当する男性遺族）たちが霊柩車の前を「杖つき歩き」（chống gậy）で後退していく。霊柩車の後ろには娘たちがつき従い，その後ろを参列者がぞろぞろと歩いていく。遺族の服装は『寿梅家礼』に定められたとおり，質素な服にガーゼのような白の衣服を重

写真 5.3　NH さんの田舎における葬列
出所：2011 年　xã Liên Bạt にて著者撮影

ね着したり，頭に白の木綿布を巻いたりする。男女や故人との関係によってこれらは厳密に定められているそうである。参列者の衣服は黒ではなく，普段着に近い服装のようである。そろいの衣服を着ているのは，白のワイシャツに黒の帽子とズボンの音楽隊員と，仏幡を持って先頭近くを歩く婦人たちの民族衣装のみである。

　大きな通りで，遺族は柩とともにバンに，近親者や友人たちはバスに，花束はトラックに乗せられて 30 キロほど離れた故郷（xã Liên Bạt）へ移動した。遺族は死者に手向ける模造紙幣をときどき窓から撒いている。

　村では故郷の人たちが葬儀の準備をして待っていた。柩がバンから木製の手押しの霊柩車に移され，市内から運ばれた花輪で飾られる。遺影は輿型の移動式祭壇に載せ換えられる。もう一度葬列が構成され，村の中心から墓地までかなり長い道のりを歩く。

　葬列の構成は次のとおり。仏旗を持った男性（2 人），仏幡を持った茶色の衣服の婦人たち（8 人），大きな仏などを描いた幟を持った若い男女（服装から親族関係と思われる，5 人），仏旗（男性 1 人），銅鑼と太鼓（2 人），遺影を納めた輿型の祭壇（担ぎ手 4 人）。交通整理あるいは指示役（親族の男性 1 人），ハノイから同行している音楽隊（4 人），「杖つき歩き」をする「息

写真 5.4　村の若い人々によって墓穴に下ろされる柩
出所：2011 年　ハノイ郊外にて著者撮影

子」(5人)，木製霊柩車引き手 (8人程度),「娘」(約8人)，後に続く人々 (60人以上)，その他ところどころに子供や付き添いの人々がいた。これだけでざっと 100 人を超える葬列が延々と続いた。

　主要道路を離れた葬列は，寺や墓石がならぶ墓地を通り過ぎ，田んぼの中へと入っていく。典型的な北部農村の田園風景である。墓穴は田んぼの一角にあった。すでにそこには穴が掘られている。近くには埋葬が終わったばかりの別の墓もあった。墓穴は 4 段に掘られてロープが渡してある。頑丈そうな木で作られ，金具で装飾された柩が男たちの手で下ろされる。働いているのは近隣の住民たちのようで，親族はそれを見守っている。柩がきちんと穴に納まると，人々が見守る中で男たちが埋め戻しを始める。しゃがみこんで泣く娘，呆然と立ち尽くす親族などいろいろである。葬列を構成していた参列者たちは，三三五五に帰り始めている。

　盛り土がされるころには，ほとんどの参列者は帰ってしまい，輿も霊柩車も消えていた。村の男たちが働くあいだ，親族は手持無沙汰のようでもある。1 メートルほどの高さに土が盛られ，石板の墓標と遺影が立てられ，その周りを花輪で飾る。ここでようやく宗教者が登場する。

最初の宗教者は儒教的な服装をしたタイクンである。線香をたき，経文を唱えている。親族の女性（娘）と幾人かの若い人々は，手を合わせてその様子を見ているが，男たちはタバコを吸ったり，おしゃべりをしたりしてあまり関心がなさそうである。タイクンの祈りは15分ほど続いた。

それが終わると軍か警察の制服のような衣服を身に着けた男が2人，別な祈禱を始めた。空中に文字を書いたり，墓に何かを供えたり。祈禱の内容はわからないが，今度の祈禱者たちの所作には男たちも神妙である。

宗教的な儀礼を行ったのはこの2組であった。遺族は別に儀礼に参加するわけではない。ただ見ているだけである。すべてが終わると，娘が1人，あぜ道から墓に降り何事かをしていた。

これでその日の葬送儀礼は終了である。村の集会所を借りて，宴会が催された。食事の準備と接待は村の女性たちの仕事である。料理は白い強飯，鶏肉，炒めた野菜など9品，それに酒である。思い思いに席に着き，飲み，食べ，話す。親族は葬儀に参加してくれた人々を積極的にもてなしているようであった。

次項ではこの葬儀の内部的な状況を知るために，後日親族に対して行った聞き取り調査から重要部分を紹介しておこう。

3.2 NHさんの親族の証言

葬儀終了から4カ月後に聞き取り調査を行った。対象者はNHさんの実の娘とその夫である。以下のインタビュー記録は，通訳者を介して2人から聞いた内容を，ベトナム語で書き起こし，それを日本語に翻訳したものがベースになっている。以下では読者が理解しやすいように，話者が自分の母親の葬儀について語るという形式でインタビュー記録を大幅に編集したものである。

母には夫と5人の娘がいました。母にはこれといった病気もなかったのですが，4月2日の午前10時にちょっとトイレに立って，具合が悪くなり

そのまますぐに亡くなってしまいました。お医者さんは心臓が悪かったのだと言っています。すぐに子供たちが集まって葬儀についての家族会議を行い，役割を分担しました。家を片づけたり，葬儀場の申し込みをしたり。やらなくてはならないこととして，第1に母の死を親族に知らせることと，第2に役所に死亡届を出すなど法律的な手続きを進めること，第3に納棺や埋葬に適した時間を教えてもらいに寺院に行くことです。あとは葬祭場の予約をしたり，葬具を購入したりすることでしょうか。

　お葬式に適した時間をお寺に行ってお坊さんに伺わなければなりません。行ったのは Kim Lien 寺です。お寺であればどこでもいいですから。時刻が決められるとどこで葬儀を行うべきかも決まります。

　お葬式は田舎では自宅で行うことが多いのですが，都会では普通葬儀場で行います。自宅で行うことにした理由は，その日，その葬儀場ではたくさんの葬式が行われる予定だったため，自由に時間を選ぶことができなかったからです。それではお坊さんに教えていただいた時刻とずれてしまいますので自宅葬を選択しました。母には伝染病もなかったので，衛生的な問題はありませんでした。ご存じのように，うちの家は狭いですが絶対に葬儀を行えないわけではありません。なんとかできると家族全員が一致しました。

　お通夜は，交代で夜通し起きています。習慣どおりに夜中の12時に3回お柩を上げたり下げたりしました。また亡くなった母の体がだるくならないように，寝返りを打たせてあげました。その儀礼が終わったらグループに分かれて交代で朝までお通夜をしました。

　ベトナムのしきたりとしてお葬式の準備にはご近所の方たちがいろいろと助けてくれました。ベトナムでは「遠い兄弟を売り，近い近所を買う（"Bán anh em xa mua láng giềng gần" ＝遠くに住む親戚よりも，ご近所の人々にお世話になる）」ということわざがあります。それで，近くのご家庭に冠婚葬祭などがあったら，近所が援助するのが常識です。また納棺後に，近所の人たちがお悔やみに来ます。朝早くから夜遅くまで弔問客が絶えませんので，親族は交代で柩のわきに立ち，応対をします。

第5章　変貌するベトナムの葬送文化　135

　4月4日の朝8時から追悼式が行われ，母の遺体を墓まで送りに行きました。その日は天気がよかったし，みんなも互いに協力したので，仕事が時間どおりに順調に済みました。8時に家に集まり，8時半に追悼式をして，9時に葬送を始めました。

　お棺を，霊柩車に移す前に，近所の人たちも見送りできるようにしばらく担いで歩いていました。霊柩車に時間どおりに来てもらうように，予約しないといけませんでした。霊柩車は8時半に来ましたね。

　田舎に到着したのが10時です。10時半が埋葬でした。母は田舎の墓場に埋葬しました。かつて都市の住民は市の墓地に土葬していました。けれども現在では土葬のかわりに，火葬にすべきだと市が呼びかけています。そして骨壺は，それぞれの家族によりますが，市の墓地か，Yên Kì 霊園かに納骨することが多いそうです。うちの母は田舎の墓地に土葬しましたので，3年経ってから改葬をします。

　墓場で田舎の人が大勢集まったのをご覧になりましたね。それは，故郷の人たちは都合でハノイまで来られなかったので，田舎で葬列に参加するために待っていたためです。うちの家族が時間を知らせてあったので，故郷の人たちが母の埋葬の前に，お悔やみに来たり，諸手続きを手伝ってくれたりしました。

　参列者の数は，客観的な要素と主観的な要素によって決まるようです。客観的な要素としては，亡くなった人に兄弟や親族が大勢いたら参列者も多いはずです。主観的な要素としては，亡くなった本人とその家族の顔が広く，豊かな社会関係をもっているかどうかということです。たとえばその家族に役職につく人がいれば参加者の数は多いですね。うちの母の葬式では，正確に調べたわけではありませんが，だいたい400人くらいだったと思います。母は老人会に入っていましたから，知らせを聞いて老人会の人々も全員駆けつけてくれました。

　母のお葬式では，各手続きはほとんどうちの家族が負担しました。故郷の人たちは村の葬儀班に知らせたり，お葬式用具を借用したりして，いろいろ

手伝ってくれました。

　僕（夫）の母のときは，Văn Điển 墓地で土葬したので，すべての事務は墓地の専業者が担当しました。しかし今回のお葬式は故郷の人がすべてやってくれました。うちの家族が頼んで，親族や知り合いが助けてくれたのです。故郷の人には時間を知らせてあったので，田舎での準備がうちの家族の都合とぴったり合いました。

　このようにお葬式を手伝ってくれた人々に対しては，基本的にお礼をしなくても大丈夫です。ただ感謝の言葉を伝えるだけです。みんなは温かい感情を重んじていますから。「義死は義尽なり（Nghĩa tử là nghĩa tận ＝亡くなった人に対する義を表す最後の機会）」ということわざがあるように，ベトナム人にとって，そういうことがちゃんとできたら，心の奥がなんだか和やかに感じます。もし都合が合えばご飯の接待をすることもあります。私（妻）の事務所には，お葬式の翌日に，お礼としてお茶などを持ってきました。

　母の葬儀（土葬）の時には，2組の宗教関係者に来てもらいました。実はその直前に家族の一人が亡くなったばかりで，お葬式が続いたので，入念にお祓いをしてもらったのです。

　黒い服を着たタイクンには入墓という儀式をしてもらいました。お墓というのは，母のこれからの家ということになります。普通はこの人だけで十分です。2番目のタイクンは邪気を祓う儀式をした人です。彼らは以前軍隊にいましたから，緑の服を着てきたわけです。しかしこの儀式は軍隊とは全く関係ありません。

　黒い服を着たタイクンには tùy tâm（感謝の気持ちはどのぐらいか，そして自分の余裕はどこまであるかによる）でお礼しました。たしか 400 ～ 500 万ドンぐらいですかね。

　お葬式のあとには三日，初七日，四十九日の儀式がありました。四十九日が大事なので，その時にもタイクンに来ていただきました。実は僕（夫）にもなぜこの儀式が行われたのかわかりません。霊を祭るというのは，少なくとも残る人を安心させるためです。社会全体では迷信と見なされて，奨励は

第5章　変貌するベトナムの葬送文化　137

されていませんが，昔からのしきたりなのです。

　お葬式全体にかかった費用についてですか。誰が負担するかは，亡くなった人と残る人との関係によって決まります。うちの場合，長男（女婿）が支払いに主な責任を負うことになりました。大事なできごとなので，役割分担を決めるために家族会議を行いました。もし長男にお金がない場合，家族のだれか，あるいは家族全員が一緒にお金を出します。この支出はすべて記録されるわけです。

　実際にお金を管理したのは娘のＯさんです。お金を客観的に扱うために，支出者はＯさんに領収書を渡す必要があります。お葬式のとき長男がいろいろ心配したり困惑したりしないように，兄弟は真面目に協力しなければなりません。

　多くの参列者からお香典をいただきましたが，それについて考えるのはお葬式後の話です。お香典でお葬式を行うわけではありません。お葬式のあいだ，お香典は頑丈な箱に入れてあります。諸事務を全部終えた後，その箱を開けます。ある人がどのぐらいお香典を供えたか，きちんと記録する必要があります。これからその人の家族に葬儀があれば，自分の家族が適当なお香典を用意するためです。うちの家族の場合，お香典として合計で約１億ドン（約50万円）をいただきました。

　その後，この金額が計算され，各事務のため必要だった分に充てられます。長男に経済的な余裕がなければ，すべての支払いを負わなくて大丈夫です。一部の支出が還付されます。そして残った金額はこれからの儀式に使われることになります。相当な金額だったら，毎年の儀式のために銀行に貯金しておくのもいい方法です。

　以上が，前日の弔問から出棺，葬列，土葬，供宴まで２日間にわたる葬儀の流れである。儀礼の内部にまで立ち入れないので，前節の『寿梅家礼』に基づく伝統的な葬儀様式に厳密に則っているかどうかはわからない。自宅を葬儀会場としたということもあり葬送儀礼の基本構造は，一点を除いて大

きく異なるところはないように推察される。その相違点とはこの葬儀ではハノイ市内と故郷の農村において異なる共同体メンバーによる葬列が組まれたことである。その理由の説明は容易である。

伝統的な葬儀は村落共同体の内部で完結するように構成されてきた。したがって家での死亡，家での葬儀準備，弔問，そして村の墓地までの葬列などの葬送儀礼の一切は，大きな移動距離をともなわず，村内で完結することが普通である。

ところが現在のハノイ市に住む都市住民のほとんどはそのルーツをたどれば，市外から流入してきた人びとである。しかもハノイ市が近代都市として成長してきた歴史を考えると，現在の都市住民の多くは移民世代1世から2世が多くを占めていると思われる。後に見るようにベトナム人は近隣コミュニティとの関係をとても重視しているが，それは現住するコミュニティと同時に，自分が生まれ育ったコミュニティとの関係を重視するということでもある。したがってNHさんの葬儀の事例に見られるように，伝統的な形式を維持しつつ，2つのコミュニティの関係者との別れを体現しようとすれば，儀式は2カ所で行われなければならないことになる。都市への人口の流入の結果，都市と農村に2つの所属コミュニティをもつ人々が出現し，その要求を満たすための過渡的な現象であると思われる。

3.3　ハノイ市内で行われた告別式

NTさん（女性）は2011年6月25日に84歳でハノイ市内の病院で亡くなった。ハノイ市内での告別式は6月27日，その翌日故郷のゲーアン省において埋葬された。筆者が観察できたのはハノイ市内での告別式である。この葬儀に関するインフォーマントは大学教授である息子である。この事例は，先の事例1ほどには精密な観察や聞き取り調査が行えなかったので，以下の記述は観察と聞き取りを交えた情報によって記述する。

告別式は朝7時半から9時半にかけてハノイ市内にある陸軍中央病院付属の葬儀会館（Nhà tang lễ Bệnh viện Trung ương Quân đội 108）で行わ

れた[9]。直接には故人が病気治療のためその病院に入院していたことによるが，故人の長男が高位の軍人であることも関係している。それゆえこの葬儀には多くの軍関係者が手伝いに来ていた。またハノイには長男のほかに4人の息子たちが居住しており，いずれも社会的な成功を収めた人びとである。したがってこれから紹介するのは，社会階層の上位に属する家族の葬儀ということになる。この葬儀会館は東京の青山葬儀場のメインホールよりも広くて天井が高いといえば，その大きさが想像できよう。

　筆者が定刻に会場に到着すると，会場前の周りには花輪が立てかけられ，係員，軍人などが待機していた。会場内には親族がすでに詰めており，親族は黒い衣服（男性は黒いズボンに黒いシャツ，女性もそれに準じるもの）を着用し，それぞれ頭には白い布を巻きつけている。係員，軍人以外の人びとも先の事例に比べると黒を基調としたややフォーマルな衣服が多い印象を受けた。

　会場に到着して，まずしなければならないことは，記録係（Đăng ký viên）の机に行って，香典を渡し，記帳することである。あとは司会者の呼び出しを長時間待つ。多くの人びとは職場単位・地域単位で来ているため，10〜20人単位のまとまりごとに屋外で待機しており，呼び出しを受けると花輪または仏幡を先頭に入室する。ホール内には荘重な音楽が流されている。花輪・仏幡は遺族や来場者に見えるように，柩の横にいったん置かれる。奥から遺影，柩，祭壇の順に配置されており，弔問客は遺影や柩に手を合わせて拝礼後に，柩を左回りに一周する。順路は遺族の前を通ることになっており，遺族に拝礼しながら通り過ぎ，遺族は直立したたま手を合わせて答礼する。

　参拝客の数を数えることはできなかったが，数百人は続いたと思われる。インフォーマントによれば彼が勤務する大学においては，教員自身と妻ならびにその親が亡くなった場合には，副学長がかならず葬儀に出席するということである。したがって遺族の職場関連の参列者はかなり多いと考えられる。弔問集団の呼び出しの順番がどのように決定されるのかは不明である。呼び

写真 5.5　葬儀会館における葬儀
　　　　　呼び出しを受けたのち花輪を先頭に集団ごとに入場し，拝礼する
出所：2011 年　ハノイ市内にて著者撮影

出しは司会者が行っている。

　集団ごとの弔問が終わると，親族による挨拶が行われた。3 人が壇上に上がり，いずれも事前に準備した原稿を読み上げた。内容を聞き取ることができなかったので，この挨拶が母（死者）に語りかけられたものなのか，参列者へのお礼の言葉だったのかは定かではない。

　挨拶が終わると親族が柩の周りを回って，主要な儀礼は終了となる。遺影を持つ喪主に続いて，その後ろにその子たちが，仏具と香炉を捧げて先頭に立つ。柩の飾りが取り除かれ，ホール正面に停車している霊柩車（白の中型バス）まで運び込まれた。霊柩車は柩の周りに 20 人程度の親族が着席できる構造になっている。近い親族はバスに乗り込み，出棺となる。

　出棺は先の事例に見た葬列の形式の一部だけを残している。遺影を持った人に続き，大きな仏幡を掲げた黒服の 3 人が歩く。その後ろを遺族が乗車した霊柩車が行き，多くの参列者が正門までの 100 メートル弱の道のりを続いて歩く。正門前で葬列は一時停止し，バスから喪主が参列者に挨拶を行う。ここで葬列は終わりである。遺体と親族を乗せたバスに続いて花輪を満載したトラックが，ゲーアン省までの 240 キロの道のりを移動する。

筆者が観察することのできた葬儀は以上である。ここから先はインフォーマントからの情報である。翌々日，故人はゲーアン省アインソン県（xã Đức Sơn, huyện Anh Sơn, tinh Nghệ An）の墓地に土葬された。故郷でも多くの人が葬儀に参列してくれたそうである。NH さんの事例と同じような手順で葬列が組まれ，埋葬されたのではないかと推察される。

この事例では葬儀後の週日祭についての話を聞けたので記載しておく。35 日祭をゲーアンで行った。ハノイに住む 5 組の息子夫婦と 12 人の孫，その他の親族が集まり，タイクンを呼んで祈ってもらった。すると母の霊が長男の嫁に憑依し，そして孫の 1 人に，「この土地はお前に合っている，よく勉強するように」と語ったそうである。ベトナム人の呪術的な信仰の深さがよく理解できるエピソードである。

以上が 2011 年にハノイ市内で行われた 2 つの葬儀である。

80 歳代の女性という故人の属性のほかにも両者にはいくつかの共通点がある。いずれも出身地と強いつながりをもっているという点。火葬を選択せず，告別式ののちに故郷まで運ばれて土葬に付されたという点，などである。

一方，次の諸点では両者は異なっていた。自宅死と病院死。自宅葬と葬儀会館葬。葬儀を専門職とする人の有無。葬列が儀礼の中心を占めているか，弔問・礼拝が中心となり葬列が形骸化してしまっているかなど，表面的な観察だけでも随分と大きな違いを見てとることができる。

2 節で述べたように，ベトナムの葬儀の基本には『梅寿家礼』という形式があり，それが長らく維持されてきた。しかし病院死や火葬，会館葬などの増加は儀礼の大枠を変え始めている。またこのことは基本的に地域住民の共同行為によって成り立ってきた葬送儀礼を，日本社会のように専門職の手に委ねる契機となっていくと推測させる。

次節では葬送儀礼の後の部分，すなわち墓がどのように変貌しているのかについてベトナムの墓制から考察したい。

4. 大都市近郊の公園墓地の誕生

これまでに述べてきたように，北部ベトナムにおいては土葬の後，数年後に収骨して再埋葬する二重埋葬が行われてきた。それが現在の墓地形成にどのように現れてきているかを，筆者のフィールドワークから紹介してみることにしよう。

4.1 農村における血縁集団墓地

ベトナムの村落社会にはゾンホ（dòng họ）という父系血縁集団がある。末成によれば「上層になると，始祖や派祖の位牌を祀る祠堂を建てたり，一族の系譜関係，祖先の事跡，命日あるいは墓の位置などを記した家譜……をもつ」（石井［1999］）とされる。また「一族の祠堂，墓，その変形としての烈士の墓地……などは，……広義の祖先祭祀が行われる場である」（末成［1998］）と述べる。ゾンホは村の生活の中心的な社会関係を示していた。

写真5.6（次頁）はナンディン省ザオトゥイ県で撮影したゾンホの墓地の写真である。正面には始祖が祀られ，手前には改葬された骨が納められているという説明を聞いた。ここには始祖を中心とするゾンホの社会的空間配置が死後も続いていることが理解できる[10]。

4.2 ハノイ市内の墓地

では都市住民はどのような墓地に埋葬されているのであろうか。次にハノイ市内の墓地について見ておくことにしよう。都市化が十分に進行していない市の周辺部を散策すると，思わぬところで墓地に出くわすことがあった。ここで紹介するバンクエン墓地（Nghĩa trang Văn Quán）は，末成がフィールドワークを行った潮曲から数キロと離れていない。墓地はバンクエン湖（Hồ Văn Quán）に隣接しており，そこは市民の憩いの場である。地図上から計算すると東西140メートル，南北150メートルというそれほど大きく

第 5 章　変貌するベトナムの葬送文化　　143

写真 5.6　ナンディン省ザオトゥイ県の血縁集団の墓地
出所：2011 年　ナンディン省にて著者撮影

ない墓地である。

　正面入り口から入ると，内部は北部の「ドライエリア」と南部の「ウェットエリア」に分かれている。ドライエリアには整然と石の墓標と祠堂のようなものが立っている。ざっと見たところ石の墓標は個人墓，夫婦墓，家族墓に分類されるようであるが，ナンディン省で見たような巨大な血族集団墓は見当たらない。小さなものは奥行 1 メートル幅 80 センチほど，大きなものでは奥行 2 メートル，幅 3 メートルを超えるものもある。石の種類やデザインもさまざまで所有者の階層差を感じさせる。ドライエリアにはまだかなりの余裕がありそうである。

　一方ウェットエリアは草むらに小さな土まんじゅうと石碑が立つだけで，荒れ果てた感じがする。それぞれの地面の下にはいかにも死体が埋まっているようだと，表現すればよいだろうか。つまり南部地域は土葬墓になっており，数年後に改葬されて北部のドライエリアに移されるまでの一時的な埋葬場所であると考えられる。

　このようにバンクエン墓地では墓の単位は，個人，夫婦，家族に限定されており，農村地帯のような血族集団的な関係が弱まっていることを推測させ

写真 5.7　バンクエン墓地南部エリア（土葬墓）
出所：2011 年　ハノイ市内にて著者撮影

る。

4.3　ハノイ市の市外墓地

　都市地域への急激な人口集中は，墓地への大きな需要をもたらす。しかしながら生きている人間のためだけでさえ不十分な都市の面積は，死者のための土地（墓地）を十分に用意することはできない。むしろ墓地が再開発の対象になる場合さえある。そこでハノイ市は市の郊外北東約 50 キロの場所にイエンキー墓地（Nghĩa Trang Yên Kỳ）を開発して，市民に分譲し始めた。ソンホン（Sông Hồng）川流域の田園地帯に東西，南北にそれぞれ約 900 メートルにも及ぶ巨大な公園墓地である。イエンキー墓地全体で何基の墓があるのかを調べることはできなかった。しかし墓石の清掃を仕事にしている近所の住民によれば，市は近接する農地を接収し墓地域をさらに拡大しようとしているということで，これでも墓地は不足しているのであろう。実際，墓参に連れて行ってくれた友人は，市政府とのコネクションがないと，そう簡単には墓地の使用権は得られないと語っていた。
　広大な墓地のすべてを見たわけではないので，見学した範囲での知見と印

第 5 章　変貌するベトナムの葬送文化　　145

写真 5.8　墓石が整然と並ぶイエンキー墓地
出所：2011 年　著者撮影

象を述べる。この墓地のメインゲートは南東方向にあり，そこから入っていくと車を駐車できる広場がある。訪問したのが清明節（Tiết Thanh Minh）であったこともあり，付近には出店があり，飲み物，食べ物，お供え物を販売している。内部は南北から約45度傾いて格子状に道路が走っており，いくつかのパートに分かれている。それぞれに大規模な墓，個性的な墓が集まった場所，同じ色，形でできた墓が連なった地区，などさまざまである。中には十字架を付した墓が集まる一角もあった。小さなものは幅が1メートルたらず。奥行きは1メートル強の同じデザインの墓石で，身を寄せ合うように整列している。天然石でははなく，コンクリートの型で作られたものもある。これらの多くは個人墓であり，火葬後，あるいは土葬後に再埋葬するための墓と考えられる。一方，大きなものは幅1.5メートル以上，奥行き3メートル以上の寝台型をした墓石があり，こちらは土葬用と判断される。

　このように，個性的で巨大な墓石が余裕をもって並ぶ一帯と，小さく標準化された墓石が密集して並ぶ一帯があり，墓の所有にも大きな経済的格差が反映されていることを予測させる。

　ハノイの中心から約50キロには，めぼしい公共交通機関はない。高速道

路を自家用車で移動しても1時間以上はかかるような遠距離である。多くの市民の足である二輪のバイクであれば2時間以上要すると思われる。このような場所にハノイ市民のための市営墓地を造らざるをえず，しかもそこが満杯になりかけているところに，現在のベトナム社会の問題の一端が表れている。

4.4 建設中の高級公園墓地

次に紹介するのは，ラックホンビエン（Lạc Hồng Viên）という最新鋭の公園墓地（パンフレットでは「超公園墓地」と称されている）で，ホアビン省キーソン（Tinh Hòa Bình, Kỳ Sơn）に現在建設が進められている。上に紹介したイエンキー墓地よりもさらに遠く，ハノイの中心部から約60キロ，高速道路を利用しても自動車で1時間半程度かかる山岳地帯の中腹にある。

ホアビン省はベトナムにおける最貧地帯の一つである。またこの近辺の山岳地帯はベトナム人の祖先の地域と考えられている。地価が安く，ベトナム人（キン族）の意味世界という点においても，同地は墓地として適合的なのであろう。

同公園墓地のオーナーはドイツでインターネットサーバーなどの電気設備関係の仕事で財を成して帰国した実業家（越僑）である。この計画を実現するために中央政府，地方政府からの許可を得るのに5年を要した。2009年に開発を始め，完成は2018年の予定である。一部の地元住民からは反対があり，彼らの説得に努めるとともに，何家族かは立ち退いてもらったそうである。現在一部のみが開放されており墓地使用が始まっているが，大部分の建物は建築中であり，整地も未完成な部分が多い。

全体の造形は風水思想からできており，人工の湧水，川，池などがしつらえてある。見ることはできなかったが水力発電所もあるのだそうだ。また公園墓地の中心には，葬礼，食事，休息などができる多目的ホールが用意され，午前3時に行われることが多い早朝の葬儀に備えることができる。広い公園内の移動は，将来的には電気自動車で行うという未来的な計画もある。

第 5 章　変貌するベトナムの葬送文化　147

写真 5.9　ラックホンビエン墓地・家族向け高級墓地
出所：2013 年　著者撮影

　ハノイには何箇所かこの公園墓地の販売拠点があり，ここの開発者は明らかにハノイ市民，特に都市ブルジョアジー層を購買者のターゲットとしている。少し大きめの 30 平方メートルの区画が 1 平方メートルあたり 500 ドル，最大で一区画 200 平方メートルで 100 年間の維持費前払いを含めて 50 万 US ドルなどの墓は，到底庶民の手に届く価格ではない。こうした超高級公園墓地が競って購入され観光の名所になるのか，それとも数十年後には廃墟になってしまうのかは，ベトナム社会の行方と関わっているだろう。
　この墓地から見えてくることは，1 つにはベトナム社会の経済格差の広がりである。およそ庶民の手には届かないような価格の墓地が販売され，それを購入できる社会階層が生まれ始めている。もう 1 つは，家族の範囲の縮小である。何世代にもわたって使用できる大家族用の区画もあったが，現実的には個人墓や核家族，あるいは夫婦単位の墓が多いような印象を受けた。少なくとも血縁集団墓のような世代を超越した祖先祭祀を前提とする墓地は見当たらないように思える。
　墓地の観点から見ると，ベトナム村落社会の根底を支えてきた血縁集団は人口構成の変化と人口流動によって，大きく変質してしまったのではないだ

ろうか。

5. まとめ

　ベトナム社会の発展により，葬送文化がどのように変貌しているのかを，フィールドワーク調査から明らかにしていくことを目的として本稿を論じてきた。

　そのために第2節ではベトナム社会の伝統的な葬儀のありかたについて先行研究をもとに記述した。ベトナムの葬儀には『寿梅家礼』が基礎となっていること，フエやハノイの葬儀もおおむねこの形式に即して行われている／行われてきた，ことが明らかになった。

　第3節では，2011年に筆者が参加することのできたハノイ市内での2つの葬儀の事例について，外見的な観察記録をインタビュー記録で補いながら記述した。第1節で確認した伝統的な葬儀の形式を残しつつも，一部は変形しつつあることが明らかになった。病院死，会館葬，火葬などに加えて専門業者のサービス提供が，今後の葬儀を変えていくのではないかと予測される。

　第4節では，墓制の変化について概観した。村落社会では祖先を同じくするゾンホ（血縁集団）の墓地が見られた。ハノイ市内の墓地ではそうした集団墓を発見することはできなかったが，土葬の習慣に対応できる部分もあった。市民墓地は市内から遠く離れた場所に造られている。また都市の上流階層に向けた高級墓苑が販売され始めていることが確認された。

　ここからいくつかの論点を引き出すことができるだろう。

　ハノイにおける2つの葬儀から，都市住民と故郷との間に残る深い絆が見られた。同時に都市住民としての親密な近隣関係も聞き取り調査から知ることができた。しかしこれらは今後も維持されていくのであろうか。

　郊外墓地の登場からは，現在生じているのは墓地バブルではないかとも思える。人間は職を求めて都市に集まり，住宅と食料を買いあさりながら豊か

になっていく。ある程度豊かになったときに考えるのは,「死後どのように葬られるのか」「死後どこに埋葬されるのか」ということである。ベトナム経済の発展とともに,葬儀は親族と地域住民による手作りの儀式から,サービス産業に組み込まれて商業化されたイベントになっていくであろう。結婚式はすでにその道をたどっている。これらの動向は日本の高度経済成長期の葬儀と墓の変化からも予測される方向である。

　ベトナム社会では現在多くの人々が仕事を求めて都市に集まっている。都市に集まった人々が求めるのは大量の食料とエネルギーそして住居である。そして彼らが数十年後に必要とするのは最後の(永遠の)住まい,すなわち墓地である。現在の人口学的な「ゴールデン・エイジ」は,やがて急速な高齢化と家族変動をもたらすことは明白である。その時には歴史的に培われてきた共同体的な価値観のみによってでは,現在の社会制度は維持できないことが十分に予測される。それに対応するための社会制度とインフラストラクチャーを計画的に構築することが,今後必要とされるであろう。

【注】
1) どの地域にでもいる呪術師。葬儀の次第を決めたり,埋葬時に祈祷を行ったりする。
2) 米をひとつまみと金属硬貨3枚を死者の口に入れること。黄泉路の食事と路銀である。
3) 「死者の埋葬方法は北部を中心としてボクモ(卜墓)という風習があり,土葬して2〜4年後に日時や地相を占い遺骨を洗骨したうえ,墓へ改葬する」(石井 [1999])がベトナムでは一般的であった。後述するように都市部では火葬が推奨されるようになってきている。
4) 市の中心から8キロという近さで,現在の潮曲村は急激に都市化が進行している。末成の調査から20年後の現在では3651戸,人口1万9357人にまで膨れ上がっている(ベトナム社会科学院ダン・ティ・ビエット・フオン氏の教示による)。その多くは人口流入による社会増であると考えられ,現在の潮曲村で伝統的な儀礼がどのように変化しているかは興味深いところである。
5) 「棺が出るとき,娘,嫁たちが,内庭の地面に父の時には外,母の時には内向きに横になる。その上を,集落の人々に担がれた棺が,人混みをかき分けるようにして超えて門を出る。……危険でもあり,社の幹部が『改進』すべき腐俗の1つとして挙げている」(末成 [1998])
6) 「出棺のとき『父は送り,母は迎える (cha dưa me dón)』と言って,父の場合,息子

全員が進行方向に杖をつきながら歩くが，母の場合は，『進行方向とは逆に後ずさりしながら歩く（đi lùi）』とされる。息子の役割である」（末成［1998］）

7）これらの葬儀については遺族からあらかじめ葬儀への参加と写真撮影などの許可を得ていた。次項で述べるように，後日聞き取り調査をする機会を得た。事前に研究の目的について理解いただき，事実の公表についての許可を得ている。

8）専修大学社会知性開発研究センター社会関係資本研究センターがベトナム社会科学院社会学研究所に委託して実施した意識調査では，都市部において98.5％，農村部において95.0％の人が近隣住民の葬儀に出席すると回答している（2010年から2014年にかけてナンディン省ナンディン市およびザオトゥイ郡で実施。有効回答数は400。詳しくはShimane［2014］を参照のこと）。この結果からもベトナム社会では近隣に葬式が出た場合には，多くの人が駆けつけることが裏づけられる。

9）ベトナムの葬儀会館は病院に付設していることが多い。

10）写真のような墓地が伝統的か否かについては留保して考える必要があろう。このような構築物を形成するにはそれなりの資産が蓄積されなければならず，外見からも近年に構築されたもののように思われる。

【参考文献】

Ánh, Toan, *Phong Tục Việt Nam*（『ベトナムの風俗』），Nhà sách Khai Trí.

Cu, Nguyen Đinh & Nhung, Tran Thi［2013］，"Gold" Population Structure and Social Security Issues of Vietnam: Opportunities and Challenges,『専修大学社会科学研究所月報』No.605, 専修大学社会科学研究所。

石井米雄編［1999］，『ベトナムの事典』角川書店。

オワイン，グエン・ティ［2012］，「ベトナムの習慣と信仰を古典文学に探る」日本文化研究所（http://www.nichibun.ac.jp/graphicversion/dbase/forum/pdf/fn252.pdf）

Phuong, Dang Thi Viet.［2015］. *The Collective Life: The Sociology of Voluntary Associations in North Vietnamese Rural Areas*. Hanoi: Vietnam National University Press.

嶋根克己［2009］，「葬送儀礼と墳墓の社会的変容」川崎市民ミュージアム編『墓から探る社会』雄山閣。

嶋根克己・玉川貴子［2011］，「戦後日本における葬儀と葬祭業の展開」専修大学人間科学学会『専修人間科学論集（社会学篇）』第1号。

Shimane, Katsumi［2012］, The Experience of Death in Japan's Urban Societies, *Invisible Population: The place of Dead in East Asian Megacities*, ed. Natacha Avelin-Dubach, Lexington Books.

Shimane, Katsumi［2014］, "Funeral Ceremony as an Embedded Social Capital",『専修大学社会科学研究所月報』No.613。

末成道男［1998］，『ベトナムの祖先崇拝——潮曲の社会生活』風響社。

末成道男［2008］,「人生儀礼——結婚と葬礼」, 板垣明美編『ヴェトナム：変化する医療
　と儀礼』春風社。
ティエン, グエン・クアン・チュン［2011］,「フエにおける葬礼への宮廷文化・仏教・
　儒教の影響」, 上田新也・西村昌也訳, 関西大学文化交渉学教育研究拠点『陵墓からみ
　た東アジア諸国の位相——朝鮮王陵とその周縁』関西大学文化交渉学教育研究拠点。
Trường, Xuân［2013］, *Thọ Mai Gia Lễ và phong tục của người Việt*,（『寿梅家礼およびベ
　トナム人の風俗』）Nhà Sách Hương Thuỷ.

謝辞
　本研究は JSPS 科研費 JP 25380642「近代化と葬儀の変容に関する実証的研究——日本
とベトナムの比較を中心として」の助成を受けたものです。また平成 26 ～ 30 年度文部
科学省私立大学戦略的研究基盤形成支援事業 S1491003 の成果の一部を使用しています。
ベトナムでの調査に当たっては Phạm Hoàng Hưng 氏, Nguyễn Thiện Nam 氏に, ベト
ナム語の文献の翻訳には Nguyễn Việt Tiệp 氏に大変お世話になりました。

第6章

ベトナムの都市化と居住環境構制
——ドラスティックな変容の実相を読み解く視角

大矢根 淳

1. はじめに〜3枚の写真から

　ベトナム・ハノイの街を滞在するホテルの高層階から眺め（写真6.1：ハノイの街並み①〜鷹の目），その路地を歩いてみる（写真6.2：ハノイの街並み②〜蟻の目）。間口が狭く奥行きが深く，上に積まれた[1]住商混在地区である。「鰻の寝床」のような風景からは京都の町家が，また，狭い路地からは東京・月島のもんじゃ屋街・路地裏が想起させられるところだ。そして旧市街地からバスで少し郊外に向かって足を延ばすと，そこではあちこちで水辺（湖沼）を埋め立てて新興住宅地を造成する（写真6.3：湖沼の埋め立て）現場に出会う。老朽化する旧市街地（インナーエリア）および市街地外縁・宅地開発と見ればそのとおりで，諸国どこでも見られる光景ではある。それではベトナム・ハノイのこの風景はいかなる論理，いかなる経緯をもって組み上げられてきているのか。バイクと人が行き交うのも難しい路地が迷路のように走り，頭上には路地両側から2階，3階，バルコニーが覆いかぶさり，増築したらしいコンクリートやブロックのスペースがランダムに路地に張り出しているから，路地・導線は錯綜して雑然としている。

　本章ではこうしたベトナムの都市居住環境の構制を読み解いていく。ドイモイによって急速に市場経済化が進む中，社会主義体制の大枠において，もともとはソ連型都市計画の影響を強く受けたところで計画・開発が進められ

写真 6.1　ハノイの街並み①

写真 6.2　ハノイの街並み②

写真 6.3　湖沼の埋め立て

出所：写真 6.1 〜 3，いずれもハノイにて筆者撮影（2013 年 5 月 2 日）

てきた。こうした都市計画・開発の姿は，土木・計画・建設といったハードなプロセスのみならず，そこに移動・集住してくる人々の態様，すなわちそのソフトな側面を合わせて読み解いていく必要がある。ベトナム固有・独特の人口移動の履歴・態様を含めて，ベトナムの都市居住環境の構制を読み解いていこう。

2. ドイモイと都市開発の履歴

2.1　都市化率[2]

ベトナムは近隣東南アジア諸国や中国と比べて，都市化が遅れていると言われてきた。表 6.1 は「アジア主要国の都市化率およびその増加率」である

第 6 章　ベトナムの都市化と居住環境構制　155

表 6.1　アジア主要国の都市化率およびその増加率

	都市化率（2015 年）	増加率（2010-2015 年）
ベトナム	33.60%	2.95%
マレーシア	74.70%	2.66%
フィリピン	44.40%	1.32%
タイ	50.40%	2.97%
インドネシア	53.70%	2.69%
中国	55.60%	3.05%
日本	93.50%	0.56%

出所：ICA The World Fact Book［2015］※より筆者作成
※ https://www.cia.gov/library/publications/the-world-factbook/fields/2212.html
（2016 年 8 月 30 日閲覧）

が，2015 年現在で見ると，ベトナムは 33.60％で，中国（55.60％），日本
（93.50％）とは大きな差を示している。

　中国は 2010 年に 50％超えを達し，それを機に 2013 年度，都市化に関
わる国際セミナーを開催して，日本がこれに達した 1950 年当時の事情とそ
の背景・要因の再分析に乗り出した[3]。

　そこでは，日本で市部・郡部[4]の人口割合が 1950 年代に逆転（図 6.1）
した要因が検討された。1920 年代前後に施行された旧・都市計画法に基づき，
関東大震災（1923 年）の帝都復興事業が進められて，同時期に導入された
高速鉄道網（郊外電車・地下鉄・高架鉄道）によって一気に郊外化が進展し，
この都市拡大過程に，以下に概説する担い手が参与してきた。この担い手が
農家の二三男女[5]で，彼ら・彼女らは，戦勝（日清・日露戦争）・第一次世
界大戦による重（化学）工業化・産業構造の変動に伴って新設されてきた都
市工業地域・受け皿に流入して都市の各階層を形作っていく（中川［1985］）。
このように，都市化の進展は，産業構造の変容，それを導出するグローバル
な社会・経済環境といった大状況を大枠としながら，その内では農家の二三
男女をめぐる民法規定，イエの存続と他出といったイエ・ムラ人口調整メカ
ニズムが作用していた。都市計画に基づく法制度，開発行政の展開，土木事

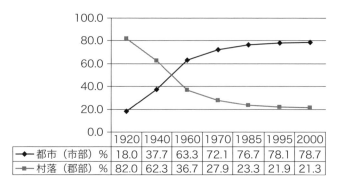

図 6.1　日本の都市化率の変化（1920−2000 年）
出所：国勢調査データより筆者作成

業の進捗を追うだけでは，都市化率上昇のメカニズムは解読できない。

2.2　ベトナムの社会・経済開発政策の大枠

ここではまず，都市開発のマスタープランそのものが位置づけられる，そのおおもとの国家的な社会・経済開発政策の大枠について押さえておくこととする。

ベトナムにおける国家の社会・経済開発政策図書には，「社会経済発展 10 カ年戦略」（10 カ年戦略：下記の I～III）と「5 カ年計画」（第 1 次～第 9 次）がある。ベトナムの社会・経済開発政策の推移は次のとおり。

- 北ベトナム戦後経済復興計画（1955-1960）
  経済転換・開発 3 カ年計画（1958-1960）
- 第 1 次社会経済 5 カ年計画（1961-1965）：北部の工業化
- 戦時開発計画（1966-1975）：北部戦時経済開発計画＋南部物流支援＋人員補充計画
- 第 2 次 5 カ年計画（1976-1980）：社会主義の技術的基盤の確立＋新しい経済構造の構築
- 第 3 次 5 カ年計画（1981-1985）：農業，輸出，生産物の消費の促進

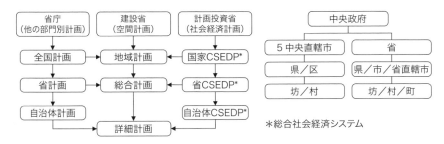

図6.2 ベトナムの国土政策に関わる空間計画
出所:国土交通省国土計画局[2009]より引用

- 第4次5カ年計画(1986-1990):総合的経済革新プログラム

I. 社会経済の安定化と開発戦略 1991-2000

- 第5次5カ年計画(1991-1995):経済成長の安定
- 第6次5カ年計画(1996-2000):経済成長水準のさらなる向上

II. 社会・経済開発戦略 2001-2010

- 第7次5カ年計画(2001-2005):安定成長,貧困撲滅,市場経済体制形成
- 第8次5カ年計画(2006-2010):持続的な発展への転換,低開発状態の速やかな脱却

III. 社会・経済開発戦略 2011-2020

- 第9次5カ年計画(2011-2015):投資の質的向上,社会資本投資

次に,都市開発の大枠としての国土政策に関わる2つの体系についてであるが,1つは総合的な社会経済計画で,上述のI〜III社会・経済開発戦略,第1〜9次5カ年計画がこれに該当する。もう1つが空間計画(建設省所管)である(図6.2)。

空間計画は4層(全国,省,市,地区)から構成されている。それらはすなわち,「ベトナム都市開発総合計画方針(全国計画)」,「地域計画(建設省,省)」,「総合計画(市 or 省)」,「詳細地区計画(県,区,工業地区)」である。ちなみに,これが施行(工)される地方政権は,図6.2右のように以

158

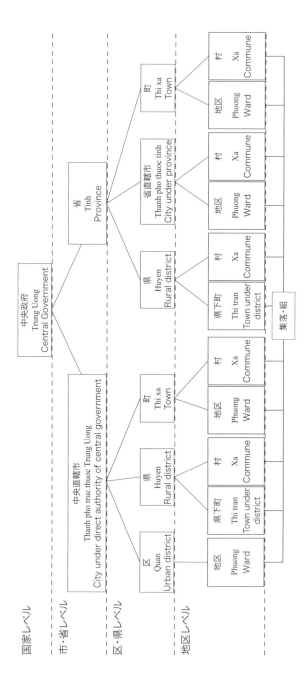

図6.3 ベトナムにおける地方行政の構造
出典：Nguyen [2016] p.18より引用

第 6 章　ベトナムの都市化と居住環境構制　　159

図 6.4　ベトナムの 6 連省地域＝全国 6 社会経済地域
出典：国土交通省国土計画局［2009］より引用

下の３層からなる。（ア）市・省レベル，（イ）区，県レベル（省内は県・市および町に分割され，中央直轄市内は区・県および町に分割），（ウ）地区レベル（省では市町が地区および村に分割，中央直轄市では区が地区に，県が町および村に分割される）。この積層を表したのが図6.3である。

　また，当該計画は，２つの法律，すなわち建設法（2003年制定）の第２章「建設総合計画」規定に基づく「地域建設計画（「連省地域計画」「大都市圏計画」）」，およびもう１つの法律・都市計画法（2010年制定）に基づき計画される。連省地域とは，図6.4のように，ベトナム全土をハノイ首都圏と６つの社会経済地域，それにホーチミン大都市圏地域，メコン河デルタ地域を加えた７つの経済ゾーンに分けたものである（MAUD［2015］）。

　それでは次の第３節からまずは，ベトナム都市計画の枠組み（受け皿）を押さえ，次いで，第４節でその担い手たる都市移住者の態様に目を向けていくこととする。

3.　ソ連型都市計画の導入からゾーニング計画へ

3.1　ソ越友好関係下のハノイ都市計画

　ジュネーブ協定（南北分断）翌年の1955年からソ連崩壊までは，ソ越友好関係期であると言われ[6]，この間，ベトナムではソ連に依拠してハノイの都市計画が策定されてきた[7]。

　1955年から65年までの間，ハノイの都市計画技術者はソ連など東側諸国の技術的支援を受け，ハノイの計画課題を調査した。調査を経て「Suggestive Plan」が発表され，市街地拡大を含む「Zone Plan for Hanoi Construction」が策定され，これがホー・チ・ミン国家主席へ報告された（写真6.4）。このZone Plan（1962年）はハノイにおける最初の総合都市計画であった。

　しかしながらこの計画は，ベトナム戦争・北爆により実施には移されなかった。北爆により，都市計画は一時的に，首都機能分散を含む衛星都市建設に

第 6 章　ベトナムの都市化と居住環境構制　161

写真 6.4　都市計画技術者から説明を受けるホー・チ・ミン（1959）
出典：飯尾［2005］より引用

方向転換した。

　情勢が落ち着き 1973 年，ソ連は再度，都市計画の技術供与に乗り出す。これは Leningrad Institute of Urban Research and Planning チームによるもので，このときのプランはここから Leningrad Plan と呼ばれている。同チームはそれまで，シベリアやカザフスタンの諸都市を担当した経験があったが，亜熱帯地域の都市は初めてであった。同プロジェクトの提言は，ハノイの歴史的側面，人口動態を十分には把握できていないところで，地域文化と政府の経済的実態から乖離した空想的な内容であったと評されている。標準的なソ連計画手法であるところの居住地区計画や分野別工業計画地区がそのまま記されたものだった。

　そもそもソ連型の都市計画は，モスクワを社会主義モデル都市として計画するに際して，19 世紀オスマンによるパリ都市再生と開発（Urban Renewal and Development）に着目してこれを援用し，boulevard（広い並木道）や avenue（大通り），公園や広場，焦点（urban foci），通景線（vista）を都市デザインに取り入れたもので，その結果，レニングラードからタシケントまで都市計画は非常に固定的なもので，大規模な幾何学デザインを採用したものであった（飯尾［2005］）。これがそのままハノイに適用されたものだから，実態から乖離した空想的な内容であると評されることとなった。

Leningrad Plan はハノイ人民委員会によって1981年に承認され，鉄道の導入と旧市街の交通の排除が目的とされたが，ほとんど実施に移されず，新空港計画（現在のノイバイ空港）のみが実現した。そして同プランは，ドイモイ以降の経済成長を見込んでいなかったため，1990年代以降，抜本的な改定が求められることとなる。

この間のハノイおよび周辺地域の都市化および政策の変遷を概略すると以下のとおり。（　）内の数字は，マスタープランにおけるハノイおよびその周辺の計画人口。

1956-1960：首都ハノイでの最初の都市計画に関するプロジェクト（70～100万人）

1960-1964：第二次マスタープラン（100万人）

1968-1974：新マスタープラン（農地規制と二極式都市の提案。ハノイ計画人口40万人，ニュータウン70万人）

1974-1976：2000年を目標のハノイ市新マスタープラン（都心計画人口150万人と北部大規模郊外地域計画）

1976-1981：ハノイ市マスタープラン策定（計画人口150万人の開発計画）

1981-1992：計画人口150～170万人の別計画準備

1992-1998：ドイモイを経て，都市の急速な開発に対応した計画が求められる

1998　　　：2020年の人口を450万人とするマスタープラン

この間の，都市化，都市人口の動態を以下に概略しておく（松村［2014］pp.21-23）。ベトナム戦争期，南ベトナム（ベトナム共和国）では政府の強制的な都市化政策により，一時期，都市化率は40％を超え，サイゴン市の人口は200万人にまで膨張した。一方，北ベトナム（ベトナム民主共和国）では北爆を避けるために疎開政策をとったため，ハノイ市の人口は100万

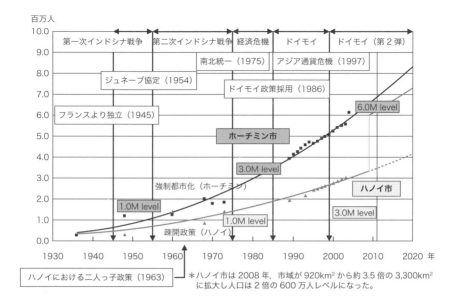

図 6.5　ハノイ，ホーチミンにおける人口増加のプロセス
出典：松村［2014］p.22 より引用

人にまで減少した。また，この時期，北ベトナム政府は家族計画政策として「二人っ子政策」を採用し，出生率を抑制した。

　南北統一後 1978-85 年は，南部では都市部より農村部へ住民を強制的に移住させたことで人口が急激に減少したが，北部では疎開していた層がハノイに戻ったことから急激な人口増加に転じた。この時期，ベトナムでは 700％を超えるハイパーインフレに直面して経済が破綻寸前にまで追い込まれ，都市の経済活動は沈滞し，トータルとしてみると都市部の人口増加率は低迷する。1982 年時点の都市化率はいまだ 18％であった。以上の経緯を表したのが図 6.5 である。

3.2　ドイモイによる都市化政策の転換

　1980 年代後半ドイモイ以降は，政府による経済政策とともに地域開発政策が大きく転換し[8]，これによって都市化が加速する。

ここでは松村［2014］に倣い，都市化進展の要因を 4 点（①地域開発政策，②外国資本および民間企業の経済活動に関連する政策，③地方分権関連制度，④居住・移動の自由に関する制度）あげておくこととする。

①地域開発政策

　それまでは社会主義国特有の地域開発政策，すなわち「均衡成長と平等な開発」が掲げられていたが，1994 年の臨時党大会で「不均衡な開発政策」へと転換して，開発を進める上での比較優位「地域」を国家が優先的に支援することとなって，ベトナムで初めて「工業地区」が設定された。その後は，北部・中部・南部の 3 つの「戦略的重点地区（EFA ＝ Economic Focus Area）」が置かれることとなる。

②外国資本および民間企業の経済活動に関連する政策

　ドイモイ政策として 1987 年に外国投資法が制定されて，1993 年にはベトナム初の「経済特区（EPZ ＝ Export Processing Zone）」が整備されて，郊外に工業団地が整備された。幹線道路沿いに工場が立地し，その周辺にインフォーマルな住宅がつくられ始めてスプロール化が進んだ。1990 年代には製造業，2000 年代には第 3 次産業によって，都市経済が活性化し，都市人口増加とともに市街地が拡大していった。これらはハノイに先立ち，まずはホーチミン都市圏で進展を見た[9]。この時期にはまた，社会主義国にとって重要な政策である住宅供給について，1987 年公共セクターによる供給が停止され，1991 年正式に民間セクターが住宅を供給することが認められるなど，都市開発における公共サイドの役割は縮小していった。

③地方分権関連制度

　1996 年の外国投資法の改正以降，「工業区」開発等のインフラ整備プロジェクトを除く投資案件について，許可権限が各省の人民委員会に委譲されたことで，各地方政府は競って外国投資を誘致するようになった。

都市計画・都市開発に関連する事項としては，1999年以降，建設省が公布した一連の法令，Decree No.52（1999年），Decree No.12（2000年），Decree No.07（2003年）[10] により，都市計画や建築許可に関する権限が，中央政府より省・直轄市もしくはその下位レベルの政府に委譲されることとなり，各種都市計画の承認期間が短縮され，地方政府の裁量が拡大された。

④居住・移動の自由に関する制度

ドイモイに伴い，ベトナムでは1988年，農村から都市への移動が，制度上自由にできるようになった。1988年の共産党「政治局10号指示」により，集団農業を構成していた「合作社」の大部分の土地の使用権が個々の世帯に終身分与され，同時に都市への人口流入を規制していた措置も緩和された。そして2007年「居住法」（第3条）で，国民の居住の自由が規定された。同20条では，「合法的な住まいがあり，そこに1年以上連続して滞在していれば常住者として登録できる」ことになり，国民の居住・移動の自由が法制度化された（この経緯については次節4.で改めて触れることとする）。

3.3　マスタープランからゾーニング計画へ

ドイモイ政策（1986年〜），ドイモイ憲法（1992年）によって，経済開発，地方制度に関わる法制度的枠組みが整えられ，生活者レベルでも漸次，居住者の移動の自由が保障されてきた。それに合わせて，都市計画法制度も漸次改定されてきた。ここでは，ドイモイ前後からの都市計画法制度の展開を概観しておくこととする。

（1）旧ソ連型都市計画・マスタープラン

上述したとおり，ベトナムではたとえばハノイにおいて，ソ連の技術的支援を受けて Zone Plan（1962年），Leningrad Plan（1973年）を策定し，その後はドイモイに呼応して開発政策（工業地区，経済特区の創設）を打ち出し，都市の開発・建設許可に関する政令・決定などによって基礎的な都市

計画の枠組みを形成してきた。ハノイやホーチミンなどの都市をどのように形作っていくか，マスタープラン（基本計画，基本設計）として重ねられてきたわけであるが，これが都市計画法体系として初めて制度化されたのが，2004年建設法である。

(2) 建設法の一部としての初めての都市計画法（2004年）

2004年施行の建設法では，開発に関わる「都市計画マスタープラン」（総合計画）と「詳細都市計画」の策定・承認・管理の基本方針が規定された。

「総合計画」では，開発の方向性や土地利用，大規模都市インフラ（幹線道路ネットワーク等）の配置などが示され，「詳細都市計画」では，建築行為を規制するための用途・容積率・建蔽率・高さ制限などの基本的計画条件，さらには建物配置，基本的デザイン，植栽の位置などの詳細な基準が定められることとなった。

日本では，国土利用や開発・保全に関する総合的計画として全国総合開発計画〔全総・新（二）全総，三全総，四全総など数次を経て，現在の「国土形成計画」へ〕があって，これによって社会資本の整備が全国的・長期的に計画され，都市計画マスタープランがつくられる。そして，各都市のインフラや公共施設の配置計画，街割計画（市街地開発計画），建築（土地利用）規制がかけられたところで（都市計画法），個々の建築物は建築基準法の規定に則って建てられていくこととなる。全国総合開発計画（国土形成計画）—都市計画法—建築基準法，が重層して矛盾なく機能する。その意味でベトナムでは，二大都市個々にマスタープランが時代状況に応じてまずは積層し，後に（日本で言うところの）都市計画法と建築基準法（ベトナムでは2004年建設法）が被せられてきていることがわかる。そもそも社会主義国の当該計画は，国家の全体的な社会経済計画に基づき，公的主体が事業主体となって割り当てられた事業を遂行するものであるから，ドイモイが進展している状況，すなわち，プライベートセクターによる開発行為が個別・任意に進む状況では，諸規定・規制に基づく紙上計画が開発行為の現状にそぐわない事

態が頻出する。たとえば，「市街化が急速に進むエリアが計画上は緑地に指定されたりするなど，現況の都市化や土地利用状況が適切に計画に反映されていない事態」が発生する（松村［2014］p.59）。

（3）建設法・土地法～基本的規定の欠如と縦割り行政の弊害

また，上記，詳細都市計画では，必要以上に細かな計画指標を定めることが必要とされる一方，規制や誘導を行うために最低限必要となる規定が欠如していることが指摘される。

建築行為を規制する詳細都市計画では，用途，容積，建物高さ，壁面位置などの基本的計画条件に加え，施設の形状，植栽の位置・規模，敷地内ユーティリティ，街灯システム，バス停の位置など，通常では具体的な都市開発事業が進まなければ決まらない事項を，詳細に図面に記すことが求められていて，これが実質的に無駄な作業なのではないかと市当局担当者からは指摘されてきた（松村［2014］p.65）。

その一方で，詳細都市計画では，接道義務や斜線制限，容積率，建蔽率，用途地域区分など，街区の居住環境を形成する上で最低限必要となる基準が含まれていない。その結果，たとえば，「接道義務規制がないことから，多くの街区では，幅員2m以下の細街路のみに面した建築物が建て詰まり，消防車や救急車などの緊急車両が街区の内部に入れない状況となっている。また，容積率や高さ制限などの規定は，街区の平均値（傍点筆者）として認識されているため，街区を細区分した場合は，これらの規定を直接適用することができず，さらに斜線制限規制もないことから，結果として細区分された区画には，規定値をはるかに超える容積率および高さの建築物がところどころで許可されることになり，最低限の居住環境や都市環境が確保できない状況となってしまっている」（松村［2014］p.5）。本章冒頭で見た3枚の写真の最初の2枚に見られる狭く雑然とした路地，定まらないスカイライン（低層・高層の錯綜）の原因は，この法規定の欠如によることがわかる。また，路地に左右からせり出す上層階やバルコニーは，巨大高層ビル建築に際して

写真 6.5　空中で隣地・街路に被さり [11]
出所：ホーチミンにて筆者撮影（2013 年 3 月 13 日）

も見られる現象となっている（写真 6.5）。

　また，規定欠如に加えて，担当者の裁量権の問題も指摘される。容積率や高さ制限等の計画規制値は街区の平均値と解釈されているため，街区の平均容積率が規制値より低くなるのであれば，個々には高い容積率の設定が可能で，担当者の裁量で容積率や高さ制限を恣意的に緩和することが事実上可能となっている（松村［2014］p.66）。

　この規定欠如や裁量権の問題は，もう少し大きいエリアで眺めると，郊外開発の問題として浮かび上がってくる。ハノイではその急速な人口増加や工業化に対応するため，主に水都ゆえに散在する水面の埋め立てや農地からの転用による不法開発が都市部近郊に広がっている [12]。農地は国家が所有し市が管理する。元来，農地使用権の世襲によって農業は続けられてきたが，1990 年に土地利用法が制定されて権利売買・譲渡，用途変更が可能となったことから [13]，多くの農民が権利の売却を行うこととなった。用途変更に関しては規制があるものの，現実的には体系化・紙面化されておらず，担当者（行政区の人民委員会）の裁量に委ねられているという。コネや賄賂による許認可の実態が問題視されている。

　湖沼も所有は国家で，管理については湖沼自体の管理，湖岸の管理，水面使用権の管理の 3 種にわかれており，さらに湖沼ごとに管理主体が違うから，管理総体としてとても複雑な体系になっている。埋め立てに関する法律が体

第 6 章　ベトナムの都市化と居住環境構制　169

系化・紙面化されていないことも，不法埋め立てが増加する大きな原因の1
つになっている。個人によって個別自由に売買・譲渡された利用権が未登記
のまま宅地開発が進められる。こうした未登記の常態化については，ベトナ
ム固有の事情がある。ベトナムにおいては，1つの土地に対しての使用権利
書が，フランス植民地時代以降，多種多様に存在し，どのようにして権利書
を確定するかが不透明な状態にある。そこでハノイ市では，1998年に「土
地使用権・建築物所有証書」の発給を受け付けたところであるが，発給自体
はほとんど進まなかった。不動産課税を回避するため多くの土地が未登記の
ままとされてしまったのである。これは，都市区域においては土地と建物は
一体としてでしか登記できないという事情も影響していた。登記したくても
その権利関係の実態がわからず，結果として未登記のまま放置されてしまっ
たのである[14]。

　都心外縁の湖沼の宅地化が，このような未登記・不法開発を含めて急速に
進められている。本章冒頭の3枚目の写真には，このような事情・課題が
潜在している（この写真がまさにその現場であるというのではなく，このよ
うな湖沼埋め立てには一般的に，そのような事情が潜在しているという意味
である）。未登記・不法開発であって，そこにはそうした住宅は存在しない
こととなっているから，居住環境整備が付帯せず，下水やアクセス路が未整
備のまま，再び改めて網目状の細街路市街地が形成されていくこととなり，
そうしたエリアでは溢水の発生等の住環境・衛生上の問題も併せて指摘され
ている。しかし，現状ではこのような不法開発に対する対策は十分にとられ
ておらず黙認されている。これは3.2節②で記したように，ドイモイに伴い，
公共セクターによる住宅供給が停止され（1987年），1991年には正式に民
間セクターの住宅供給[15]が認められて，都市開発における公共サイドの役
割が縮小していった（規制権限も及ばない）ことが背景となっている。

　ここまで建設法（都市計画法）適用場面を見てきたが，この現場には類似
するもう1つの法律が被さっていて，現実をさらに複雑にしている。それ
が「土地法」で，建設法（都市計画法）が求める都市計画マスタープランと

は別に，土地法に基づく「土地利用マスタープラン」の策定が現場では求められている。土地利用マスタープランは資源環境省，都市計画マスタープランは建設省がそれぞれ管轄していて，中央省庁間の調整不足が地方政府の開発現場に混乱をもたらしている。

（4）ゾーニング計画（2010 年施行都市計画法）

そうしたなか 2010 年に，都市計画に関して独立した 1 つの法として（それまでは，建設法の一部としてであった）「都市計画法」が制定・施行された。同法では，建設法の一部としての都市計画法（2004 年）では不評であった「都市計画マスタープラン（総合計画）」と「詳細都市計画」の位置づけに関して，その中間に「ゾーニング計画」が導入されることとなった。

同法ではまず，都市計画マスタープラン（総合計画）は，省および直轄市レベルにのみ策定を義務づけることとした（それ以下の区レベルの策定義務なし）。そしてゾーニング計画は，大規模な都市開発プロジェクトへの対応が可能なように，行政界を越えた（またがった）範囲で策定が可能になった。都市計画に関する開発許可については，5 ha 以下（住宅であれば 2 ha 以下）の開発プロジェクトの場合は，詳細都市計画は不要（ゾーニング計画のみによる審査可）となり，ゾーニング計画はそれまで原則として公共が策定することになっていたが，これからは開発事業者自らが策定することが正式に可能となった（松村［2014］p.72）。

このように都市計画の制度上，規定上の改定が図られ，現状では民間の参入が認められることとなっているので，都市（およびその近郊＝都市外縁）の開発，宅地環境整備の一層の進展が希求されるところとなった。しかしながら，現実的にはドイモイ推進下，制度・体制を上回る都市化需要に応えるだけの，現場の人的，組織的，財政的基盤は必ずしも十分ではないところで，現場では上述のように，担当の裁量権の乱用（恣意的な規制緩和，コネと賄賂の許認可，未登記・不法開発）が顕現し，懸念される事態が頻発している。

ここまで見てきたように，ドイモイでは地方分権化が進められ，法制度上

の改定もなされて，下位レベルの政府機関の主体化が進められてきた。しかしながらベトナムにおいてはもともとドイモイ以前から，生活諸領域においてこうしたローカルの底力が醸成・担保されてきた経緯・履歴蓄積があり，そうした動態・力によって，現代のこの難しい状況の中でも都市生活環境が何とか維持されてきている。次節ではそうした側面を見ておきたい。

4. 開拓移民政策から居住・移動の自由へ
～ドイモイを導いた農民・ローカルの底力

　ベトナムでは，近代化に伴う農村から都市への人口移動（これはどこの国でも近代化過程で認められる動きであるが）とは別に，農村から農村へ，都市から農村へという，さまざまな移動態様，移動主体の戦略，政府対応の履歴がある。それは社会主義体制下の開発行政，国家的強権発動による都市化（あるいは都市化のコントロール）戦略が被されるなかでの，しかしながらそこに対峙する生活者の，下（農民，ローカル）からのしたたかな生活・社会環境獲得戦略の発露としてとらえることができるものである。

　ベトナムでは抗仏戦争直後の 1954 年から大規模な土地改革 [16)] を始め，ほどなく 1961 年から始まる第 1 次 5 カ年計画のもとで組織的移住政策を開始する。ここでは寺本編 [2006] 所収の諸論考（岩井 [2006a, 2006b]，竹内 [2006]）を繙きつつ，ベトナムにおける移住の諸相を検討する。

　ベトナム戦争終結（1973 年パリ協定）までの 30 年間，間断ない戦乱を避けるべく，農村・都市の住民は他の農村への移入・疎開を繰り返してきた。合わせて政府は，デルタ諸地域で日増しに顕在化する人口増加，それに伴う農村住民 1 人当たりの耕作地の狭窄化，その結果としての貧困化という状況を緩和すべく，農村住民を山岳諸地域の農村へと組織的に移入させて耕地を開墾させたり（新経済地域建設），植林経営をさせたり（500 万 ha 植林事業），人口・労働力の再配置を組織的に実施してきた（竹内 [2006] p.165）。1960 年前後から 20 世紀いっぱい，ベトナムでは約 600 万人がこうした各

時期各種の組織的移動を経験してきた。ここではそうした移住を岩井 [2006b] に倣い3つの時期に区分して概観する。

4.1 ベトナムにおける組織的移住政策

(1) 合作社・組織的開拓移住政策 (1960-1980)

ジュネーブ協定によって北緯17度以北における共産政権が国際的に認められたことで，北ベトナムでは（「耕作者に土地を」のスローガンのもと）土地改革が行われ，村落共有財産である公田が国家によって収用されたうえで，個々の農民に分配された。このとき，互助祖と初級合作社が組織された。互助祖は家族単位の経営を前提としつつ必要に応じて労働交換をする組織で，初級合作社は集落単位に生産労働を集団化するというものである（ともに土地は各農民が所有する形態をとっている）。1955-57年は食糧生産が57％も増大し，ベトナム農業の黄金期と呼ばれている（岡江 [2004] pp.46-47）。1959年，ベトナム労働党中央会議によって，合作社の高級化が決定されて，ほぼすべての互助祖が初級合作社となり，初級合作社の多くが高級合作社に移行した。集団化が進められ，土地が共有化された。各農民は合作社の下部組織である生産隊に所属することとなった。生産隊は合作社から生産量・労働点数・生産費の3項目について経営を請け負い（三請負制[17]），所属する農民との間に作業契約を結ぶ。各農民は作業ごとの労働点数に応じて報酬を受けることとなった。

第1次5カ年計画（1961-1965年）において農業集団化，すなわち高級合作社創設が進められたが，これは共産主義イデオロギーの実現ということよりも，ベトナム戦争の戦場へ兵士を拠出するための装置として合作社が必要とされたことによる。終戦・南北統一後，合作社化はさらに推進されて，北部ではすべての自然村から行政村・社へとその拡大が図られた。紅河デルタ地域でも山岳地域でも，その土地の社会経済的特質を顧みず，高級合作社モデルに沿ってすべての土地・水牛・牛・農具の共有化が進められた。こうした集団化によって農民の意欲，生産は減退していくこととなってしまった

（岡江［2004］p.48）。

　このように，土地改革をかわきりに農業集団化や組織的開拓移住がいわゆる大衆動員による急進的な農業政策として断行された。この開拓移住は，山岳少数民族の「定住定耕」（農業集団化）として，焼畑で「移住移耕」する少数民族を合作社建設に動員して，紅河デルタ地域からの移入者と共生させ「新生活」と称する生活改善運動を進めるものであった。これは，第2次5カ年計画（1976-1980年）において，150万人規模で計画された組織的移住に受け継がれた。ここでは合作社が南部農村社会にも展開されて，人口密度の高い地域から生産組織単位で未開拓の「新経済区」への組織的移住として計画されたが，この移住政策は，旧サイゴンに溢れた都市避難住民の農村への帰還そして送り出し[18]が主目的であったと指摘されている（岩井［2006b］pp.92-93）。

(2) 生産請負制（家族請負）と「新しい故郷」建設（1980-1990）

　終戦・南北統一を迎えて党中央・政府の農業政策，開拓移住政策はそのまま継続された。しかしながら，紅河デルタでは集団耕作放棄地が拡大し，南部メコンデルタ農村でも集団化が停滞して農業生産は激減していた。こうした失敗の要因の一つに，「故郷を離れる」ことに対する農民の心理的なマイナス要因があげられており（岩井［2006b］pp.97-98），ここで国家の農業・移住政策は大きな転換をみる。すなわち，国家は移住のインセンティブとして，「新経済区」開拓合作社において“家族単位の経営を公式に容認”することとした。

　それまでの開拓移住政策では，「家族」とは主労働となる社員に付随する扶養家族を表していて，生産には直接寄与しない補助的な存在であった[19]。しかしこのたびの政策改定では，「家族」は生産の中核を担う積極的な意味づけが与えられていて，政府はここに家族経営をインセンティブに挙家移住の奨励に乗り出した（岩井［2006b］p.98）。公式に「家族＝社員世帯」が末端の経営単位として認められ，開拓・整地したばかりの土地に対する農業

税の減免措置が個々の開拓者世帯の権利として付与されて，合わせて，自己資金による開拓移住者（自発的移住者）に対しても国家の補助や優遇措置（移動に伴う交通費や生活道具の運送代を国家の補助対象とする）が与えられることとなった（岩井［2006b］pp.100-101）。

　またこのたびは，集団経営地以外に社員家族に1500m²の土地を分配して，宅地に付随する菜園での栽培や家畜飼育を家族で担えるようにし，ここに家族副業経営を奨励することとなった。家族が揃って生活すること，副業用経営地を与えられたことで，移住が加速した。また，開拓移民政策において「新経済区」と呼称されていたところが，「新しい故郷」という情緒的なフレーズに置き換えられていった。しかしながら農民サイドはこうした状況下，きわめてしたたかに生活選択する。農民サイドでは，「見知らぬ土地に財産を全て整理して移住するのは極めて危険が高いとの判断から，危険分散的な手段をとる。たとえば，離村する際に，年配の両親を郷里の村に残る兄弟に預けるか，暮らし向きが安定すれば親を呼び寄せて孫の面倒を見させる者が多数いた。逆に，幼い子どもを里帰りの際に故郷の両親に預け，故郷の自身の宅地は売却せず親兄弟に管理させて，いずれ隠居すれば帰郷する予定の夫婦もいた。すなわち，条件次第で柔軟に対応できるよう，家族の生活向上の可能性を拡げる選択肢として主体的に開拓事業に参加しはじめた」。「一組の夫婦とその子どもを基本的構成要素とする家族が『新しい故郷』建設の担い手」（岩井［2006a］pp.44-45）となったのであった。

　そして1986年からはドイモイに入り，新経済区への組織的移住政策はプロジェクト方式として展開し，少数民族の「定住定耕」や貧困撲滅などの社会・経済開発プログラムと結合して，より総合的な地域開発計画に編成されていくこととなった。また，市場経済化に伴い，農村から大都市・工業団地への出稼ぎが本格化する。こうして短期的な出稼ぎから恒久的な移動まで，多様な形態を含む「自発的移動」が重層化していくこととなった。このことが次第に，移住先での人口・都市管理問題などの深刻な社会問題を引き起こすこととなる（岩井［2006b］p.104）。

（3）ドイモイ期（1990-2000）

ドイモイ期のプロジェクト方式に編入された開拓移住政策は，（農民の要望に応えたものというよりは）地域開発と経済発展という市場経済化に対応するために打ち出された政策である。ここで急増する農民の自発的移住は1990年代に入って加速し，その実態に即して居住・移動の自由を認める戸籍制度の改訂が進められることとなり（貴志 [2011]），これが法的に認められることで，さらに自発的移住が加速することとなる。合わせて国家としては，最も管理の難しい「一次的居住・不在」者に対応する必要が生じてくることとなる（岩井 [2006b] p.111）。

4.2　一次居住・国内移住の正当化（2006年居住法）

自発的移住が惹起され，これが戸籍制度の改定を導き，その改定によって一層の都市流入が加速することとなった。ここでは貴志 [2011] に基づき，ベトナムにおける国内移住の規制緩和の過程を概観しておくこととする。

（1）ベトナムにおける人民掌握の制度

ベトナムにおいて，人民の掌握は，常住戸籍，戸籍，人民証明の3つの制度に基づき行われてきた。全ての人民は法令に従い，常住地に常住戸籍を登録することとなっている。この管理は公安省が行う。そして戸の集団単位に人民の身分関係を明確にするために「戸籍」制度がある。出生，婚姻，死亡，氏名変更，民族確定，国籍の得喪などの身分上の変動を記録する。戸籍の管理は司法省が行う。そしてすべての14歳以上の人民は人民証明書を携行しなくてはならない。このIDカードには顔写真，氏名，性別，出身地・常住地，裏面には父母の氏名，民族，宗教，指紋が貼付・記載されている。人民証明の管理は公安省が行う。

（2）常住戸籍の移転の規定（規制緩和の歴史）

　1954 年ジュネーブ協定を経て 1955 年条例で，人民が常住地に常住戸籍を登録しなければならないことが定められた。1986 年まで続いた配給制度の下，常住戸籍の所持者のみが配給切符を用いて購入が可能であった（持たない者は闇市場で買うしかなかった）。ドイモイ政策下，市場経済制度のもと労働力の流動性を確保するために，人民の国内移住の規制緩和が行われた。具体的には，1988 年に常住戸籍の移転が認められた。しかしこの時点で認められたのは，都市の市街区に異動を命じられた者や組織・企業に採用された者，その家族や，兵役・労働・学業から市街区に戻ってきた者などに限られていた。都市雑業層は街中で公安に見つかれば地元に送り返されたという。

　1997 年に，すべての人民は一定の要件を満たせば常住戸籍の移転が認められるようになった。その要件は，合法的な家屋を有すること，合法的な使用権のある家屋を有すること，などであった。しかし，合法的な家屋の要件が依然厳格なために，その要件を満たすことは難しかった。この時期はまだ，一定期間以上の継続居住をもって常住戸籍の転入要件とすることは明記されていなかった。

　ドイモイの進展に伴い，都市に流入する層は増大し，都市の常住戸籍を持たない「一時居住者」が増大した。このような一時居住者が各種社会的サービスを受給するに際して，社会的不利益が顕著になってきた。特に，教育，二輪車の購入，インターネット・サービスのプロバイダ契約において常住戸籍が必須であった。2005 年，要件の緩和が図られた。合法的な家屋の要件が明確化された。それには，不動産が係争中でないこと，開発のための接収予定地にないこと，などが含まれていたが，公安当局はこうした状況の証明に難儀した。そこで客観的な指標として，家屋には 1 人当たり最低 $8m^2$ の面積がなければならないとしてみたが，これも混乱に拍車をかけるばかりであったという。

(3) 2006 年居住法

　第11期第10回国会において2006年居住法が採択された。居住に関する規則が初めて法律となり，公安省による人民掌握の観点というより人民の権利として，居住・一時居住の自由が認められた。「合法的な家屋」も「合法的な居所」に改められ，船舶，ボート，その他の乗り物も居住地として認められた。1人当たり最低限の居住面積は5 m² と規定され，居住期間の要件は3年以上から1年以上に短縮された。

　居住法制定まで，常住戸籍の移転要件の緩和を当局が躊躇し続けたことの背景に，財政確保が難しいこと，教育や水道等基礎インフラの整備が追いつかない懸念があげられていた。

5.　むすびにかえて〜ベトナム都市居住環境の構制変容

　本章ではベトナムの都市化について，まずはその都市計画関連法制度について，ソ連の技術的支援を受けた時代の都市マスタープランから，都市計画法（2004年，2010年）への展開をたどり，都市づくりを規定する法制度的枠組みを押さえつつ（したがって，都市インフラ構造設計の具体像＝工学・都市計画の専門領域については触れられなかった），次いで，ドイモイを挟んだ都市化の進展について，特に人々の都市への移動に着目して，国策としての組織的移住・開拓移民政策の進捗から，大都市・工業団地への出稼ぎとして本格化する自発的移住の重層性としてこれを押さえてきた。農民は国策としてただただ都市化に動員される客体としてではなく，移住政策を戦略的に解釈・選択して，「二つの故郷」間を循環的に移動する主体，家族経営というインセンティブを得て挙家移住する主体として，さらにはそうした反応（多様な自発的移動の胎動）によって政策の大枠を転換させて，ついにはドイモイを導出してこれを推し進めてきた一主体として把握された。

　ベトナムの都市化をこのような視角でとらえるところにたどり着いて，本章の今後の課題・展開としては，移動・移住を経験した人々の姿を，2・3

世代の都市定着あるいは都市・農村間循環（出稼ぎ，移住）過程の具体例として渉猟・把握すべく聞き取り調査を重ね，街中の声・姿としてこれを詳述することであろう。法制度・政策展開の大枠を押さえ，都市構造変容の現場を体験したところで，当該社会を生き抜く主人公を描ききりたいと考える[20]。

【注】

1) ベトナムの一般的な一戸建ては，「間口4m程の細長い敷地に3階建てや4，5階建ての家が横の壁を共有して ひしめきあうように建ち並」ぶ。「ほとんどの家が1階は店舗・作業所，2〜4・5階が居住スペースとなっている。戸建てのように見えるが，両サイドは隣家の壁と接しているため窓は無い」。街場の店舗付き住宅は，「祖父母から孫までが一緒に住んでいる大ファミリー形式なので，高層にする必要がある」。「税金が間口を基準にしてかけられているためで，奥行を広く取ることにより，同じ面積でも少ない税金で居住できる」。「このような家の作りは，オランダ，そして日本でも見られる。中世のオランダでは，『口税』，『窓税』があったため，そして，日本では，豊臣秀吉が『地口銭』と呼ばれる家の間口に対して課税をしたので，『鰻の寝床』と言われる間口が3.5m，奥行きが18〜22mの家が多」い。「フランス統治下にあった影響もあり，フレンチコロニアル様式の建築物も多く，一般家庭でも，西洋と東洋混合の独特の建築様式が見られる」。（国土交通省メールマガジン：http://www.mlit.go.jp/seisakutokatsu/soukou/　2016年8月30日閲覧）
2) 都市化率とは，ある特定地域における人口集中度を表す指標であり，都市人口としては，わが国の場合，人口集中地区（DID：Densely Inhabited District）の人口が使用される。DIDとは，各調査年の国勢調査の調査区を基本単位とし，原則として次の2つの条件の両方を満たす地区のこと。1) 人口密度4000人/km^{2}以上の調査区が市町村内で隣接し（密度基準），2) 全体として，人口5000人以上の規模で構成される地域（規模基準）（土屋［2009］）。
3) 中国社会科学院（CASS）が主催する国際シンポジウムで報告・討論された（OYANE［2013］）。
4) 町村合併および新市の創設による市域の拡大などにより，必ずしも都市的地域と農村的地域の特質が明瞭に示されなくなったので，昭和35年国勢調査で初めて，「市部・郡部別地域表」が設定された。
5) 日本では耕地が少ないため農業経営規模が零細化し，農村人口が過剰になった。この過剰人口を解決するために，明治民法では長男以外および傍系人（二三男女）を農業から排除する方法を選択したことで，明治期になるとこれらの流出が加速した。こうした二三男移動者が都市で獲得できる職業のほとんどは，兵隊・大工・左官・都市の雑業・

職工などで，とりわけ職工の割合が高かった。重工業の発展により労働力の需要量が増大していった。

6）フランスの植民地支配，中国による征服とそれへの抵抗の歴史（その現代的展開としての対カンボジア政策），米国とのベトナム戦争など，ドラスティックな国際関係変容の経緯を背景に，ソ連とベトナムは社会主義国同士の友好関係を築いてきた。これに関わるベトナムの近現代の国際関係の変容過程は，おおかた以下のとおり。

1884 年　フランス領インドシナに編入し植民地化

1940 年　日本軍進駐

1945 年　日本の敗戦を機にベトミンがハノイ占拠（8 月革命）

　　　　　ホーチミン「ベトナム民主共和国」樹立宣言

1946 年-1954 年　第 1 次インドシナ戦争：フランスの撤退

1954 年　ジュネーブ協定：ベトナムの南北分断固定化

1960 年　南部で「南ベトナム解放民族戦線」創設

1962 年　米，サイゴンに援助軍事司令部を設置・介入開始（第 2 次インドシナ戦争）

1965 年　米，「北爆」を開始・内戦に直接介入

1973 年　パリ協定：米「名誉ある撤退」（ベトナム戦争終結）

1976 年　南北統一選挙実施，「ベトナム社会主義共和国」成立

1978 年　経済相互援助会議（COMECON）加盟，ソ越友好協力条約締結

1986 年　ドイモイ（刷新）政策，開始

7）おおまかにとらえたところで，「1993 年都市マスタープラン策定時にはソ連の技術を受け，1998 年都市マスタープラン策定時にはベトナム技術で改定し，2010 年都市マスタープラン改定時には主に日本技術などの国際的な援助を受けた」（Nguyen［2016］pp.112-113）と言われていて，ソ連崩壊直後のプラン策定には，まだその技術的援助の影響が色濃く残っていたと見られている。「2010 年都市マスタープランへの改定時にかけては，2002 年から日本政府・JICA の技術協力……，ホーチミン市広域での交通マスタープラン調査や下水関係の調査などの結果やデータが……活用された」（Nguyen［2016］p.65）。

8）ドイモイは 1986 年に始まるが，1991 年の共産党大会でこのドイモイ路線が再確認され，さらに，翌 1992 年の憲法改正で同政策が明確化された。ドイモイ憲法と呼称される。同改正憲法では地方政権（第 118 条），それぞれの行政単位に設置される人民評議会・人民委員会（第 119 条～124 条）について規定される。従来ベトナムでは，「王法も村の垣根まで」ということわざが存在しており，これはベトナムにおける村落の自律性の強さを表すものとして理解されてきた」（西岡［2012］）。

9）外国投資が南部のホーチミン都市圏を指向した理由としては，陸海空の輸送網や電力といったハード・ソフトインフラの整備が進んでいたことに加え，「市場経済を無理なく受け入れる素地を持つ人々」，すなわち人的インフラが整っていたことがあげられる（松村［2014］p.24）。

10) ベトナムの行政機関が定立する法規には，政令（decrees）・省令（decisions）・回状
／実務指針（circulars）などがある。

11) 超高層ビルのヘリポートの下（地上）は，隣地・街路にかかっているそうである。

12) 1996年における非計画開発市街地地区は主に農地からの転用や水面の埋め立てによ
る不法開発であった。新規の土地取得のために多くの湖沼の一部もしくは全部を埋め立
てる開発が横行した。そのため，地下水脈になんらかの異常が発生し，中心市街地内お
よびその周辺において小規模の湖沼が突然出現するという状況になっている（加藤・鳴
海［2004］pp.3-4）。

13) ドイモイ以降ベトナムでは，土地使用権に関し，集合的な土地利用から個人による土
地使用権が認められ（1988年）たが，使用期間は最長15年でこの段階では事実上土
地取引は不可能であった。その後，新土地法（1993年）が制定され，土地使用権に関し，
相続・移転・交換・賃貸借および抵当に入れることが可能となった。そして2003年改
正で，外国企業の投資による分譲住宅プロジェクトが可能となり（松本［2013］），日
本からも多くの不動産開発プロジェクトが乗り出している。

14) そこで2004年に改定された土地法では，土地・建物の登記が義務化されることとなっ
た。

15) 「ドイモイ以降……ベトナムでは国民の所得も上昇し，市街地や大規模に開発されて
いる郊外の新興地区には大型の商業施設を核として，高層マンションや戸建て街区が建
設されている。一般向け分譲マンションの広さは3LDK大凡70-120m²，価格は
1000-2000万円ほどで，日本の中小都市の価格と変わらない。平均年収の約40倍と
かなり高価な買い物になる」。「投資用として買われているケースも多く，賃貸料は月額
8-10万円程度である」。「ベトナムは……政府や銀行への信頼感が希薄で，収入の余剰
金は箪笥預金をした後，まとまるとそれを金や不動産に交換して資産を保有するのが一
般的で，分割で物を買う習慣がなかった。現在では一部銀行での住宅ローンの取扱やデ
ベロッパーが購入者に対して銀行ローンを提供する事例が多いという。借入総額は分譲
価格の50％以下で，ローン期間は5年間，利率は10-14％と高率のため利用実績は高
くない」（松本［2013］）という。

16) 19世紀のフランス領インドシナの植民地化以降，（1940-1945年の日本軍進駐，8
月革命を経て）1946年-1954年の第1次インドシナ戦争（そしてフランス撤退：ジュ
ネーブ協定）の間，ベトナムは高い地租，地主の強力な支配力，食糧輸出による国内の
飢餓にあえぎ，これを克服するために，農民・耕地所有権の保護，開墾・荒地再使用の
奨励，互助祖形態の奨励など諸改革を進めてきた。

17) 戦争拡大に伴い政府の食糧調達量が合作社の農家の消費分を犠牲にするほどの大きさ
に達したため，農民の生産意欲の減退を招いた（加えて，戦争拡大により農家の青年，
壮年労働力の戦線および後方任務への動員増大）。こうした事態の打開策として導入さ
れたのが三請負制である。ハノイ指導部は合作社農家の食糧供出ノルマの5年間すえお
き，食糧買い上げ価格の大幅引き上げ（5倍増），「ノルマ達成後の余剰食糧の自由処分

第6章　ベトナムの都市化と居住環境構制　　181

権を認めるなどの物質的刺激政策を実施した。ハノイ指導部のこうした政策が，ドイモイのルーツであるとも言われている」（石川［1995］）。
18）戦時に膨れ上がった旧サイゴンの都市過剰労働人口に加えて，「反動分子」のメコンデルタ農村への強制移動など，極めて政治的意図で行われたものが含まれることが指摘されている（岩井［2006b］p.96）。
19）当時の開拓移民政策の基本方針は，不慣れな土地での生産が不安定で，食糧自給もままならないような生活状況では，体力のない老人や乳幼児を伴うべきではないというものであった。そのため，「補助労働力」や「非生産労働力」に分類された老人や子どもは，……事実上，開拓事業の対象者から排除され，郷里に残留せざるをえなかった（岩井［2006a］pp.27-28）。そのような状況においても移動を求める農民には，循環移動型（郷里に社会生活の拠点を残したまま，入植地ではもっぱら農繁期に営農するパターン：「二つの故郷」間の循環型移動ととらえられる）や「編入」（新経済区の合作社へ小グループで参加する形態。先に移住している近親者を頼っての自発的移住で個人的な社会的ネットワークに基づく）と呼ばれる開拓移民形式が存在した（岩井［2006a］p.30）。
20）2015年，ベトナム中部沿岸（古都・フエ郊外）ラグーンに面する小さな漁村集落で，各種洪水（ソンターン：sống thần）からの生活再建・コミュニティ再興についての現地調査に乗り出したところで，筆者は，被災後，新定住地を自らの手で川・湖沼の埋め立てで造成する人々に出会う機会を得た。これがドイモイによる再定住政策の一環であり，世代を超えて度重なる移動・移住の経験を重ねるベトナム農漁民の生活の一断面であることを知らされた（OYANE［2016］）。農村—都市間の強制・自発的移動の枠組みに引き寄せて，これら被災地復興・生活再建の実例を合わせて読み解いてゆきたいと考えている。

【参考文献】
古田元夫［2016］，「第1章　ベトナム北部農村の現代史——村から見た一九四五年飢饉・抗仏戦争・抗米戦争」川喜田敦子・西芳実編著『歴史としてのレジリエンス』京都大学学術出版会。
飯尾彰敏［2005］，「赤い都市ハノイ——都市デザインにおけるソヴィエトの影響」『ハノイ週報（第10号）』〔http://www.alpha-consultancy.net/redcity-hanoi_iio.pdf（2016年8月30日閲覧）〕。
石川滋（座長）［1995］，「補論1. ドイモイを見るもうひとつの観点—現状分析と今後の展望のための若干の考察—」『ヴェトナム：国別援助研究会報告書』（JICA研究所）http://jica-ri.jica.go.jp/IFIC_and_JBICI-Studies/jica-ri/publication/archives/jica/country/1995_01.html（2016年8月30日閲覧）。
岩井美佐紀［2006a］，「第1章　ドイモイ初期の開拓移民事業にみる「国家と社会」〜1980年代における「新しい故郷」の建設〜」寺本実編『ドイモイ下ベトナムの「国家と社会」をめぐって』アジア経済研究所・調査研究報告書。

岩井美佐紀［2006b］,「第3章 組織的移住政策にみるベトナムの国家と社会の関係～紅河デルタから「新経済区」への開拓移住」寺本実編『ドイモイ下ベトナムの「国家と社会」をめぐって』アジア経済研究所・調査研究報告書。

加藤大昌・鳴海邦碩［2004］,「ハノイ市における土地利用の法制度に関する基礎的研究」（日本都市計画学会関西支部第2回研究発表会）。

貴志功［2011］,「ベトナムの国内移住者に対する居住登録に関する法制の変容」『アジア太平洋研究』（成蹊大学アジア太平洋研究センター）。

国土交通省国土計画局［2009］,『平成20年度国土政策セミナー報告書』。

松本真明［2013］,「ベトナムの住宅事情①」『ベトナムへ，明日へのかけ橋』（一般社団法人ベトナム住宅研究会） http://vnhousingreserch.or.jp/ （2016年8月30日閲覧）。

MAUD. Arch. Nguyen Du Minh［2015］,「各国の国土政策の概要（ベトナム）」国土交通省国土政策局 http://www.mlit.go.jp/kokudokeikaku/international/spw/general/vietnam/index.html （2016年8月30日閲覧）。

松村茂久［2014］,『市場経済移行期の社会主義国における都市計画制度改善プロセスに関する研究：ベトナムにおける適用状況を中心として』（博士学位論文：大阪大学）。

中川清［1985］,『日本の都市下層』勁草書房。

Nguyen, Lam［2016］,「ベトナム国・ホーチミン市における都市マスタープランの特徴に関する研究」（博士論文：名古屋工業大学）。

西岡剛［2012］,「ベトナム社会主義共和国憲法の概要」『ICD NEWS LAW FOR DEVELPMENT：法務省法務総合研究所国際協力部報』。

岡江恭史［2004］,「ベトナム農業の発展と制約要因」『資源制約下における世界主要国の農業問題』（世界食糧需給プロジェクト研究資料：第4号），農林水産政策研究所。

OYANE, Jun［2013］, The Process and Reasons of Urbanization of Rural Area in Japan—The Transformation of Old Customs and The City Planning Law/Comprehensive National Development Plan: in this 100 years from 1920 －（日本における村落の都市化の過程とその諸要因—旧慣習・制度の変容と都市計画・全国総合開発計画：1920年からの100年—）, Chinese Academy of Social Sciences (CASS)：International Seminar 2013 "Urbanization in Transitional Period: International Experiences and the Prospects of China".

OYANE, Jun, 2016, Community Reconstruction from Flooding in Quang Phuoc Commune, Central Vietnam, *The Senshu Social Well-being Review No.3*.

新江利彦［2007］,『ベトナム少数民族定住政策史』風響社。

竹内郁夫［2006］,「第5章 ドイモイ下のベトナムにおける農村から都市への人口移動と「共同体」の役割試論」寺本実編『ドイモイ下ベトナムの「国家と社会」をめぐって』アジア経済研究所・調査研究報告書。

土屋宰貴［2009］,「わが国の「都市化率」に関する事実整理と考察—地域経済の視点から—」『日本銀行ワーキングペーパーシリーズ』https://www.boj.or.jp/research/

wps_rev/wps_2009/data/wp09j04.pdf/（2016 年 8 月 30 日閲覧）。
筒井由起乃［2004］,「ドイモイ期のベトナム紅河デルタ農村における経済活動と社会的
　　ネットワーク～ハイズオン省タインミエン県を事例として～」『人文地理』第 56 巻・第
　　2 号。

第7章
ベトナムの教育改革
──教育内容・方法改革とインクルーシブ教育導入を中心に

嶺井 正也

1. はじめに

　本章では近年のベトナムの教育改革について，初等教育と障害児教育に焦点をあて，その特徴と今後の課題を明らかにする。なお，本章は日本語や英語の文献，資料を使って作成したものである。ベトナム語の文献,資料を使っていない点に大きな限界があることをあらかじめ述べておく。

　さて，ベトナムでの最大の転換点を画したドイモイ政策（1986年）後，ベトナムの教育改革に関して，大きなものとして次のようなものがある。

① 1989年教育法制定（かつての南ベトナムの教育制度を基本とする教育制度の一本化）

② 1992年の憲法改正にともなう教育機関の設置多様化

③ 1996年のベトナム共産党第8回大会をへて1997年3月の閣僚会議で決定された「教育・医療・文化活動における社会化の主張と方向について」[1]を端緒とする「社会化」政策の導入

④ 2001年「教育発展戦略10年：2001-2010年」の制定〔障害児の就学率向上には国際協力機構（JICA）の支援あり〕

⑤ 2005年の教育法改正（義務教育を中学校までとする）[2]および第14号政府首相議決「ベトナム高等教育の基本的かつ全面的刷新」（アジェンダ）制定

⑥ 2007 年 1 月の世界貿易機関（WTO）への正式加盟による，高等教育を中心とした教育の私営化政策（privatization）の導入

⑦ 2009 年教育法改正

⑧ 2011 年「教育発展戦略 10 年：2011-2020 年」決定（小学校の就学率 99％と障害児の 70％就学を目標）

この中で，とくに大きな改革となった高等教育改革に関しては詳細な分析がすでに行われている（山口［2014］140-159 頁）ので本章では取り上げることはしない。

近年のベトナムの教育改革は国際機関による影響あるいは支援を受けているところに大きな特徴がある。現在の世界システムからすれば他の多くの開発途上国と同じ特徴であるともいえるが，ベトナムの場合，2005 年教育法第 3 部「教育に関する国際協力」で以下のように規定するようにしたところに法的根拠がある（石村他［2009］87 頁）。

第 109 条　ベトナムとの教育協力の奨励

1．ベトナム政府は，外国の組織，個人，国際組織，在外ベトナム人が，ベトナムの教育に対し，教授，学習，投資，財政援助，協力，科学研究，技術移転をすることを奨励し援助する。彼らの合法な権利と利益はベトナム法及びベトナム社会主義共和国が批准し，承認した国際協定に照らして保護される。

2．ベトナム領土内での，在外ベトナム人または外国組織・個人，国際組織の教育に関する協力，学校または教育機関の建設については，政府が規定する。

本章で取り上げるのは，第 1 に世界銀行の支援を受けている初等教育におけるカリキュラムや教育方法の改革である。タイのジョミティエン会議（1990 年）で採択されたユネスコの「万人のための教育（Education for

表 7.1 小学校・中学校就学率推移

学 年 度	学 校	男 子	女 子	合 計
2006/07	小学校	92.24%	94.15%	95.96%
	中学校	82.80	79.22	81.04
2007/08	小学校	92.84	98.82	96.07
	中学校	84.74	80.06	82.7
2008/09	小学校	94.16	97.26	96.95
	中学校	88.27	78.25	83.08
2009/10	小学校	95.43	97.11	97.54
	中学校	88.76	81.17	84.95
2010/11	小学校	95.39	98.68	97.58
	中学校	83.68	84.53	84.09
2011/12	小学校	95.58	99.35	97.67
	中学校	92.47	82.19	87.24
2012/13	小学校	96.92	96.38	98.31
	中学校	91.17	84.96	88.04

出典：ベトナム教育訓練省 "Viet Nam Education For All 2015 National Review" [2014] 掲載
　　　データより作成

All)」に関わって行われた初等教育の普遍化政策，すなわち小学校の就学率
をあげ 100％に近づける政策[3] により，ベトナムでは初等教育をすべての
国民が受けられるようになりつつある。つまり量的拡大はほぼ達成しつつあ
る，といっていいであろう。2006/07 年度以降の就学率の推移は表 7.1 の
とおりである[4]。

　ただし，義務教育である中学校に関しては男女合計で 90％に達していな
い。女子が低くなっている。義務教育にはなっていても教科書が有償であっ
たりして教育費が高いことなどもあり，地域格差や少数民族問題がその背景
に存在していよう。なお，高校の就学率は 70.7％（2013/14 年度）である（ジェ
トロ［2012］5 頁）。

　こうした量的な教育機会の拡大を踏まえ，ベトナムでは質的な面での改革
が現在進行中である。ベトナム教育訓練省自身が以下のような取り組みを

行っていると報告している⁵⁾。

①研修を充実して有資格教員の割合を増やすこと
②教員1人当たりの児童生徒数の改善（初等教育では2000/01年度の28.03人から2012/13年度には18.88人，前期中等教育では26.32人から15.44人へ）
③カリキュラムと教科書の向上と教育方法の改善
④マネジメント研修や専門知（ICTの活用や児童生徒にやさしい教育環境づくりなど）の改善
⑤ネットワークづくりとインフラの整備
⑥GNPやGDPに対する教育費の割合改善

　本章では，この中でまず③に該当する，世界銀行のグローバル・パートナーシップ事業として進められてきた「ベトナム新学校プロジェクト（the Viet Nam Escuela Nueva Project：以下，the VNEN）」⁶⁾という取り組みを取り上げる。

　2つ目に取り上げるのは障害児教育である。これも初等教育の普遍化という教育の量的拡大がある程度達成されるようになってきたという背景と，障害児の教育保障に関わって国際的な標準となっているインクルーシブ教育（inclusive education）の必要性拡大という2つの側面から，いま，ベトナムの教育において課題となっているテーマである。

　なお，ここでいうインクルーシブ教育とは，1994年にスペインのサラマンカ市でユネスコがスペイン政府と共催した「特別な教育ニーズに関する世界会議」で採択された「サラマンカ宣言」と「サラマンカ宣言行動枠組み」⁷⁾の中心となった概念である。それは，普通の教育環境から排除されてきた障害のある子や移民の子，ロマ（かつてジプシーと呼ばれた西欧の移動型民族）の子，ストリート・チルドレンを普通の教育環境の変革を通じて受け入れていく，という意味合いである。かつてのソビエト社会主義共和国連邦と同様

に徹底した分離・別学制度の伝統（日本のいわゆる特殊教育の伝統と同じ）のあるベトナムで，このインクルーシブ教育がどのように受け入れられ，どういう現状にあるかを分析する。

2. ベトナム教育の基本枠組み

2つの課題を明らかにする前に，ベトナム教育の基本枠組みを確認しておく。

(1) 憲法

ベトナムの教育の基本的あり方を定めているのは憲法[8]（2013年）と教育法（2009年）である。憲法第4条は以下のようにマルクス＝レーニン主義およびホー・チ・ミン思想が国家の思想的基礎[9]であるとする。

第4条
1. ベトナム共産党は，労働者階級の先導隊であると同時に働く人民及びベトナム民族の先導隊であり，マルクス＝レーニン主義及びホーチミン思想を思想的基礎として採用し，労働者階級，働く人民及び全ての民族の利益を忠実に代表する国家と社会の指導勢力である。
2. ベトナム共産党は，人民と密接に結びつき，人民に奉仕し，人民の監察を受け，自らの各決定につき人民に責任を負う。
3. 党の各組織及びベトナム共産党の党員は，憲法及び法令7の範囲内で活動する。

教育に関する条項は第61条であり，教育は社会主義国家建設の人材育成として「第1位の国策」であるとする（下線，引用者）。ただ実際には第1位にはなっていない，と思われる。

第61条

1. 教育の発展は，民知を高め，人的資源を発展させ，優れた人材を育成するための第一の国策である。

2. 国は，教育へ優先的に投資し，その他の投資源を勧誘する；幼児教育に関心を払う；小学教育が強制であり，国が学費を徴収しないことを保証する；中学教育の普及を進める；大学教育，職業教育を発展させる；奨学金，学費の合理化の政策を実施する。

ただし，以下の教育法レベルでは単なる人材育成ではなく，いわゆる人間の「全面発達」を目指すものとの規定も見られる。

(2) 2009年教育法

1998年の教育法を改正した2005年教育法は2009年11月25日に再改正され，今日2009年教育法になっている。

参考のために。近田作成の「ベトナム1998年教育法と2005年教育法の構成」（近田［2009］51頁）に2009年法を追加する形で，なおかつ，訳語に関しては石村訳（石村他［2009］71-89頁）を参考にしつつ，3つの法律の構成を比較した表7.2を示しておこう。2005年改正では節として「継続教育」，「民立学校および私立学校に関する政策」，「教育の国際協力」が新たに加わり，ノンフォーマル教育が節から削除された。2005年教育法に関してはベトナムの教育への海外からの投資や支援を積極的に呼び込むことにつながる節題変更がなされている。それは「教育の国際関係」から「教育の国際協力」への転換である。

英文で確認しうる2009年教育法（2005年教育法の修正条項と追加条項からなる）[10]については表7.2の右欄に修正条項と追加条項（斜字体）を示しておいたが，第7章に「3a」節が新たに加わっている。

2005年法の趣旨については「1998年教育法が市場経済化という大きな方向の中で教育普及をどのように促進するかを重視するものであったのに対

第 7 章　ベトナムの教育改革　　191

表 7.2　1998 年, 2005 年, 2009 年教育法の構成

章	節	1998 年法	2005 年法	2009 年法による改正・追加の条項
1. 総則		1 ～ 17 条	1 ～ 20 条	6 条 2 項, 11 条 1 項 13 条
2. 国民教育制度		18 ～ 43 条	21 ～ 47 条	同左
	1. 就学前教育	18 ～ 21 条	21 ～ 25 条	同左
	2. 普通教育	22 ～ 27 条	26 ～ 31 条	29 条 3 項
	3. 職業教育	28 ～ 33 条	32 ～ 37 条	35 条 2 項
	4. 大学・大学院教育 4. 大学教育	34 ～ 39 条	38 ～ 43 条	38 条 4 項, 同条 5 項 41 条 2 項, 42 条 1 項 b 42 条 2 項, 43 条 6 項
	5. ノンフォーマル教育 5. 継続教育	40 ～ 43 条	44 ～ 47 条	46 条 1・3 項
3. 学校と他の教育機関		44 ～ 60 条	48 ～ 69 条	同左
	1. 学校の組織と活動	44 ～ 52 条	48 ～ 57 条	50 条, 50a 条, 50b 条 51 条
	2. 学校の任務と権限	53 ～ 55 条	58 ～ 60 条	58 条 1 項
	3. 各種の特殊学校	56 ～ 59 条	61 ～ 64 条	同左
	4. 民立学校および私立学校に関する政策		65 ～ 68 条	同左
	4. 他の教育機関の組織と活動 5. 他の教育機関の組織と活動	60 条	69 条	69 条 1 項 b・c 号 69 条 2 項
4. 教員		61 ～ 72 条	70 ～ 82 条	同左
	1. 教員の義務と権利	61 ～ 66 条	70 ～ 76 条	70 条 3 項, 74 条
	2. 教員の研修と養成	67 ～ 69 条	77 ～ 79 条	78 条
	3. 教員に対する政策	70 ～ 72 条	80 ～ 82 条	81 条
5. 学習者		73 ～ 80 条	83 ～ 92 条	同左
	1. 学習者の任務と権利	73 ～ 76 条	83 ～ 88 条	同左
	2. 学習者に対する政策	77 ～ 80 条	88 ～ 92 条	同左
6. 学校・家庭・社会		81 ～ 85 条	93 ～ 98 条	同左
7. 国の教育管理		86 ～ 103 条	99 ～ 113 条	同左
	1. 教育に関する国の管理内容および国の管理機関	86 ～ 87 条	99 ～ 100 条	100 条 4 項
	2. 教育投資	88 ～ 93 条	101 ～ 106 条	101 条 2 項
	3. 教育の国際関係 3. 教育の国際協力 3a. 教育の質評価	94 ～ 97 条	107 ～ 110 条	108 条 4 項, 109 条 *110 条 a・b・c 号*
	4. 教育査察	98 ～ 103 条	111 ～ 113 条	同左
8. 褒章および罰則		104 ～ 108 条	114 ～ 118 条	同左
9. 施行に関する条項		109 ～ 110 条	119 ～ 120 条	同左

注：2009 年法でイタリック体になっている第 110 条 a・b・c 号は純粋に新しく加わったもので、それ以外の条項は、あらたな項を追加する形での改正になっている。

し，2005年教育法はすでに一定程度普及した教育の質や水準をどのように高めるかという性格が色濃くなっている。つまり，共産党の一党体制における市場経済化という国是は不変ながら，教育行政に関しては規制緩和・量的拡大から規制強化・質の改善へと方向転換がなされつつあると言えるだろう」と指摘されている（近田［2009］92頁）。

2009年法の場合，第7章に新しく第3a節が加わり，教育の質評価を盛り込んだところに特徴がある。2009年教育法は2005年教育法と同じく「適用範囲」（第1条），「教育の目的」（第2条）から始まり，第120条まで続く長い法律である。基本理念となる部分は2005年教育法と変わらないので以下に示す（石村他［2009］）（下線，引用者）。

第2条　教育の目的
教育の目的は，ベトナム人を徳，知，体，品位，専門性を持ち，国家の独立と社会主義に忠実な，<u>全面的に発達した人格</u>に教育することであり，祖国の建設と防衛の需要を満たすひとりの尊厳，市民としての資質，能力を形成し，育成することである。

第3条　教育の特質と原則
1．ベトナムの教育は，人民とともにあり，全国的であり，科学的であり，現代的であるという特質を持ち，<u>マルクス＝レーニン主義とホーチミン思想に基づく</u>。
2．教育活動は，実践と結びつけられた学習，生産と結びついた教育，実践と結びついた理論，そして，家庭と社会の教育と結びついた学校教育という原則によって指導される。

第11条　教育の普遍化[11]
1．5歳児の就学前教育，初等教育及び前期中等教育は普遍化されなければならない。国は教育普遍化計画を決定し，国全体で教育の普遍化をすすめる条件整備を行うべきである。

（3）学校教育制度

　こうした理念や原則に基づく教育制度は 2009 年教育法第 4, 11, 26 条等で規定されているが，紙幅の関係で省略する。教育法にもとづくベトナムの学校教育制度図もここに掲載しないが，最新の制度図は石村（［2008］76頁）が参考になろう。なお普通教育制度は 5−4−3 制である。

　だが，ベトナムの学校制度図をいくつか見ても，障害のある子どもが通う特別学校が見えてこない。かつては労働傷病兵社会省が管轄していた障害児学校は 1996 年以降，すでに教育訓練省の管轄になっている。しかも，2005 年教育法第 63 条「障害者・傷病者のための学校・学級」では第 1 項で「国は障害者・傷病者のための学校を設立し，組織や個人が障害者・傷病者のための学校を設立することを奨励する。この学校は障害者・傷病者の機能回復を図り，一般教養や職業技能について学習し，地域社会との調和を図ることを目的とする」と規定されているにもかかわらず，である。この点についてはインクルーシブ教育を論じる 4 節で取り上げる。

3. 初等（小学校）教育の質的改革に向けて

　ベトナムにおいては，憲法や教育法にマルクス＝レーニン主義およびホーチミン思想に基づく社会主義教育理念が掲げられている。それは上述の教育法第 2, 3 条で教育の目的や特質に明示されている。

　だがしかし，実際には「全面発達」を目指す教育でもなく，「理論・思想と実践とつながる」教育にもなっていない。国が作成した教科書を暗記する学習が中心で，教育方法も教師主導型である。この点について「ベトナムでは，教育内容面で筆記試験重視の主知主義的傾向が未だに強い。ベトナムにおける試験主義，暗記主義の現状は，『オウムのように勉強する』と言われ，それによって，『誤って勉強し，誤って仕事に就き，誤って才能を失ってしまう』と言った状況にある。形式的な教育内容（建て前）が何層にも渡る試験を通じて流し込まれるが，それは実情とは合わず，現実の社会に発展，さ

らには，個人就職にも役に立たない，と言った図式である」（石村［2008］
77頁）と描き出されている。

また田中義雄はベトナムの小学校で実際に教えた経験を踏まえ，かなり詳
細な課題指摘や改善策の提示を行っている（田中［2008］）。

(1) the VNEN プロジェクト

こうした状況改善のためにベトナム教育訓練省は，2005/06年度に新し
いカリキュラム[12]と教科書を導入し，その後，①the VNEN プロジェクト
という先導的試行，②新しい方法をもちいた芸術教育の先導的試行，③実用
的方法を利用した自然科学系や社会科学系の教科の授業，を進めるように
なった。

本論で取り上げる the VNEN プロジェクトは，2012年11月27日に世
界銀行（以下WB）がグローバル・パートナーシップ事業[13]として認めた
「Escuela Nueva」モデルをベトナムに導入しようとするものであった。そ
の目標は「もっとも不利益を被っている小学生グループを対象として彼らが
学ぶ教室で新しい授業実践を導入し，利用する」ことにあった。2013年1
月9日から施行され，2014年12月3日の中間評価を経て，2016年5月
31日に終了している。その間のWBからの援助は8400万ドルに上っている。
事業遂行評価はおおむね満足レベルにあるとされている[14]。

プロジェクトが始まって約8カ月後に，当時の教育訓練省副大臣グエン・
ヴィン・ヒエン（Nguyễn Vinh Hien）が「Viet Nam News」の2013年9
月3日号の取材に応じた際，「根本的な教育改革にとって必要な新しい学習」
と題する長いコメントを寄せている。

彼はまずベトナムの学校教育の基本的なあり方に大きな問題を上げた。そ
れは①万人の要望に応えるあまり，個々人の長所を伸ばすという理念を忘れ
ている，②知識を生徒に伝達することに主眼があり，生徒の自己学習をあま
り評価していない，③そのため教員による教え（teaching）が支配的となり，
生徒は受動的な学習者になっている，④教科書の内容がアカデミックすぎる，

⑤さらに理論と実践的技能のバランスが崩れている，というものだった。

　こうした事態を打開し，ベトナムの教育制度を現代化し，生徒たちが21世紀に生きていけるようにするために，国際的モデルである the VNEN をつい最近導入したと述べている。

　続けて彼は the VNEN について以下のように説明した。この取り組みに対するベトナム教育訓練省の意気込みが感じられるし，内容も理解できるので，以下にまとめておく。

・the VNEN は，教育にとっての新しい指針であり，上記の課題を我々が解決する上での手だすけとなる新しいメカニズムである。
・the VNEN によって，生徒はファシリテーターとなる教員と一緒に学級づくりを行うことになるし，保護者や地域の人々も子どもたちの生活に関連する学習に参加する。
・このモデルにより授業中の生徒参加が促されるし，試験を通じた参加も可能となる。
・これまで教育訓練省は，生徒が好成績を上げられるようにし，また生徒が直面する課題の克服を支援するために生徒の学習過程を評価する方法に関して非常に細かな指示を出してきた。この新しいモデルを取り入れることになると，教員は生徒にとって身近な友達のような存在になり，生徒自身が自らの長所を伸ばし，短所を抑えられるようになる。
・1 課業（lesson）は 1 つのテーマからなり，それを 3 段階に分けて学ぶ。最初は一人で読み解く（reading），次に与えられた課題を解決するために理解したものを利用する，そして最後に，学校，地域あるいは家庭の実際の場面に獲得した知識を応用する，という具合である。
・教員はファシリテーターになり，必要なときにだけ関与する。
・生徒は班にわかれて座るが，基本的には個々に活動する。しかし，必要に応じて討論し，意見を交換する。これにより個人学習と協働学習とが可能になる。

・重要な点は，このモデルでは生徒それぞれが自由に自分の考えを表現し，合意にいたるまで議論するようになっている点である。生徒は彼らの間で民主的な環境や友好的な関係ができると感じることになる。

　前述したように WB のグローバル・パートナーシップ事業として始まった the VNEN は貧困地域の学校や子どもを対象とするものであったが，副大臣は最後に「このモデル適用は 2015 年に予定していた一般学校のカリキュラムと教科書の改善の絶好の機会になる。このモデルの導入期間は 2015 年以降にわが国の一般教育改革を開始するための移行期間として非常に重要である」とまとめている。

　こうした経過のなかでベトナム教育訓練省は 2015 年にカリキュラム改革を含む教育改革素案を提示したようである。しかし，最終的に承認されたものについて筆者は確認できていない[15]。またこのモデルに基づく教育実践の改善がどのように進められるかも不明である。しかし，次に述べるように，ベトナムをグローバル労働力市場に組み入れようとする WB や WTO の援助策や関与によって，ベトナムの教育が大きく変わる可能性はある。

　日本では WB の影響ではなく，OECD の「教育 2030（Education 2030）」が求めるグローバル・コンピテンシーに影響された学習指導要領改訂作業で最終段階を迎えているが，基本的な狙いはグローバルな労働力市場に参入できる人材育成である。そこで強調されているのはアクティブ・ラーニングであったり，競争しつつも他者と協働できる「人格（character）」形成である。

(2) Escuela Nueva とは

　ベトナムが初等教育改革の一環として取り入れた Escuela Nueva は，1975 年に南米のコロンビアで貧困地区の学校や教育を改善するために取り組まれたものである。

　これはコロンビア人のヴィッキー・コルバート（Vicky Colbert）が他の

メンバーとともに作り出したもので，2103 年の「国際教育改革サミット
(World Innovation Summit for Education) で受賞した取り組みである。
これについては「1975 年にコロンビアの地方で発足されたエスクエラ・ヌ
エバ教育モデルは，ボトムアップのアプローチで，地方で経験のある教育者
を集めることで，最高レベルの教育を実現しました。このアプローチを主導
するため，コルバート氏は地域，家庭，教育者，研究機関，政策立案者をつ
なげる重要な役割を果たしました。このユニークな教育モデルは，1980 年
代にコロンビアの国策になり，さまざまな地域で展開されました。それ以来，
世界各国において実施され，世界銀行や国連などの組織に，発展途上国にお
ける最も有効な公共政策の一つとして認識されています」[16] (下線，引用者)
と説明されている。

　WB の文書 [17] によると，これまでめざましく成長してきたベトナム経済
をさらに発展させるためには将来の労働力に向けた質の高い養成・教育が必
要であるとの観点から，ベトナム政府が児童中心の学習プログラム開発に乗
り出している，これは WB のグローバル・パートナーシップ事業に即した
ものである，との認識が示されている。しかし，実際にはおそらく WB 側
がこのモデルの導入を前提にベトナムへの融資を決めたと推定されるが，決
定にいたる詳細な経過は不明である。

　WB の支援を受けたこのプロジェクトがベトナムの初等教育の内容と方法
の改革にどこまで影響を及ぼすのか見極めるのは今後の課題としたい。

　とはいえ，WB が 2011 年にまとめ 2012 年から実施しはじめた「万人の
ための学習―人々の知識と技能に投資する (Learning for All　Investing in
People's Knowledge and Skills)」という「教育戦略 (Education Strategy
2020)」[18] によると，これからの知識基盤型社会における経済成長にとって
は，重要なのは教育よりも学習である，したがって，学校教育より個人の学
習が幅広くできるようにするため，以下のように，各国の教育制度を改革す
ることが重要であるとしている。

発展（development）の究極の動力は，就学前から始まり労働市場に参入するまで，学校の内外で，個々人が何を学ぶかである。WB のこれから新たな 10 年の戦略は，国レベルの教育制度の改革とこうした改革を導くための強力なグローバル知（knowledge）の構築とによって「万人のための学習」というより広い目標を達成しようとするものである。

　ベトナムの the VNEN プロジェクトが始まったのは前述したように 2012 年からである。まさに教育戦略 2020 にもとづき，WB がベトナムの教育制度改革の先鞭をつける狙いがあったのかもしれない。グローバル労働市場に対応した労働力養成によってベトナム経済の成長を一層進めたいと考えているベトナム政府と WB との思惑が一致した動きだったと考えられる。

4. インクルーシブ教育導入の動向

　ベトナムは 2007 年 10 月 22 日障害者権利条約に署名し，2015 年 2 月に批准した。

　しかし，現在の障害児教育制度の基本を規定する障害者法（ベトナム語ではLUẬT NGƯỜI KHUYẾT TẬT, 英語ではLaw on persons with disabilities）は批准以前の 2010 年 6 月 17 日に制定している。2006 年国連で障害者権利条約が採択されたのを受け，批准に向けての国内法制や条件の整備を早めに行った結果であろう。この点は批准が 2014 年にずれ込んだ日本とは違う。

　障害者権利条約第 24 条は，前述したように「インクルーシブ教育」を規定しているから，当然のこととしてベトナムの教育制度でもインクルーシブ教育を名目上は基本とすることになる。ベトナムは「世界銀行が設立した『Education For All Track Initiative（EFA-FTI）』の支援対象国であり，障害者法第 28 条第 2 項の規定にあるように，今後のベトナムの<u>特殊教育は，インクルーシブ教育を中心に進められていく</u>ものと思われる」（安藤他[2015] 2 頁）[19]

4.1 障害児教育法制

2005年教育法第63条をそのまま受けついでいる2009年教育法で「障害者・傷病者のための学校・学級」が規定されていることは前述した。しかしながら、そこで行われる教育のあり方に関する規定はない。それは2009年法の1年後に制定された2010年障害者法に規定されている。

同法は「1998年に国会常務委員会によって制定された「障害者法令」（全8章35条）を刷新し、「法令」から「法」に格上げされたものである。障害者法は、先の障害者法令と同じく障害者権利保障と施策の基本方向を提示し、『障害者基本法』としての特徴をもっている」（黒田 [2015] 168頁）と指摘されるものでる。

また同法は第2条（概念定義）の第1項で「本法では障害者を、身体の一部あるいは複数個所に損傷のある者、あるいは多様な形態の障害として表出し、労働、日常生活、学習において困難を引き起こす機能的損傷のある者と規定する」とした上で、障害者に対する差別を「障害を理由として、分離し、蔑視し、否定し、排除し、悪態をつき、偏見を抱き、障害者の正当な権利を制約すること」としている。障害者権利条約に規定する「合理的調整（reasonable accommodation）」については触れていない[20]。続いて第2条が障害者の教育について以下の3種を示している。法律上、後述するホアニャップ教育が出てくるのはこれが最初と思われるが、ベトナムが公的文書にインクルーシブ教育という言葉を使ったのは前述の1998年障害者法令第16条であった、とされている（白銀 [2015] 414頁）。障害者法第2条の規定は以下のとおり[21]。

第4項　インクルーシブ教育は障害のある者が障害のない者とともに教育機関で学ぶようにする教育方式である[22]。
第5項　特別教育は障害のある者が彼らのために分離して設置されている学校あるいは教育機関で学ぶ教育アプローチである。

第6項　セミ・インクルーシブ教育は障害のある者が普通学校あるいは普通の教育機関にある障害のある者のための特別学級で学ぶ教育アプローチである。

これらの規定によると，普通学校の普通学級での障害児教育がインクルーシブ教育，普通学校での特別学級の場合がセミ・インクルーシブ教育，特別学校での教育が特別教育となるだろう。

教育全般にふれているのは第27条となっている。黒田訳を借りて，以下を引用する（下線は引用者。なお，第28条第1項には引用者がベトナム語を挿入した）。上述の第2条で障害者の教育には3種あるとされているが，第28条ではインクルーシブ教育が「主要の教育方法」となっている。

第27条　障害者の教育
第1項　国家は障害者がその能力に応じた学習ができるよう条件を整える。
第2項　障害者は，普通教育で規定されている年齢よりも高い年齢でも入学することができる。入学試験で優遇され，本人が対応できない教科，または教育内容，教育活動は減免される。また，学費や養育費，その他教育に関わる費用が減免され，奨学金，補助具，教材が支給される。
第3項　必要な場合，特別な学習方法や資料が提供される。言語・聴覚障害者は記号言語（手話）で学習でき，視覚障害者は国家基準の Braille 点字で学習できる。
第4項　〈略〉
第28条　障害者の教育方法
第1項　障害者の教育方法には，インクルーシブ教育，セミ・インクルーシブ教育（giáo dục bán hòa nhập），特別教育が含まれる。
第2項　インクルーシブ教育は，障害者にとって主要な教育方法である。セミ・インクルーシブ教育と特別教育は，障害者がインクルーシブ教育を

受けるにあたり，十分な学習条件が整っていない場合に行われる。

第3項　障害者本人，障害者の両親もしくは保護者は，障害者の能力の発達に応じて教育方法を選ぶ。国家は，障害者がインクルーシブ教育という方法によって学習　参加することを奨励する。

第29条　教員，教育管理者，教育支援者　〈略〉

第30条　教育設備（施設）の責任（役割）〈略〉

第31条　インクルーシブ教育支援開発センター　〈略〉

4.2　インクルーシブ教育の導入と現状

(1) インクルーシブ教育とホアニャップ教育

以上，ベトナムでは障害児教育に関して「インクルーシブ教育」が制度上は基本となってきていることを明らかにした。この「インクルーシブ教育」に相当するのは，ベトナム語で「giáo dục hòa nhập（ホアニャップ教育）」[23]（漢語にすると和入教育）である（白銀［2015］411 頁）。つまりベトナム語の 2010 年障害者法のホアニャップ教育を英語にすると inclusive education になっているのである。

白銀によれば「ベトナムで障害児を通常学校で就学させる教育が紹介されたのは 1987 年であるという。そして，1991 年から本格的プロジェクトが展開された。障害児教育センター（現・特殊教育研究センター）の専門員だった Trần Văn Bích は当時の教育をホアニャップ教育として記述している」（白銀［2015］414 頁）という。

日本ではいえばサラマンカ宣言によって国際標準となった「インクルーシブ教育」という言葉が活字として登場したのは，筆者が 1996 年の翻訳し，紹介したとき [24] だと思われる。日本ではそれまでは障害のある子とない子とが普通学級で一緒に学ぶことを求める運動があり，そこで掲げられていたのは「共生共学（ともに生き，ともに学ぶ）」であった（それ以前は統合教育という概念も使われた）。筆者が翻訳したとき，インクルーシブ教育はこの「共生共学」に近いと思ったのであるが，たとえば「共生教育」という訳

語を当てることはせず，前述したようにカタカナ表記にしたのであった。

　ベトナムにおいてもインクルーシブ教育の概念が海外から入ってきたとしても，すぐには それをホアニャップ教育であるということにはならなかったはずである。だが今や，ホアニャップ教育はインクルーシブ教育とイコールと認識するようになっているようである（白銀［2015］416頁）。

　　障害者法によればホアニャップ教育とは「教育機関において障害がない人と一緒にする教育方式（同法律第2条第4項）であるとされ，「障害者を対象とする主要な教育方式」（同法律第28条第2項）と位置づけられている。このため，ホアニャップ教育では通常の学校での学習権の保障に重きを置いた，より統合教育に近い定義づけとなっていることがわかる。〈中略〉この点に関して，1980年代後半に新しい障害児への教育が紹介され，海外支援を取り入れつつ1990年代からホアニャップ教育が展開され，専門用語として定着したとみるならば，この時期はまさに国際動向が統合教育からインクルーシブ教育へ転換する時期であった。このためホアニャップ教育は，統合教育とインクルーシブ教育の両方から影響を受けつつ，ベトナムでは「インクルーシブ教育」とみなされる教育として認識されるようになった。

　しかしながら，ベトナムでのホアニャップ教育＝インクルーシブ教育とする考え方には，主流（メインストリーム）となっている普通教育の変革を伴いながら，合理的調節を保障しつつ障害のある子どもを普通学級で受け入れ，彼らが障害のない子どもとともに学ぶ，という本来の意味でインクルーシブ教育とは違った内実を有しているようだ。白銀が指摘するように，それは「統合教育」にちかい。

　また黒田もベトナムでの実態調査から「ベトナムにおけるインクルーシブ教育とセミインクルーシブ教育との違いは不明確であり，インクルーシブ教育と位置づけられながら実際には特別学校が設置され，セミ・インクルーシ

ブ教育となっている」（黒田［2015］164 頁）と指摘する。

また政策としての矛盾も見られる（Grimes, et al.［2015］p.34）。

　　ベトナム政府は障害のある子どもの教育に関してどのような教育方法を採用するかについて明確な選択をしてはいない。インクルーシブ教育，特別教育およびセミ統合教育（semi-integrated education）の３種が共存している。したがって，それぞれの政策文書で矛盾した要素が混在している。障害者法（2010 年）でインクルーシブ教育が障害のある子どもの教育にとっての主要モデルであるべきだとし，また，教育訓練省令第 58 号（2012 年）は特別学校をインクルーシブ教育リソースセンターに転換すると規定している。しかし，教育戦略 2011-2020（2012 年）では政府は障害のある子どものための特別教育への投資を増加すると言明した。

これは「インクルーシブ教育システム」として「特別支援教育」の拡充を図っている日本と同様である。

(2) 障害児教育の現状

　ベトナムにおいて「障害児教育・インクルーシブ教育の法制度および施策は，〈中略〉その実施状況，障害児の就学実態を明らかにする全国的な統計や公的報告を入手することはきわめて困難である。また，施策の具体的実施は，各地方に任せられ，各省，各地方行政機関が法制度に基づき実施してもその到達点には格差が生じている。国内における産業発展や経済格差が指摘されているが，障害児教育・インクルーシブ教育についても同様である」（黒田［2015］170・171 頁）。

　そこで，先にも引用した（注 4）参照），ベトナム政府（教育訓練省）がユネスコに提出した「各国別　万人のための教育　ベトナム」における「初等教育における障害児の就学」項目では，障害児数は 120 万人で，障害種は，知的障害：27％，運動機能障害：20％，言語障害 19％，聴覚障害：12.43％，

表7.3　初等教育を受けている障害児数

学年度	特別教育を受けている児童 (specialized education)	ホアニャップ教育を受けている児童 (inclusive education)	合　計
2008/09	9,239	147,929	157,168
2009/10	19,769	40,203	59,972
2010/11	18,311	51,371	69,682
2011/12	16,261	40,997	57,258
2012/13	16,000	52,711	68,711

出典：ベトナム教育訓練省 "Viet Nam Education For All 2015 National Review" [2014] 掲載のデータより作成

視覚障害：12％，その他の障害：7％（引用者注：合計で100％にはなっていない）であり，全体の31％が重度の障害がある，と説明されている。

　ところで表7.3のような表も掲載されている。不可解なのは2008/09年度の児童数がインクルーシブ教育（ホアニャップ教育）を受けている児童数および合計数がその後の年度と比べ10万人近くも多くなっていることである。報告書自体にこの点についての注釈もない。また特別学校数やセミ・インクルーシブ教育を受けている児童数は掲載されていない。なお特別教育を受けている生徒数については，1996年の6000人から2008年の8700人，インクルーシブ教育を受けている生徒数については1996年の3万6000人から2008年の46万9800人という数字をあげるものもある（黒田 [2015] 169頁）が，かりに中学校段階がこの数字に入っているにしても，表7.3の2008-2009年度の数字とは相当に食い違っている。

　それゆえ，現時点でベトナムの障害児教育に関する正確なデータを入手することはできない，と断定せざるを得ない。

5．おわりに

　初等教育の普遍化つまり量的拡大が終わりつつあるベトナムでは，中等教育以上の拡大とともにそれぞれの段階での教育の質を改革する取り組みが進

みつつある。

　その中で，今回取り上げた初等教育への VNEN モデルとインクルーシブ教育の導入は，いずれも WB や国連・ユネスコといった国際機関の影響を受けつつ実施されてきている。

　近年，WB とユネスコとは「世界教育フォーラム」[26]を開催しつつ途上国の教育援助に関して協力してきている。かつては進めるべき教育のあり方について相当の隔たりがあったと思われる両者が協力しあっていることをどう考えるべきかは今後の課題とするが，ベトナムでの教育状況を見るとグローバリゼーションのなかで，国際機関の影響を受けながら教育のあり方を模索する状況がうかがえる。

　そんな中，一歩先を行っているベトナムの高等教育改革の動きも対象にしながら，ベトナムの教育がどう変わっていくのかを注視したい。

【注】
1) 教育に関する部分は，①教育セクターの多様化，②教育サービスの受益者負担，③政府による教育予算の縮減と民間資金の導入，などである（山口［2014］150 頁）。
2) 同法の翻訳には近田正博のもの（http://ir.nul.nagoya-u.ac.jp/jspui/bitstream/2237/13560/1/Vietnam_Education_2005.pdf）（オンデマンド，2009 年）と石村雅雄・Tran Thi Ngoc のもの［2009］との 2 つがある。
3) 詳しい分析を行っているのは潮木守一編［2008］『ベトナムにおける初等教育の普遍化政策』明石書店である。
4) ユネスコの「万人のための教育」施策の実施状況審査のためにベトナム教育訓練省がまとめた "Viet Nam Education For All 2015 National Review"［2014］掲載のデータ。
5) 同上。
6) "ESCUELA NUEVA" はスペイン語であり，日本語にすると「新しい学校」である。
7) 筆者は 1996 年に同宣言・枠組みを翻訳した。そのとき，"inclusive" を日本語に変換することができなかったのでカタカナ表記とした。その後，経緯は省略するが「包摂共生教育」と訳すようにした。2006 年 12 月に国際連合が採択した「障害者の権利に関する条約」を日本政府が 2014 年 1 月に批准した際，日本政府はこれを「包容する教育」とした。この政府訳はいかにも恩恵的意味が内包されているようであり，筆者は反対である。
8) 正式名称はベトナム社会主義共和国憲法で，引用は JICA の仮訳 http://www.moj.

go.jp/content/001167755.pdf から。

9) マルクス・レーニン主義やホー・チ・ミン思想についての概要は高校で，詳細については大学で学ぶようである。ただし，小学校では「ホーおじさん5つの教え」が子どもたちの行動規範として掲げられている。ホー・チ・ミンの教育思想については，今回は取り上げない。

10) 英文表記は "LAW AMENDING AND SUPPLEMENTING A NUMBER OF ARTICLES OF THE EDUCATION LAW" である。

11) ベトナム語では Phổ cập giáo dục で，英語表記では Universalization of Education である。近田，石村はともにこれを「義務教育」（注2の文献）と訳している。しかし，2009年教育法では「5歳児の就学前教育，初等教育及び前期中等教育は universal にならなければならない」と規定されていることから判断すると，日本語の「義務教育」をあてていいか疑問である。なお憲法では初等（小学校）教育だけが義務教育として規定されているが，前述したように2005年教育法第11条第1項では「初等教育及び前期中等教育は義務教育（普及教育 phổ cập giáo dục）である。政府は義務教育の計画を決定し，国全体を通した義務教育の条件整備を行う」とした。これは2009年教育法でも同じである。

12) 2015/06年度にさらに新しいカリキュラム策定されて，2018/19年度から導入予定のようである。「新カリキュラムの実施について」と題するニュース記事による。http://vietnamnews.vn/opinion/280653/new-school-curriculum-must-adapt.html

13) WB のグローバル・パートナーシップ事業とは，最貧国の開発をさまざまに支援するためのそれらの国々と連携してすすめる事業である（世界銀行ウェブサイト参照）。

14) The World Bank, Implementation Status & Result Report, Vietnam: Global Partnership for Education-Vietnam Escuela Nueva Project (P120867).

15) 上記注15に示したニュース記事では教育内容や教科書の現代化の必要性が強調されている。

16) http://www.wise-qatar.org/prize-vicky-colbert-colombia。今の取り組みはインクルーシブ教育革新基金のメイン事業となっている。

17) 'PROJECT INFORMATION DOCUMENT CONCEPT STAGE' http://documents.worldbank.org/curated/en/740031468112743888/pdf/PID-Print-P152232-04-25-2016-1461639016093.pdf（2016年8月30日閲覧）。

18) http://siteresources.worldbank.org/EDUCATION/Resources/ESSU/Education_Strategy_4_12_2011.pdf（2016年8月20日閲覧）。

19) 下線部の表現には疑問あり。「ベトナムの障害児教育はインクルーシブ教育を中心に」なら納得できる。

20) 残念ながらベトナム語の障害者法によるものではなく，英訳されたものをここでは使っている。https://dredf.org/wp-content/uploads/2012/08/Vietnam-the-law-on-persons-with-disabilities.pdf（2016年8月15日閲覧）。

第7章　ベトナムの教育改革　　207

21）同上の英文表記の障害者法をもとに訳出した。

22）（※この accommodate の使い方に疑問がある。今後検討の余地があるので，英文を示しておく。Inclusive education is an educational approach that accommodates persons with disabilities to study with persons without disabilities in the educational establishments.）

23）ベトナム語表記にすると，セミ・インクルーシブ教育は giáo dục hòa nhập であり，特別教育は giáo dục chuyên biệt）である。

24）嶺井正也［1997］「サラマンカ宣言と行動計画」『季刊福祉労働』74 号。

25）2017 年にイングランドで開催されるフォーラムには OECD も関わる。

【引用文献】

安藤隆男他［2015］「インクルーシブ教育下におけるベトナムホーチミン市の特殊学校の現状と課題― G 盲学校を例に―」『筑波大学特別支援教育研究』第 9 巻。

石村雅雄［2008］「ベトナムの 2005 年教育法について―現状と建前の折り合いの付け方に注目しながら―」『鳴門教育大学研究紀要』第 23 巻。

石村雅雄・Tran Thi Ngoc［2009］「2005 年ベトナム教育法―翻訳と解説―」『鳴門教育大学国際教育協力研究　第 4 号』。

黒田学「ベトナムの障害者教育法制と就学実態」小林昌之編『アジアの障害者教育法制―インクルーシブ教育実現の課題―』IDE-JETRO，2015 年。

白銀研五［2015］「ベトナムにおけるインクルーシブ教育の受容―ホアニャップ教育の展開に焦点をあてて―」『京都大学大学院教育学研究科紀要』第 61 号。

ジェトロ［2012］「ベトナムにおける教育制度産業調査」。

山口和孝［2014］「グローバリゼーションとベトナムの大学改革」細井克彦他編『新自由主義大学改革〜国際機関と各国の動向』東進堂。

Peter Grimes, Marieke Stevens and Kalpana Kumar［2015］, "Background paper prepared for the Education for All Global Monitoring Report 2015　Education for All 2000-2015: achievements and challenges". http://unesdoc.unesco.org/images/0023/0023454E.pdf（2016 年 8 月 29 日閲覧）。

【参考文献】

Jonathan D. London, ed.［2011］, *Education in Vietnam*, Institute of Southeast Asian Studies

第8章
ドイツのベトナム人
旧東ドイツの契約労働者たちの軌跡

村上 俊介

1. はじめに

　2015年後半，ドイツではシリア内戦を発端とする中東からの難民大量流入が，連日メディアのトップ・ニュースとなった。その影響はすぐにドイツの政治状況に及んだ。それがザクセン州ドレスデンを中心とした直接的な排外主義集団のペギーダ（PEGIDA = Patoriotische Europäer gegen die Islamisierung des Abendlandes：西欧のイスラム化に対抗する愛国的ヨーロッパ人）の広がり，さらには合法政党を装う排外的な AfD（Alternativ für Deutschland：ドイツのための選択肢）への支持拡大という形で現れたのである。AfD は，2016年3月のザクセン＝アンハルト，ラインラント＝プファルツ，バーデン＝ヴュルテムベルク3州の議会選挙において大躍進した。難民受け入れに寛容な姿勢を示すアンゲラ・メルケル首相を党首とするキリスト教民主・社会同盟内部でも不協和音が聞こえ，党内の難民対応は必ずしも一致していない。他の西欧諸国も共通した現象が起きている。

　こうした西ヨーロッパを揺るがす大きな現在の歴史的潮流に，外国人問題に関する一つの議論がかき消されかけている。それは2010年を前後してようやく世論に訴えかけられるようになったベトナム人旧契約労働者の問題である。2009年3月24日から7月9日まで，政治教育のためのブランデンブルク州センター，同州外国人問題委員，およびポツダム市ソン・ホン協会

の共催で展覧会「労働者歓迎——DDR のベトナム人契約労働者」が開かれ，その後 2011 年までエルフルト，ケムニッツなどドイツ東部諸都市で巡回開催された（http://www.politische-bildung-brandenburg.de/node/2137）。それと時を同じくしてこの問題に対するいくつかの著書も公刊された。

　ドイツにおけるベトナム人は，2014 年現在，公式統計上 8 万 4455 人である（https://www.destatis.de/DE/Publikationen/StatistischesJahrbuch/StatistischesJahrbuch.html）。このうち，旧ドイツ連邦共和国（以下，旧西ドイツ）諸州に住むベトナム人と，旧ドイツ民主共和国（以下，旧東ドイツ）諸州に住むベトナム人は，およそ半々である。前者の多くは 1975 年のベトナム統一直後からベトナム南部で発生した大量の難民（ボートピープル）を，旧西ドイツが受け入れた人々であり，後者は，旧東ドイツが 1980 年代にベトナム社会主義共和国と交わした国家間協定によって期限付き労働力として受け入れたベトナム人を起源としている。本章で扱うのはこの後者の方である。

　筆者は在外研究の機会を得て 1993 年後半から 1994 年前半，ベルリンに滞在し，住居を旧東ベルリンに置いた。1989 年にベルリンの壁が崩壊し，その 1 年後の 1990 年にドイツが再統一した。1991-92 年には外国人敵視の暴力事件が相次ぎ，筆者が滞在した時期は，ちょうどそれが沈静化したときだった。当時の東ベルリン地区がまだ旧東ドイツの雰囲気を色濃く残していたその時期，ターミナル駅頭で，多くのベトナム人がタバコの立ち売りをし，時に警察に追われていた。旧東ドイツの崩壊で，突然失職したベトナム人労働者たちの苦境を目の当たりにした。彼らに対するメディアや筆者が直接見聞したドイツ人の目は，当時冷たいものだった。

　この旧東ドイツにおける外国人契約労働者の最大グループであったベトナム人たちの歴史は，近年ドイツではようやくその詳細が語られるようになってきたが，旧東ドイツ諸都市になぜベトナム人がいるのか，なぜアフリカーナ（モザンビーク出身者）がいるのか，日本ではほとんど知られていない事実である。本章では，語られることのない彼ら「元契約労働者」の苦難の歴

史に焦点を当てる。

2. ベトナム人契約労働者の歴史的背景

　1975年4月30日，ズオン・バン・ミン南ベトナム大統領は，北ベトナ
ム軍と解放戦線による臨時革命政府に対して無条件降伏を宣言し，長きにわ
たるベトナム戦争が終結した。翌1976年，ベトナムは社会主義共和国とし
て統一された。しかしまだ戦争状態は続いた。1978年にはベトナムはポル・
ポト支配下のカンボジアへ侵攻し，これに対してカンボジア（ポル・ポト派）
を支援する中国が，翌1979年にベトナムの北の国境を越えて侵攻，ベトナ
ムはカンボジアと中国の両面で戦争をしなければならなかった。中越戦争は
短期間だったが，カンボジアとの関係は，ベトナムにとって二国間問題にと
どまらなかった。カンボジアにはベトナムが支援するヘン・サムリン政権，
これに対抗してゲリラ闘争を継続するポル・ポト勢力，両者の間にシアヌー
ク派が存在し，ベトナムは長期の内戦状態に関与し続けなければならなかっ
た。長期化の原因は国際関係にあった。中国とアメリカの強力なイニシアティ
ヴによって，ポル・ポト派とシアヌーク派が1982年に連合し「民主カンプ
チア連立政府」を成立させて，これを日本を含む西側諸国が承認し，他方に
ベトナムが支援するヘン・サムリン政権が布陣するという構図になった。
　カンボジアの当時の実情はヴェールに包まれていたが，今となっては
1975-79年のポル・ポト支配下「民主カンプチア」が多くの国民を死に追
いやる失敗国家だったことは明らかである。しかし，中国と西側諸国は，こ
のポル・ポト派を支援し，結果としてカンボジア内戦を長期化させ，ベトナ
ムを国際的に孤立化させたのだった。ベトナム戦争終結から10年間，ベト
ナムが政治的・経済的に唯一支援を得ることができたのは旧ソ連と東欧社会
主義諸国（1978年ベトナムのCOMECON加盟）だけであった（村上［2006］，
坪井［1994］）。ベトナムの1975年以降の「戦後」もまた，国際関係にお
いて多大な困難の中にあり続けたのである。

しかし，1985 年にはベトナムにとって最重要な友好国旧ソ連の政治的方向が大きく変化した。ゴルバチョフがソ連共産党書記長として登場し，ペレストロイカ（改革）政策を実行し始めた。これは国内の民主的改革のみならず，国際関係の編成替えも意味しており，西側諸国への歩み寄りと，東側諸国の経済相互援助関係の見直しを目指すものでもあった。本章で問題とする旧東ドイツとベトナムへの旧ソ連の経済援助は，1986 年には削減されることとなった。ベトナムがドイモイ政策を立ち上げざるをえない外的状況がここにあった。ベトナムと中国および西側諸国との関係正常化は 1989 年ベトナムのカンボジア進駐からの撤退を経て，ようやく 1990 年代になってからのことだった。

　このように統一後のベトナムは，1975 年以降の国内経済事情においても大きな困難に遭遇していた。1976 年には第 2 次 5 カ年計画が策定され，計画経済化，重工業化を軸とする政策が統一ベトナム全土で実施されることになった（中臣［2002］34 頁，トゥ／井村［2010］67 頁）。それは，市場経済の下にあった旧南ベトナム地域の社会主義化という困難な事業の開始も意味していた。

　近年の急速な経済発展によって，ベトナムにおける産業構造は大きく変化してきたものの，農業は主要な産業であり続けているが，とりわけ 1970 年代から 80 年代にかけて，基本的に農業生産を基礎に，その余剰を重工業へと転化する構造にあった。そのため農業政策は最重要であった。当然，北部の農業集団化はメコンデルタを抱えた南部にも強力に実行された。これには南部農民の抵抗に遭って，容易には進まなかった（ギエップ［2005］31-33 頁）。事実，農業生産は 1977，78 年と連続して減少し，翌 1979 年になってやっと 1976 年の水準に回復するという事態になった（中臣［2002］39 頁，トゥ／井村［2010］71 頁）。

　こうした事態に対して，ベトナム共産党は 1979 年から 1980 年にかけて，すでに地方レベルで実施され始めていた「生産請負制」を公認し，農民の生産意欲を高めようとした（長［2005］15 頁，古田［1996］41 頁）。しかし，

第 8 章　ドイツのベトナム人　旧東ドイツの契約労働者たちの軌跡　213

この方針も一直線に 1986 年の「ドイモイ」政策実施につながるわけではな
く，党内では国家主導型計画経済を緩めるのか，社会主義路線を堅持するの
かの対立があった（中臣［2002］35 頁, 坪井［1994］157 頁, 古田［1996］
51 頁）。さらにベトナム経済は 1986 年に開始された「ドイモイ」政策後も，
順調に経済発展を遂げたわけではない。市場経済化に伴って，1986-88 年
には平均年率 340％のハイパー・インフレーションに見舞われ，その後やや
沈静化したものの 1992 年までは年率 50〜60％のインフレが続いた（ギエッ
プ［2005］73 頁）。

　このように，統一ベトナムは 1976 年から 1990 年まで，国際関係および
国内政治経済の両面において常に危機的状態にあり，国家運営ひいては人々
の生活は，困難を極めていたのである。国際関係における「ドイモイ」政策
つまりは外資導入円滑化による成果が顕著になってくるのは，1992 年の日
本の ODA 再開，あるいは 1995 年のアメリカとの国交正常化以後である。

　一方，旧東ドイツの 1970-80 年代に目を転じると，1949 年に成立した
ドイツ民主共和国では，1971 年に社会主義統一党第一書記だったヴァル
ター・ウルブリヒトが退任し，エーリヒ・ホーネッカーに代わった。「経済
政策と社会政策の一致」を掲げるホーネッカーの政策は, 当初順調であった。
住宅建設が急ピッチで進められ，賃金，社会保障給付ともに改善されるなど，
国民生活の向上が見られた（斎藤［1997］496-497 頁）。

　しかしホーネッカー政権当初 5 カ年計画中の目に見える着実な成果は,
次の段階以降，大きな困難に直面した。1973 年と 1979 年のオイルショッ
クである。旧東ドイツの石油は旧ソ連からの輸入に依存していたので，西側
諸国ほど即座に経済危機に陥ったわけではなかった。旧ソ連が第 1 次およ
び第 2 次オイルショックに対応させた原油価格値上げにはタイムラグがあ
り，旧東ドイツは一時的にそれを利用して石油製品を西側に輸出することが
可能であったし，国内的には国産の褐炭を代替燃料として利用することで対
応を図った。とはいえ，中長期的には，褐炭の代替燃料化のための投資は大
きく，かつ，何よりも西側諸国からの輸入製品価格がオイルショックにより

大幅に上昇したことによって，国内の社会政策のための財政支出増大と対外貿易赤字によって 1970 年代後半から累積債務が急増した（Berghoff/Balbier, ed.［2013］p.172.　Hübner［2014］S.432）。1971 年から 1981 年までに旧東ドイツは西側諸国との間の輸出入バランスは累積で 400 億外貨マルクの入超であった。

　こうして旧東ドイツは，危機の 1980 年代に入る。1982 年，旧ソ連は石油供給量を年間 1900 万トンから 1700 万トンに削減し，旧ソ連から輸入された原油を精製し，西側諸国へ輸出する旧東ドイツのシステムに危機が生じる。そこで旧東ドイツは貿易赤字を縮小し，西側諸国からの借款を減らすために，石油製品に限らず，消費財も含めて西側諸国への輸出増大に努めなければならなかった（Scholz［2009］SS.509-510）。その鍵となる新規設備投資，とりわけマイクロ・エレクトロニクス関連技術の開発が急務とされた。1986 年の第 11 回党大会で，ホーネッカーが「キー・テクノロジー」開発による生産コスト削減を提唱したのは，遅きに失したとはいえ，まっとうな対応だった（Hübner［2014］S.443）。しかし，1980 年代を通じて，マイクロ・エレクトロニクス関連技術の生産設備への導入は，西側諸国に大きく後れを取っており（Scholz［2009］S.509），また新規設備投資への資金不足により，党中央の指令する輸出増大は，当面は旧来設備の稼働率を上げ，シフト労働を拡大することによる増産に頼るしかなかった（Tipton［2003］p.572）。1980 年代における労働力不足の原因，ひいては外国から契約労働者たちを受け入れる背景はここにあった。

　外国人契約労働者受け入れの原因として，旧東ドイツからの大量逃亡・亡命が労働者不足の一因として挙げられることがあるが（Weiss［2007-1］S.36），旧東ドイツからの人々の大量流出現象は，1961 年のベルリンの壁建設以来，途絶えており，1980 年代の労働者不足との関連づけには無理がある。むしろ上述のごとく，国内財政支出増加と対外累積債務の拡大を，西側への輸出増大策で対処しようとしたものの，新規設備投資と技術開発が進まず，老朽化した設備のフル稼働＝シフト労働の拡大が，外国人労働者受け

入れの主要な背景であった。

3. ベトナム人契約労働者の形成と展開

われわれは「ドイツにおける外国人労働者」というと，旧西ドイツにおける「ガストアルバイター」を思い浮かべる。1955年イタリアとの国家間協定によって導入され，その後スペイン，ギリシャ，トルコ，モロッコ，ポルトガル，チュニジア，旧ユーゴスラヴィアとも同様の協定が結ばれて，彼らガストアルバイターが戦後旧西ドイツの「経済の奇跡」の一翼を担った。1973年に募集停止されたのちも，現在に至るまで多くの外国人がそのままドイツに留まっている。その最大のグループがトルコ人であることは周知の事実である（近藤［2013］131-133頁）。

こうした労働力不足を外国人労働者で補う方策は，旧東ドイツでも採用されていた。本章の課題であるベトナム人より以前に，すでに外国人労働者は受け入れられていた。ただし規模は旧西ドイツに比べて非常に小さい。外国人労働者受け入れは，労働研修の目的で1967年ハンガリーとの協定によって始まり，2447人が旧東ドイツに来た。その後，1971年ポーランド，1973年にはブルガリアと協定が結ばれた（同164頁）。東欧社会主義諸国からのこうした契約労働者の受け入れとは別に，1973年にはベトナム（旧北ベトナム）と「職業訓練と資格取得」のための協定が結ばれ，10年間で約1万人のベトナム人を旧東ドイツが受け入れることとなった。1974年にはアルジェリアの民族解放闘争との連帯を旗印に，同国より560人を受け入れ，受け入れを中止した1984年まで，アルジェリア人契約労働者はポーランド人に次ぐ一大グループであった。

1978年からはその他の第三世界社会主義国と契約労働者協定を結ぶようになり，1978年にはキューバと，そして翌1979年にはモザンビーク，そして1980年にはベトナムと協定を結んだ。表8.1を見ると，モザンビーク人とベトナム人のドイツ派遣が旧東ドイツの体制転換期直前の1987年と

表 8.1　アジア，アフリカからの旧東ドイツへの入国者

	アルジェリア	キューバ	モザンビーク	ベトナム	アンゴラ	北朝鮮	中国	モンゴル
1974	560							
1975	3,260							
1976	160							
1977								
1978	1,320	1,206						
1979	700	3,060	447					
1980	1,170	2,058	2,839	1,540				
1981	890	390	2,618	2,700				
1982		2,151		4,420				13
1983		1,598	382	150				31
1984		2,395		330				
1985		4,171	1,347		312			
1986		4,232	2,869		33			
1987		3,174	3,203	20,446	206	818	350	
1988			6,464	30,552	687	93	450	130
1989		925	1,992	8,688	418			
計	8,060	25,360	22,161	68,826	1,656	911	800	174

※ Karin Weiss[2007]: "Zuwanderung und Integration in den neuen Bundesuländern", S.37
より[2]

1988 年に集中していることがわかる。この 2 年間にベトナム人契約労働者
5 万人余が旧東ドイツに来ている。その結果，旧東ドイツの体制崩壊期には
契約労働者の中で，ベトナム人が最大グループとなるのである。この時期は，
ベトナム本国ではドイモイ政策が開始された直後のハイパー・インフレー
ションの時期であった。

　ベトナムと東欧社会主義国との同様の関係は，旧東ドイツとのそれだけで
はなく，旧ソ連，ブルガリア，旧チェコスロバキアとも同様の契約を結び，
1990 年のはじめには，これら 4 カ国で 20 万人を超えるベトナム人が働い
ていた（Reiß［1999］）[1]。

その国家間協定 (http://www.politische-bildung-brandenburg.de/node/2137 参照) の内容について, どのようなものであったのか見ていく。まず契約期間は4年間であった (1987年契約改定により5年間となる)。望ましい年齢は技能労働者の場合18～35歳, 専門学校・大学卒業者は40歳までだった。各人は基本的には独身者であることが条件づけられていたものの, 例外的には夫婦の派遣もありえたが, 一緒に住む権利はなかった (第2条3項)。ベトナムと旧東ドイツの往復旅費は東ドイツ政府が支出し (第3条), 4年間の契約期間中に, よんどころのない事情 (家族の不幸など) は別として, 一度だけベトナムへの6日間 (実際の運用ではもっと長期であった) の有給休暇による帰省が認められており, その場合の旅費の支出は, 配置された国営企業 (以下単に「企業」と記す) が半分を補助し, あとの半分は契約労働者の支出と定められていた (第10条5項)。

この国家間協定による契約労働者の派遣・受け入れは, 前章で述べたような両国の経済的事情だけではなく, 特に公式には社会主義兄弟国の連帯を旗印としており, 契約労働者は職業資格研修も目的であった。もっとも, 最初に派遣されたベトナム人たちは高学歴の者も多く, 彼らもまたそれまでのキャリアとは関係のない労働現場で研修を受けるのだから, この建前と現実はそぐわないものだった。ともあれ, 旧東ドイツに受け入れられた契約労働者たちは, 配置された企業内で1カ月から3カ月間の導入研修 (ドイツ語基礎および労働規律) を受け, その間は, 月額400マルクが支払われた (第9条1項)。また滞在期間中, 職業国家資格の研業を受けることができ, 企業はそのために年間15日までの時間を有給で保証しなければならなかった (第9条2, 3項)。

このような協定の下, ベトナムでは元兵士, 軍人の子弟, 戦争未亡人などが優先的に選抜され, 1989年の旧東ドイツの破局までに, ベトナム人契約労働者が男性63%, 女性37%の比率で派遣された。彼らは, ベルリン・シェーネフェルト空港に到着後, グループに分けられ, それぞれ配置される企業がある地区の, 用意された専用宿舎へ送り届けられた。主要な地区は, カール・

マルクス・シュタット（現ケムニッツ）が最も多く，ドレスデン，ハレ，ライプツィヒ，マグデブルク，東ベルリン，エアフルト，ポツダムなど工業地帯を抱える地区だった（Dennis［2005］S.15)[3]。

　筆者がベトナムで知己を得た元契約労働者の証言がある。彼は 1981 年に大学入学資格試験に合格したにもかかわらず，大学に行かず，旧東ドイツに赴く決断をした。1987 年に帰国後，大学に入学し直し，その後の努力によってキャリアを積み重ねて現在は研究者として活躍している。当時の事情を彼は次のように述べている。「私は 1970 年代のベトナムについてよく憶えています。たとえば，どれほど防空壕を用意し使ったか，また戦場で夫や息子や父を失った隣人の苦しみを見てきました。ハノイの空を横切るアメリカ軍の多くの飛行機を見て，爆撃音を聞きました。1972 年 12 月の爆撃作戦の間，私は家族とともにハノイからプート省に疎開し，数カ月そこに滞在しました。1975 年に戦争が終わり，ベトナムが再統一したとき，私は興奮しました。しかしその後すぐに別の戦争が 1978 年から 79 年に起きました。その後，私の人生も多くの困難がありました。そんな時代，東ヨーロッパ，とりわけ東ドイツで働くことは，私のような若いベトナム人にとって，ベトナムの経済危機から逃れ，祖国の近親者を助け，自分の将来のために貯金をするには大きなチャンスでした。しかしこの機会はわずかの人にしか提供されません。たとえばリクルートは政府の事務所を通じて行われ，何人かの政府上級役人の子供が優先されていました。私の父はその一人であり，父は 1981 年はじめにカンボジアに赴任する前に私に言いました。"お前の大学入学資格試験がうまくいかなかった場合には，DDR（ドイツ民主共和国＝旧東ドイツ）で仕事ができるように登録しておいた"」。

　彼はこのあと大学入学資格試験に合格し決断を強いられた。カンボジアに赴任している父親が不在のなか，兄と相談し，大学を出てもそれに見合う仕事に就くのは，現在のベトナムでは難しいという兄のアドバイスを受け，また彼の若い冒険心も作用して，ドイツ行きを決断した。

　「全ての準備手続きは労働省によって組織的に行われました。私が必要だっ

たのは，いくつかの書類の書き込み，ヘルス・チェックだけでした。1981年11月，公的なパスポートを渡され，東ドイツに発ちました。DDRで仕事をする全てのベトナム人は，完全に組織され，両政府によって管理されていました。労働者と企業の間の私的なコンタクトによるものではありませんでした。このフライトの約170人の乗員ほとんどは，私のような契約労働者だったと私は思います。ベルリンに到着した後，私たちはグループに分けられました。私と約20人はドレスデンの企業フォルトシュリットの農機工場まで，バンで運ばれました」。

　旧東ドイツ期とその体制転換期のベトナム人契約労働者に関するドイツとイギリスの共同研究の所産『ニッチでの成果？』の中で，エヴァ・コリンスキーは，元契約労働者30人のインタビューを行い，彼／彼女らの経験をまとめている（Kolinsky［2005-1］）。

　ある女性契約労働者の場合，「夢の国DDRへの到着は，ベトナムで思っていたほど常に期待どおりだったわけではない。彼／彼女らはベルリン・シェーネフェルト空港に着陸した後，すぐにバスで目的地に向かった。空港では何の歓迎もなく，また自分たちのグループはどこでその後の4, 5年間住み，何の仕事をするのかといった情報もなかった。多くの場合，アノラックと暖かな服が空港で配られた。しかし新参者である彼らのほとんどは，真っ先に震え上がった。というのも彼らベトナムの服装はドイツの気候に適していなかったからである。Tが1987年に到着したとき，雪が積もっていた。彼女とそのグループの他の女性たちは，ベトナムを出発するときのまま，サンダル履きで，薄い絹のズボンをはいていた」（ebd., S.99）。

　ある男性契約労働者「Kは1982年11月24日，ハノイから直接飛行機でベルリンに到着し，そこから外国航路用港湾労働のためにロストックへ輸送された。彼のグループ・リーダーさえどこに向かうのか知らなかった。Kはロストックが非常に寒く，陰鬱だと感じた。……ロストック（リヒテンハーゲン地区）に寄宿舎があった。そこはいくつもの棟が並んだ新しい建物の地域のまっただ中にあって，1つの棟に10カ所の階段がある8階建ての大き

な集合住宅（プラッテンバウ）だった。Kは6人の仲間と共に，4部屋の住宅——風呂，台所，温水，セントラルヒーティング——を割り当てられた。ベトナムと比べて彼はいい宿舎だと思った。"われわれは全くのところうれしかった"」（ebd., S.99）。

契約労働者たちには，50人程度に1人のベトナム人グループ・リーダーとドイツ人世話人が付き，彼らが企業とグループの仲介役となった。そして地域レベルでベトナム人の地区委員が契約労働者を統括していた。

宿舎については，旧東ドイツ政府はあらかじめ用意した集合住宅にベトナム人を共同居住させた。その場合，1人当たり5㎡が確保されなければならず，1つの住居空間（2寝室ないし3寝室）に4～8人が住むことになる。家賃は非常に安く月30マルクにすぎなかった。先に引用した，筆者の友人である元契約労働者も次のように証言している。「会社は8人のベトナム人に対し，3ベッドルーム，キッチン，トイレのアパートを用意していました。リビングルームはなく，テレビもなかったですが，当時私たちは満足でした。というのもベトナムよりもずっとよかったからです。実際，私は水洗トイレ，ソフト・マットレス，ガス・ヒーティング，ガスコンロを使うのは初めてでした」。

このような宿舎から，契約労働者たちは，自動車，モペット，原動機付き自転車，自転車，洗濯機，レンジ，冷蔵庫，下着，衣服，パンスト，靴，カーテン生地，建築，建設部品などの国営企業の製造現場に配置され，シフト労働に従事したのである。

外国人契約労働者たちは，宿舎と職場で，企業と当局によって注意深く管理されていた。シュタージ（国家保安省）や人民警察の報告書が細かに契約労働者たちの生活実態を監視していたことは確かであり，そうした書類が契約労働者の生活実態を推し量る一資料であることも確かである。外国人契約労働者に関する諸文献は，この監視・管理の厳しさを強調する傾向が強い。「これら契約労働者の滞在は，ゲットーのような共同宿舎での厳しいコントロールの下に置かれた」（Scholz［2009］S.464）というイメージである。しかし，

第 8 章　ドイツのベトナム人　旧東ドイツの契約労働者たちの軌跡　221

こうした見方は過去の社会主義ドイツを過度に断罪する視点が前提となっており，それを差し引いて考えなければ，実態を見誤ることになる。事実，ベトナム人元契約労働者たちの証言には，「あの時代は天国だった」というものが少なからずある（Kolinsky［2005-1］）。同時に，契約労働者たちは劣悪な労働条件下で働かされた，というイメージも割り引いて理解する必要があろう。

　賃金と社会保障は基本的にドイツ人の同じ職種のそれとまったく同じであって，彼らが低賃金で働かされたわけではない。賃金に関しては，「月に名目 865 〜 1055 DDR マルク，手取りで 766 〜 930 DDR マルクを稼ぐことができた。さらに彼らは二交替・三交替システムで，80 から 130 DDR マルクを稼ぐことができた」（Dennis［2005］p.32）。1987 年の国家間協定改定時の労働契約書を見ると，コトブスの繊維企業での賃金は月額 950 DDR マルク（有給休暇年 23 日）であった（http://www.politische-bildung-brandenburg.de/node/2137）。契約労働者は，その中から 12％ を「ベトナム祖国の建設と防衛のための寄付」としてベトナム本国に送金することを義務付けられていた。これとは別に，年金保険，傷害保険，子供手当（1 人につき月額 180 マルク）[4] は，旧東ドイツからベトナム政府に直接支払われた。この寄付と各種保険は一括してベトナムに送金された（ebd., p.21）。これはベトナム政府にとっては大きな利点であった。

　このような賃金等諸条件の下で，旧東ドイツにとって果たして経済的に見合うものであったのかどうか，その判断は難しい。ミヒャエル・ファイゲは「ベトナム人契約労働者，国家目的──日常世界の現実」（Feige［2011］）において，ベルリンの壁崩壊数カ月前の 1989 年 2 月 9 日に行われた自由ドイツ労働総同盟，関税当局，労働と賃金省外国人労働者部局の三者会議録から次のような一文を引用している。「全体として 1 人当たりのベトナム人への出費は，年約 1 万 4600 マルクである。DDR の国民所得への寄与は，1 人のベトナム人につき年約 6500 マルクに留まっている」（ebd., S.36）。ベトナム人受け入れにはかなりの支出が必要だったわけである。こうした数字

を念頭に置く旧東ドイツ当局者たちにとっては，外国人契約労働者の受け入れは，単に経済的利害よりも，社会主義友好国への「支援と連帯」を優先した政策だと主張することができただろうし，われわれも，単に低賃金の3K労働を補うための政策だという印象では，この契約労働者の当時の実態を見誤ることになるだろう[5]。

　一方，契約労働者にとって，旧東ドイツに赴いたのは何よりも祖国の家族を支えることが目的であった。当然，ドイツでの滞在中にできる限り節約し，副業にいそしみ，賃金以上の現金を得る努力をした。その場合，旧東ドイツ・マルクは外貨として兌換性が乏しいし，祖国＝家族の窮状を考えて，稼いだ現金は物品に換えて送付する傾向があった。

　現物送付が多かったのは，ベトナム人の場合，送金条件が良くなかったこともある。送金条件には，「グループの間で大きな違いが存在した。ポーランド人とハンガリー人契約労働者たちは，比較的苦労なしにお金や品物を故国へ送ることができた。ポーランド人は，彼らの賃金の80％を品物の形で運び出すことが許されていた。これに対して，アルジェリア人は手取り賃金の40％の持ち出ししか許されなかった。もっと不利なのはキューバとモザンビークおよびベトナムの契約労働者たちだった。彼らは350ないし360マルクを上回る月々の手取りの60％を故国へ送金することができたに過ぎなかった」(Uladh［2005］S.54)。

　もちろん現物送付のためには，現地でそれを購入するために，より多くの現金を得る必要があり，その手段が「副業」であった。その中でベトナム人たちの間に広く行き渡った内職が衣料品の縫製だった。シャツ，ズボンなどが作られ，80〜180マルクでドイツ人に売られた。特に人気があったのは，旧東ドイツで入手困難な西側のジーンズのコピーだった。

　さらに特殊例として西側商品の密輸入があった。1970年代にそれを担っていたのは，ハンガリーとポーランドからの労働者だった。しかし1980年代に入ると，ハンガリーの労働者の旧東ドイツへの流入は途絶え，ポーランドは経済危機に陥る。「1970年，人民警察は次のような不平を述べている。

すなわち，ハンガリーの契約労働者たちは，セーター，シャツ，レコード，文献など"ビート物品"をハンガリーから輸入し，DDR（旧東ドイツ）の若者に売っている，と。特に1970年代，ポーランドの契約労働者と旅行者は，DDRの闇市場のためのさまざまな生産物の重要な提供者だった。70年代後期の人民警察報告は，ポーランド人によってDDRで売られたポーランドの産物に関する概括情報を入手している。すなわち化粧品，羊毛・皮革・ジーンズ衣料，キャンデー，"非社会主義的世界のビート集団の写真"，アメリカ軍記章，ボーリング・マシーン，暖房機，ラジオ・テレビ受信機，などである。しかし1980年代はじめのポーランド経済の崩壊とともに，ポーランドからの物品は少なくなった。この関係で，ベトナム契約労働者が，まさにDDRにおけるタイミングの良い時点でやってきた」(ebd., S.62)。

とりわけベトナム人は旧東ドイツだけではなく，他の東欧諸国にも契約労働者として滞在していた。こうして彼らの間に「ときには複雑なネットワークが成長した。それはDDRの国境を越えて隣国へ広がるものであった。こうした隣国の中には，BRD（ドイツ連邦共和国）だけでなく，他の社会主義諸国，とりわけポーランド，ハンガリー，チェコスロヴァキアがあった。1988年当時，およそ3万人のベトナム人がチェコで暮らしており，DDR関税当局の情報によると，そこでもDDRと同じような状況が支配していた」(Dennis [2005] S.29)。密輸される品物は，西側のコンピュータ，電子商品，あるいは外貨だった。こうしたネットワークが，旧東ドイツ崩壊後の，ベトナム人契約労働者たちが自らの突然の苦境を救うための一手段となる。

もっとも，ほとんどのベトナム人たちは通常勤務時間外に非常にポピュラーな衣料製作・販売にいそしみ，それで得た現金で故国へ送るための物品を入手した。そのため，彼らの宿舎には，副業のための材料や購入した物品が一時的に保管されることになる。マイク・デニスは1989年のシュタージや消防署の報告を引用しながら，ベトナム人契約労働者たちの宿舎は「商品倉庫」，「宝庫」だという当時の当局者の印象を紹介している（ebd., S.25）。さらにこれら物品がベトナムに送られるにおよんで，税関でも混乱が起きた。

もともと政府間協定で,「どの契約労働者も, 年に 12 回 100 DDR マルク相当内の小包をベトナムに送ることが許され, 年に 6 回相当額の制限無しで無税の郵便物を, そして彼らの滞在の最後には, 縦横高さの合計が最大 2 m の木箱で, 最大重量 1000 kg を携行してもよかった。さらに休暇で帰国する労働者は, 縦横高さの合計が最大 1 m の木箱で, 500 kg を携行してもよかった。1989 年には, 無税で故国へ送る場合, モペット 2 台, 自転車 5 台, ミシン 2 台, 布 150 m, 砂糖 100 kg」(ebd., S.21), その他に,「チェーン 10 個, スポーク 200 本ほかの自転車部品, 石けん 300 個, コピー用紙 50 包み, フィルム 50 個など」(Feige［2011］S.49) が許可限度とされた。しかし, 諸文献の中で引用される旧東ドイツ当局の文章からは, 当然ながら迷惑顔が浮かんでくる。こうした事情は, ただでさえ日常消費財の不足に悩んでいた旧東ドイツ市民の反感を招き, 体制転換期の排外気運の背景となったとも言われる。しかしベトナム人の側からすれば, 当時のベトナム本国における窮状の中, それに思いを馳せて限度いっぱいあるいは限度を超えてまで, 家族に物品を送ろうとするのは自然なことであろう。

4. ベトナム人契約労働者と東ドイツの破局

1989 年 11 月 9 日, ベルリンの壁が崩壊し, その 1 年後の 1990 年 10 月 3 日には旧西ドイツに吸収される形での再統一がなり, ドイツ民主共和国（東ドイツ）は消滅した。旧東ドイツの国営企業は信託公社トロイハントによる審査によって, 民営化され, 閉鎖されあるいは売却された。異国で働くベトナム人たちは, 突然の解雇通告を受ける事態となった。

「グリミッシャウ国営統一再生繊維工場　1990 年 8 月 1 日

われわれの国営企業の資本会社とそれに結びついた合理化措置への編成替えに基づき, 現在のあなたとの労働関係を予定より早く終了させることを余儀なくされました。政府間協定に基づき, われわれはあなたに対して期限どおり 1990 年 8 月 1 日までに現在の労働関係の解約通告を

しますので，1990 年 8 月 19 日にあなたはわれわれの企業から退職して下さい。解雇通告期限は 4 週間です。終了後，外国人市民との労働関係の変更に関する通達（1990 年 6 月 27 日付法律集第 1 部 35 号）特に第 5 条が，あなたのために効力を発します。企業の中であなたが示してくれた業績に，ザクセン繊維工業 GmbH は心から感謝し，個人的に今後のあなたに幸あらんことを祈ります」(Feige［2011］S.52)。

　外国人契約労働者たちは，こうして外国の地で寄る辺なき状態に投げ出されたのである。そのうえ統一ドイツでは，1993 年前半まで外国人敵視による外国人宿舎への放火をはじめ暴力事件が相次いだ。しかもその頻発地域は元契約労働者たちが住む旧東ドイツ諸州であった。特にベトナム人は 1987，88 年に急増した新参者が多く，不安もことさらだった。

　1989 年 11 月 9 日から 1990 年 10 月 3 日までの約 1 年間，まだドイツ民主共和国は存在していた。この期間中，契約労働者に関する国家間協定の変更交渉が相手国との間に行われた。1990 年の 5 月から 6 月にかけて，すでに北朝鮮，キューバ，中国は本国側によって労働者引き上げが行われていたので，残るベトナム，モザンビーク，アンゴラとの間で変更交渉が成立した。変更内容は，第 1 に協定は延長されない，第 2 に企業に対して「よんどころない理由による」以前の解雇の正当性は容認される（たとえば生産パターンの切り替えによる経営条件上の理由により，必要とされる人員削減，あるいは環境保護を理由とする企業の操業停止など），第 3 に解雇された被雇用者は，予定より早く帰国するか，予定されている契約期間の経過までドイツにとどまることができる，第 4 に帰国者は，3000 マルクの「一回払い支援金」，3 カ月の間，純賃金の 70％を支払われ，帰国までの間，住居にとどまり，企業による帰国の手配と資金手当の権利を得る，第 5 にドイツにとどまっている労働者にとって，一定の労働契約，職場，雇用者との同意拘束関係は解消される。彼らは労働・営業許可を受ける権利，適切な住居を求める権利，企業での同一賃金，失業手当，さらに借金借り換えの際の支援，新たな職場の仲介を求める権利をもつ（Berger［2005］S.72-73)，という

ものであった。

　この第 4 項によって，帰国奨励金 3000 マルク（西ドイツマルク）を得て，およそ 3 分の 2（約 6 万人中 4 万人…Weiss［2005-1］S.80）のベトナム人が帰国する一方，第 5 項により小営業の許可を受けて残る者がいた。もっとも，この時期の数字はどれも確かなものではない。というのも，帰国後すぐドイツに戻ってくる者，あるいは近隣国にいてドイツに流入する者が相次いだからである。

　1991 年 1 月 1 日，統一ドイツにおいて，旧西ドイツの外国人法が一律適用されることになった。すなわち，「その時点までにすでに 8 年間住んでいるような者は，滞在権 Aufenthaltsberechtigung を得る。その他の者は，滞在許可 Aufenthaltsbewilligung を得るだけである」(ebd., S.73)。この場合，旧東ドイツの元契約労働者には，特別の考慮はない。ここにベトナム人たちは，完全に不安定な法的立場になってしまった。

　これに対して，ベルリンの壁崩壊後に旧東ドイツで新たな社会主義体制を模索する「円卓会議」によって生まれた「外国人問題委員」[6] などの尽力で，元契約労働者たちの在留支援の動きが，政府を動かした。すなわち，「1993 年 6 月中に一つの規定に対する内務大臣の決議と，首相たちによる同意ができた。その規定とは，かつての契約労働者たちに対して，外国人法 32 条によって滞在資格 Aufenthaltbefugnis を与えるというものであった」(ebd., SS.74-75)。そのための前提として，第 1 に帰国のための 3000 マルク給付の停止，第 2 に庇護権申請の取り下げ，第 3 に自営あるいは非自営での就労による生計維持，第 4 に犯罪歴のないこと，これらが条件であった。また生計維持の仕事に就いていない者のために，1993 年 12 月までの猶予が与えられた。しかしこれもまだ不十分だった。この滞在資格は 2 年ごとに延長申請しなければならず，旧東ドイツでの滞在年数は認められないままだったからである。

　ドイツ政府も滞在権の宙に浮いたベトナム人たちのために手をこまねいていたわけではない。1995 年 4 月にはベトナムとの交渉によって，滞在権の

ない 4 万人のベトナム人の帰還と帰還後の生活再建支援のために 2500 万マルクを援助することで，協定が結ばれた。しかしベトナム政府から実際に帰還が認められたのは 1 万 2900 人にすぎず，協定の完全な遂行はドイツの思うようにはいかなかった（Arendt [2003], S.20）[7]。帰国を希望しながら本国から申請が受理されなかった者が多くいたのである。その後，2001 年に両国首脳の会談によって，滞っていた協定が再び遂行されるようになったとはいえ，2002 年前半期までに総数 3 万 8077 件の帰国受け入れの申請が出され，そのうち受理されたのは 2 万 1573 件だという（Weiss[2005-1]S.80）。

　ドイツに残ったベトナム人元契約労働者たちは，1997 年になって，やっと旧東ドイツでの滞在期間が認められ，8 年間の滞在実績による滞在資格が付与されうることになった。すなわち，「統一以前に合法的に DDR に滞在していた者，ある資格を持っている，生計を自立的に確保できている者，国外退去の理由を持っておらず，最低 8 年間の滞在を証明できる者」（Berger [2005] S.76）に滞在許可 Aufenthalterlaubnis が付与され，ベトナム人元契約労働者たちの法的な立場が安定した。

　このような滞在権問題の紆余曲折を経たのち，「ブランデンブルク州の外国人問題委員の事務所は，ドイツにおけるかつての契約労働者の数を 2002 年時点で約 2 万 2000 人と評価しており，そのうち広域ベルリン＝ブランデンブルクだけで約 1 万人が滞在している。ザクセン州には 6000 人，チューリンゲン，ザクセン＝アンハルト，メクレンブルク＝フォーポムメルンにそれぞれ 2,000 人が住んでいる。外国人問題委員の意見では，旧連邦諸州（旧西ドイツ地域）には，かつての契約労働者はほとんど住んでいない」（Weiss [2005-1] S.82）。2000 年時点でドイツに住むベトナム人は統計上 8 万 4138 人であり，そのうち新連邦諸州（旧東ドイツ地域）に住むベトナム人のうち，元契約労働者は約 2 万 2000 人というわけである。2014 年の人口統計では 8 万 4455 人であり，2000 年時点と大きな変化はないので，2016 年現在のベトナム人元契約労働者の分布もほぼ同様の状況と考えていいだろう。

ベルリンの壁崩壊から在留権問題が一段落する 1997 年まで，ベトナム人元契約労働者たちにとって，法的立場の問題以上に喫緊の問題は目の前の生活だった。彼らは旧東ドイツでの契約労働者時代に，すでに「副業」に精を出し，またベトナム人相互間のネットワークを形成していた。これらが役に立った。彼らはベトナム本国でも伝統的な小規模自営業をドイツで始めたのである。衣料品の製造販売，インビス（小食堂）経営，野菜果物や花の小売りなどを，あるときは路頭で，あるいは小店舗を構えて仕事をした。そして彼らのネットワークを通じて，こうした小営業の卸業をやる者もいた。

　現在ドイツに在住するベトナム人事業アドバイザーは，2005 年時点でのドイツに住む元契約労働者数を概算で次のように推計している。第 1 にベトナムに帰還しなかった者 1 万 8000 人，第 2 に一度帰国したがドイツに戻ってきた者 6000 人，第 3 に「家族呼び寄せ」枠でドイツに来た元契約労働者の家族 5000 人，それらを合計するとおよそ 2 万 9000 人，これに第二世代を含めると，4 万人の元契約労働者とその家族が，専ら旧東ドイツ地域に住んでいるという。彼らは「変革（Wende）後の年月に，ドイツでの契約労働者の約 55％が，自立的な生計を開始し，今日まで自立している。そして 15％が失業しており，30％が被雇用者」（Quang［2005］SS.119-120）である。そして職業分布では，レストラン業（インビス，レストラン）が 45％，小規模ないし大規模商業（衣料，花，食糧，新聞，ロットくじ販売）35％，輸出入業 5〜10％，サービス業 5〜10％と見なしている（ebd., S.121）。このほか，野菜果物販売，クリーニング業があり，これらが彼らの現在まで続く生業となっている。

　統一後の混乱の中で，一部には違法行為もあった。管見の限りでは，この問題についての研究において，論者たちは元契約労働者たちの関与は稀であったことを強調した上で，違法行為について論じている。この問題も，ベトナム人の 1990 年代前半の混乱と苦境を物語るものと理解すべきだろう。筆者も，1994 年テレビや新聞でベトナム人「煙草マフィア」の存在とその内部抗争が報じられた翌日，ターミナル駅頭で煙草を立ち売りしている多く

のベトナム人たちに対して，警察の摘発が行われるのを目撃した[8]。通常は警察も黙認しているのだから，それは，メディア報道への反応だったのだろう。あるいは駅から離れた場所で，一人で煙草を立ち売りしている青年の前を走りすぎる車の中から，明らかな蔑視のジェスチャーを送る若いドイツ人の無礼を見たことがあった。

カリン・ヴァイスは，この問題について次のように語っている。「変革直後の時期にはまた，一連の不法行為があった。わずかな数ではあるが，生存確保のために犯罪が生じた。それはメディアによって，契約労働者が大規模に烙印を押され，犯罪者に仕立て上げられることになり，そのイメージが長い間，公けに決定づけられた。契約労働者の一部も，ベトナム人煙草マフィアのグループ内部で働いた。しかしすべての専門家たちが言っていることだが，それは例外にとどまっている。変革後の時代の全くの不安定な構造のために，かつての契約労働者の多くにとって，どんな行為が合法で，どんな行為が非合法なのかよくわからないという事態が生じたのだ」（Weiss [2005-1], S.85）。

旧東ドイツからドイツ統一期の，いわゆる体制転換期（Wendezeit）の混乱の中をベトナム人元契約労働者はいかに乗り切ったのか，多くのインタビューを集約したエヴァ・コリンスキーは，3つの成功例と1つの不成功例を挙げている（Kolinsky [2005-1] SS.97–117）。

ロストックの女性Mは，ホテル専門員として働くはずが，調理場の下働きだったことに飽き足らず，自ら自由ドイツ労働同盟に直訴し，コックの研修を受けて調理専門職についた。その後，ドイツ人と結婚し，ベルリンの壁崩壊前の1989年に子供をもうけた[9]。体制転換後，彼女は離婚し，かつて得ていた資格と経験をもとに保育園の調理人として働いている。コリンスキーは，このMの自ら人生を切り開いていく女性としての自立性を「成功」として描いている。

ロストックの港湾労働に従事していたPは，すでにベトナムで結婚していたパートナーとともに，体制転換期を乗り切った。1990年，それまでの

貯金 1 万マルクを，両ドイツマルク交換時に限度額 4000 マルクを 1：1 で，残り 6000 マルクを 2：1 で交換し，合計 7000 マルク（当時 1 マルク＝約 70 円）を手にした。彼のパートナーの貯金も合わせて，それを元手として，ハンブルクに行き，ワゴンを買い，それにたくさんのベトナム食材を詰め込み，ロストックのベトナム人に売った。その後，ロストックのベトナム人も半数が帰国し，商売が縮小してきたので，ドイツ人居住区で移動インビス（仮設店舗食堂）に仕事を変えた。そこから小レストランを開き，さらに現在ではベトナム料理店を備えたホテルを経営している。

ライプツィヒの女性 P は，衣料製造企業で働いており，体制転換後，トルコから輸入した T シャツのスタンド売りで生計を立て，元契約労働者のベトナム人と結婚，1995 年，2 人でインビスとビストロ（小レストラン）を開いて経営している。

ただこうした成功例ばかりではない。1989 年はじめに旧東ドイツにやってきた T は，紡績工として働き始めたが，すぐに体制転換期に遭遇してしまった。帰国するかどうかの決断を迫られたとき，「なぜ私がとどまったかって？多分世間知らずだったんです。とにかく仲間が私の部屋に来て"俺たちは残る"って言うんです。で，私も考えた，"よし，それなら俺も残る"って。ええ，こうしてわれわれはグループとして一緒に残ったのです」(ebd., S.108)。彼は仲間と一緒に煙草売人をして小金を貯め，その資金で野菜果物商を営むべく，自動車と店舗も用意したが，彼の運転免許証は不正であることが発覚し，計画は挫折する。仲間に助けられながら時を過ごし，2001 年に結婚してインビス経営を始めたが，これもうまくいかず，その後は困難な生活を送っている。

元契約労働者たちの目の前にある生存にかかわる以上のような苦難と同時に，彼らは体制転換期のドイツで外国人敵視にさらされた。2015 年から 16 年にかけてドイツを筆頭に，ヨーロッパには中東から難民が殺到しているが，1990 年から 91 年にかけても同じように西ヨーロッパは難民流入の波に襲われた。これは東欧諸国の社会主義体制崩壊を起因とするものであった。ド

イツには東欧諸国および東欧諸国のドイツ系の人々が殺到し，庇護権申請をした。1990年に庇護権申請をした外国人は約20万3000人，1991年には約25万6000人であった（大野［1994］98頁）。

　こうした混乱期，ネオナチら極右勢力による外国人敵視の暴力行為が1992年を頂点として頻発した。1992年8月旧東ドイツのロストックで，11月には旧西ドイツのメルンで，そして1993年6月にはゾーリンゲンで外国人をねらった放火事件が目立つものだった。ドイツ市民と政府は即座にそれに反対するろうそくデモを行い，当時の大統領ヴァイツゼッカーがそのデモの先頭に立ち，1993年前半には暴力行為も沈静化した。ロストックの事件では，放火された建物に多くのベトナム人が住んでいた。

　もっとも1992年8月22日のロストック放火事件では，ベトナム人が直接攻撃対象になったわけではなく，その集合住宅内に亡命申請者登録センターがあり，そこに仮滞在している庇護権申請者（多くはルーマニアからのロマ）がねらわれたのだった。幸い被害者は出なかったものの，警察が傍観しドイツ人見物人が放火を煽ったこの事件を機に，外国人としてのベトナム人の疎外感は危機的に深まっただろう。「まさにそれを体験し，ちゃんとその動機を語るべき人たち，つまりこのドイツ人たちは私たちを殺そうとしていたし，またもし半時間でも長く続いていれば，私たちを実際に殺していたかもしれないのです。私たちの階からの煙はすごかったので，煙にやられる危険もありました。この出来事のあと，ベトナム人たちは，まったく孤立して集まっていました。ドイツ人は誰もそこにいなかった」(Kolinsky[2005-2] S.160)。この直後，市当局も支援しベトナム人の自助活動とドイツ人との交流のための組織「ディエン・ホン協会」が設立された。体制転換期の外国人元契約労働者たちの孤立感は察するに余りある。

　他方，帰国していったベトナム人たちはどうであっただろう。クリスティン・ムントによると，1995年までに4万5000人から5万人が本国へ帰還したが，彼らのパスポートはまだ1年間有効だったので，その3分の1が再度ドイツへ戻った。また帰還した元契約労働者の約3分の2は当面失業

状態にあったという（Mundt［2012］SS..97-99）。

ドイツ人ジャーナリストのゲルト・アーレントは2003年に書いたベトナム紀行で，元契約労働者とのインタビューを記している。彼らはドイツからの帰還後ある程度成功した者であり，またその「成功」もドイツによる発展途上国支援プログラムの協力による事例である。その点で偏りもあるが，本国帰還者の苦労をある程度うかがい知ることができる（Arendt［2003］SS.20-25）。それは以下のようなものである。

ハノイ在住の元契約労働者は，3000マルクの帰還援助金を手に帰国した一人である。その金はモペットと家具を買うなどしたらすぐになくなった。それ以後は「失業」である。1990年から1995年まで家族に養われながら苦しい時期を過ごした後，ドイツの発展途上国支援プログラムを利用し，比較的短いドイツ滞在経験にもかかわらず，勉強をしてドイツ語がかなりできたので，ドイツ人を主な対象とした観光・貿易会社を立ち上げた。

フエ在住の元契約労働者は，エルフルト在住経験を持ち，体制転換後，突然職を失って帰国した。帰国後，リキシャ運転手として2年間過ごし，ひどい低賃金でグループ観光客を案内してきたが，観光客が増え，ドイツ語を生かして旅行事務所で働き，「今や多くを望まなければ暮らしていける」という。

ハノイに「卵リキュール」と豆乳製造の小工場を持っている元契約労働者は，帰還時に持っていた3000マルクは6カ月ですぐになくなった。その後5年間失業し，その間，地方の母親に援助を受けて生活したのち，経営者になるための生活設計資金を得て，ドイツ人からリキュールの製造方法を習い，その後は自分で試行錯誤のすえ，事業はうまくいっている。

ゲルト・アーレントはメコン・デルタのカントー市のカフェーで給仕をする一人の元契約労働者の女性と偶然言葉を交わしたことも書いている。「"ドイツ人ですか？"と彼女は尋ねてきた。私はびっくりして，そうですと答えた。……その女性は"まあ，私はドイツにいたのです。ベルリンです。わかりますか"。ドイツ語はほんとに断片的だったものの，話す内容はすぐに私

に伝わった。彼女は Hanh といい，東ベルリンで縫製工として 2 年間働いた。もともと彼女は北部のヴィン市出身で，ハノイに住んでいた。東ベルリンで突然 "やめて"（つまり失業し），再びハノイに戻り，その後ホーチミン市に住んだという。なぜそこに？と聞くと，彼女は "家族！" と答え，またなぜカントー市に？と聞くと "家族！" と答えた」(ebd., S.27.)。この事例は，成功例でも失敗例でもない，おそらくは「普通の」元契約労働者のものだろう。ただし，帰国後，家族とともに 13 年間で 3 都市を移り住んでいることに，彼女の苦難を見て取れるかもしれない。

5．ベトナム人旧契約労働者たちの現在

　2000 年代に入って，ドイツにおける元契約労働者の実情が文献に著されるようになった時期は，ベトナム人元契約労働者たちの在留権問題が一区切りつき，彼らがドイツで生業を見つけ落ち着き始めたころだった。その時期の 2004 年，これまで外国人問題委員という職名が「移民と統合のための委員」に変更され，仕事の内容も変わった（Kolinsky［2005-2]）。この変化の時期に，旧東ドイツにおける元契約労働者をテーマとする文献が現れ，外国人問題委員たちの果たした役割を振り返り，今後の役割としての外国人統合問題が論じられた。現代における多様な人々の共生する社会において重要な課題である統合問題について，とりわけドイツにおけるベトナム人のテーマに即して考察して本章を締めくくりたい。

　旧東ドイツにおいて，外国人契約労働者たちにおける「統合」問題は存在しなかった。旧東ドイツ政府の契約労働者を受け入れる公式的な理由は，発展途上の社会主義国民との友情と連帯であり，旧東ドイツにとって，その受け入れがとりわけ経済的にいかに必要なものであるかといった側面は一般市民には知らされていなかった。確かに「友情と連帯」は嘘ではない。契約労働者たちはドイツ人労働者とまったく同等の条件の下で働いた。資本主義国でよくあるように，労働研修の名の下で極端な低賃金と過酷な労働条件の下

で働かされたわけではない。ただし，彼らに対する情報は一般市民には伝えられなかった。マイク・デニスは言う，「もし仮に，SED（ドイツ社会主義統一党）が，それほど多くの外国人労働者を募集することが必要なのかを，市民に説明していたならば，それは恐らく偏見を防ぐ助けになっていただろう。しかしSEDの立場からすると，このテーマの公的な議論は，DDR計画経済での根本的な欠陥をさらけ出すことになり，支配の正統性をさらに弱めることになっただろう」（Dennis［2005］S.41）。

　旧東ドイツの企業内あるいは日常生活で，そもそも「統合」の前提となる異文化理解が可能になる状況にはなかったのだ。職場の中での契約労働者とドイツ人との異文化的齟齬について，特にキューバ人との関係で興味深い記述がある。ダーミアン・マック・コン・ウラーはハレ人民警察報告書（1979年）と，別の文献から1989年のある企業のキューバ人労働者世話人の報告書（1989年）を引用して，キューバ人の働き具合に対するドイツ人の戸惑いを紹介している。

　人民警察報告書によると，「キューバの労働者たちは，工業労働者の生活に慣れていない。そこから，労働規律，学習態度，自由時間の振る舞いに関する諸問題が生じている。そのことは，とりわけ時間を守らないこと，労働時間内に持ち場を離れること，企業内での禁煙を守らないこと，学習の際の注意の散漫などに現れている。特に労働集団内で，DDR市民が期待したのは，模範的で，軍隊的に訓練されたキューバの労働者だった。この期待が満たされないとしても，キューバ人労働者に対してネガティヴな見方がなされるべきではない」（Uladh［2005］SS.55-56）。また企業内のキューバ人世話人の報告によると，「彼らは大声で振る舞う傾向があるが，それは同僚にはうるさいと感じられる。彼らはまた，より無頓着である。彼らは休息の時間に歌を歌ったり，リズムを取ったりした。ほんとに彼らにはリズム感があり，もし隣で型抜きの機械がトントン音を立てたら，一緒に調子を取るのだが，これをドイツ人はそんなにいいことと思わない。そしていつも議論が起こり，そこで彼らはそうしたことを止め，（音楽は）少しだけ中断される」（ebd.,

S.56)。社会主義とか役人とかとは関係なく，生真面目なドイツ人が，陽気なキューバ人の振る舞いの前で戸惑っている様子が目に浮かぶ。もっともこれらのことは，物静かなベトナム人には当てはまらないだろう。

　ベトナム人に限ると，職場内において仕事に不熱心であり，副業をするために仮病を使って仕事を休むなどという不評もあったが，マイク・デニスは，彼らのノルマ達成率の高さ，病欠率の低さなどの証言・報告も対置しており，そうした評判は決して一般的なものではないことがわかる。

　職場の外では，企業も完全に契約労働者を閉じ込めたわけではない。「企業によって提供された文化的なチャンスのレベルはさまざまだった。その多くは働いている契約労働者の国民記念日のためのお祭りだけに限定されており，その他のエクスカーション，博物館訪問，あるいはそれと似たようなものを組織した。MfS（シュタージ；筆者）の説明によれば，リューダースドルフのアルジェリア契約労働者は，その地のサッカー，柔道，切手収集の地区協会に加入していたらしい」(ebd., S.58)。とはいえ，契約労働者たちはむしろ同国人仲間と集うことが勤務外の楽しみだった。「さまざまな契約労働者グループが，特に週末，一定の集合場所に集まっているという。70 年代の終わり，アルジェリア，ポーランド，ハンガリーの労働者が中央駅そばのミットローパ酒場，その近くの"ブルグケラー"に集まっていた。一つの中心的な集合場所が，市全体の広範囲で働き居住している労働者が集まることを可能にした」(ebd., SS.59-60)[10]。

　ベトナム人への不満は，住居や消費物資が不足気味の日常で，彼らが祖国へ送るために大量の物品を買い求めること，住居を割り当てられていることに対するものだった。「ベトナム人たちは，不足する物財を巡る競争者と見なされ，東ドイツ人によって、物財をいわば目立ったやり方で故郷へ送るために，買いあさり蓄えていることに罪を帰せられたのである。DDR 市民の嫉妬は，外国人労働者への住居の割り当てによっても引き起こされた。その割り当ては，当該地区の深刻な住居不足をさらに悪化させるものだった」(Dennis［2005］SS.40-41)。もっとも，それらはベトナム人の責任では

ない。住居割当，一定量の物品送付は，はじめから国家間協定でベトナム人に保証されていたことなのだ。

　こうした職場内外での異文化に接するドイツ人市民の違和感が，外国人敵視という形で噴出することになったと考えられる。「経済の崩壊をきっかけとした自分たち自身の不安と不確実性，DDR市民にとって全くなじみのなかった失業という現象，政府間協定によって招かれた外国人労働者の諸条件に対する無知，これらと結びついた人種差別がDDRにおいてタブー視されていた外国人敵視の態度をあからさまなものにしたのである」（Berger [2005] S.69）。

　このドイツにおける体制転換期の荒波を最も大きくかぶったのが，特に1987年と88年に大量に旧東ドイツにやってきたベトナム人だった。こうした彼らに対して，その窮状に手をさしのべたのは，一つはドイツ人の外国人問題委員，もう一つはベトナム人自身のエスニック・ネットワークであった。

　すでに触れたように，外国人問題委員は1990年に旧東ドイツでの円卓会議の中から生まれた。ドイツ統一後も，州・市レベルで公職として，元契約労働者たちの生活相談，とりわけ彼らの法的地位の改善に尽力し，その後，ドイツ市民との交流を仲介する役割を担った。自らその委員であったアルムート・ベルガーは現在，その役割は「統合を促進することである。ドイツ語の学習（これは統合のために重要な前提の一つだが）は，ベトナム人家族の中で，たとえば大部分がそれを抜群に習得している子供たちに任せられる。しかし，コミュニケーション，また当然にも職業上の展望，あるいは社会における受容を改善するためには，両親のドイツの知識も必要だろう。ここ数年間に生まれた協会やイニシアティヴは希望を持っている。これらの団体の中では，たとえばベトナム人が（多くは他者と一緒に）自己組織し，その中でイニシアティヴが促進され，自己救済が提供され，統合が支持されている」（ebd., S.76），と力説する。

　エスニック・ネットワークについては，すでに旧東ドイツの時代に自然発

生的にベトナム人の間で形成されていた。この問題についてはカリン・ヴァイスが，ベトナム人自身のネットワークあるいは協会組織と，ドイツ人とベトナム人の協会組織について論じている。自らも外国人問題委員であった彼女は，一方でベトナム人自身の自己救済団体の果たしてきた役割を大いに認めながらも，他方で，ベトナム人だけの「閉じこもり」に対して危惧を抱いている。彼女によれば，「いくつかの社会グループ soziale Bezugsgruppe は伝統的に高い意義を持っている。それはドイツ人とのコンタクト形成のためのモチベーションをさらに難しくしている。社会グループとは社交的つながり（soziale Beziehungen）という意味だけでなく，物質的安定，窮状状態における受け皿の意味もある。あるいは正直にいえば，社会的関係グループは伝統的な社会保障制度でもある。社会的関係グループは，失業や疾病の時の信用や扶助を確保し，ドイツへ新たにやってきた家族成員や，ベトナムにとどまっている家族成員を世話するのを助ける。それらは，そこから脱け出すことのできない依存性を生み出す。自分たちのグループは，自分たち自身の価値と規範システムを持つ。それはドイツのそれと常に一致するとは限らないものである」(Weiss［2005-1］S.88)[11]。

「統合」には，ベトナム人のための，ベトナム人とドイツ人が共に組織する協会活動が今後とも不可欠であろう。この「統合」問題は，今や好むと好まざるとにかかわらず，「移民を背景とする人」が20％を占める「移民国家」ドイツにとって重要課題であることを，旧東ドイツの元契約労働者の歴史と現状が示している。

ベルリンのリヒテンベルク区に，2005年に開設されたドン・クァン・センターという巨大なマーケットがある。ハノイの由緒あるマーケットと同じ名前のこの施設は，ベトナム人が2005年に開設した。旧東ドイツ時代の黒鉛工場跡地に長大な平屋の建物が5棟並び，さらにいくつかの倉庫が併設されている。建物の中央が通路になっており，両側には衣料，鞄，靴，食料品などあらゆる商品の店舗，理髪店，食堂などが並ぶ。ライプツィヒにも同

名のマーケットがあり，こちらは 1 棟だけだがやはり巨大な倉庫のような
建物である。ドイツ統一から四半世紀を経た現在，旧東ドイツの各都市には
ベトナム料理店，野菜果物店があちこちに見受けられる。今や，元契約労働
者たちが苦難の時代を経て，自立の努力によって生業に勤しんでいることが
わかる。

　筆者が 2015 年に機会を得てハレ市で元契約労働者の経営しているベトナ
ム・レストランで話を聞くことのできた 2 人のベトナム人の 1 人（男性）は，
1989 年に旧東ドイツに来て 35 人の仲間とともにコンクリート会社で働き，
1990 年にハノーバーで 3 年間アジア食料品店で働いたのち，ハレに戻って
現在は鶏肉加工工場を経営している。契約労働者として同じ職場で働いた
35 人の仲間のうち，ドイツに留まったのは 7 人だとのことであった。彼は
庇護権申請をしたがうまくいかなかったという。もう 1 人（女性）は，
1987 年に旧東ドイツに来て，日よけテント工場で仲間の女性 24 人と一緒
に働いた。体制転換後，彼女は 1990 年に 3000 マルクを手に帰国したが，
1 年後，旅行者としてロシア・ルーマニア・ハンガリーを経てドイツに再入
国した。その後 4 〜 5 年は，市場でスタンドを立てて衣服を売り，現在は
ビストロを所有している。

　インタビューをしたレストラン経営者を含め，皆 40 歳代後半の彼／彼女
らは，ハレ市在住の約 1100 人のベトナム人の一団体（120 家族が所属）の
役員をしている。年 30 ユーロの会費と市の援助によって，正月と中秋の祭り，
語学授業，日常問題の相談，ハレ市のお祭りへの参加などの活動をしている
とのことであった。この活動にはドイツ人も加わっている。彼らは苦難の時
代を経て，家庭を作り，子供も持ち，今はドイツの中でドイツ市民と共に生
活をしている。

　2015 年夏以降，中東からヨーロッパとりわけドイツに大量の難民が押し
寄せている。彼らを受け入れた後，その統合問題は喫緊であると同時に将来
重要で困難な課題となるだろう。ベトナム人元契約労働者たちの苦難とその
統合への取り組みの経験は，決してドイツ統一にかかわる一エピソードでは

第 8 章　ドイツのベトナム人　旧東ドイツの契約労働者たちの軌跡　　239

ない。

【注】

1) このデニス・ライスの論稿が掲載されている HP："*Großer Geländekurs Vietnam*" の作成者はミヒャエル・ヴァイゲルであり，彼はハンブルク大学地理学研究所の助手，ベトナム，中国の研究者である。デニス・ライスはこの HP の協力者。

2) この表は「"*Erfolg in der Nische?*" のマック・コン・ウラー論文による」と注記してあるが，必ずしも同じではない。カリン・ヴァイスの表の数字は入国者数を表し，ウラーの表の数字は滞在者数を表しているが，カリン・ヴァイスの表を元にした表 8.1 にあるアルジェリアの 1981 年の数字 890 は，ウラーの表の数字と同じである。それゆえ表 8.1 も正確な動向を示すものではなく，全体の大まかな動態を見るための資料として提示しておいた。なお，ウラーによると，それぞれの国のところどころの空白（たとえばベトナムの場合 1985 年と 86 年の欄）は，ゼロを意味するのではなく，不明だという。同じ "*Erfolg in der Nische?*" のマイク・デニスの考証によるとベトナム人の入国者の数は 1985 年（248 人）も 1986 年（135 人）も途絶えることなく継続している。その結果，マイク・デニスによると，ベトナム人契約労働者数（1980-1990 年）は総計 7 万 1965 人となっている。

3) マイク・デニスは，本章が主要に参考とした『ニッチでの成果？——DDR と東ドイツにおけるベトナム人』（"*Erfolg in der Nische?, Die Vietnamesen in der DDR und in Ostdeutschland*" を，カリン・ヴァイスとともに編集した人物である。本書は，ウルヴァーハンプトン大学（イギリス）とポツダム専門大学（ドイツ）の 2002 年から 2003 年を中心とした共同研究の産物であり，マイク・デニスはウルヴァーハンプトン大学のドイツ現代詩教授，カリン・ヴァイスは当時ブランデンブルク州（外国人）統合問題委員であり，2012 年からはラインラント゠プファルツ州（外国人）統合・移民問題部署の責任者である。

4) マイク・デニスは 21 頁で，「年間 180 マルク」としており，筆者も「研究ノート　ドイツにおけるベトナム人の社会関係資本」『社会関係資本研究論集』第 5 号 [2014] には，それをそのまま引用したが，Feige [2011] によると，1989 年 2 月 9 日の自由ドイツ労働総同盟，関税当局，労働と賃金省外国人労働者部局の三者会議録では，「ベトナム人 1 人につき年間 2160 マルクをベトナムに送金している」(S.36)，とある。この 2,160 マルクは 180 マルクの 12 カ月分に当たり，そのほうが妥当であろうと判断し，ここでは「月額 180 マルク」とした。

5) たとえばカリン・ヴァイスは，「契約労働者たちの多くは，低賃金グループへ配置された。つまりドイツ人たちがあまり好まない生産部門や，DDR の基準でももう対応していないような機械のもとに配置されたのである。労働条件はたびたび劣悪で，収入も事実上，比較すると，より高い生活維持コストのため（住居費はインド人より高かった…

筆者），ドイツ人同僚よりも低かった」（Weiss［2007］S.74）と述べている。ドイツ史ハンドブック『*Gebhardt*』では，「彼ら契約労働者の滞在はゲットーのような共同宿舎での厳しいコントロールの下にあった」（Scholz［2009］S.464），こうした厳しい監視と劣悪な労働を強調する傾向は，ドイツのベトナム人契約労働者に関する文献でよく見る。しかし，旧東ドイツ時代は「パラダイス」であったという元契約労働者の共通の証言は，それと矛盾する。

6）なお，この滞在権問題について参考にしたアルムート・ベルガーは，福音教会派牧師であり，1989 年旧東ドイツ市民運動「デモクラティ・イェッツト」に参加し，中央円卓会議外国人作業グループに属し，そこで DDR 内閣から最初の外国人問題委員に委任され，その後長らくブランデンブルク州外国人問題専門委員の任にあった。

7）ゲルト・アーレントは 1967 年生まれのジャーナリスト。2003 年にノルトライン゠ヴェストファーレン州のハインツ・クーン財団の援助を受け，ハノイのフリートリヒ・エーベルト財団の協力を得て同国に短期滞在して多くのベトナム人と会った紀行の中で，本国帰還した元契約労働者とのインタビューについて書いている。

8）1996 年の "Der Spiegel" 1996 年第 1 号によると，「ベルリンと東ドイツでは，競合するベトナム人組織 Band が死者を伴う戦いを繰り広げている。反目は，税を払っていない煙草，みかじめ料，賭博による違法の大きな取引を巡るものである。激しく抗争する縄張りを守るため，ベトナム人の組長は刺客を本国から送り込んでいる」（Der Spiegel, Nr.1, 1996, S.56）。また同年の同誌では，「東ドイツで組織抗争が荒れ狂っている。冷静な捜査員さえ驚いている。先週，ベトナム人煙草マフィアは 9 人の同国人を殺害した。これまで合計 60 人が死亡している。証人は死を恐れて沈黙し，犯人は東欧へ潜伏するので，捜査員はほとんどお手上げである」（Der Spiegel, Nr.21, 1996, S.36）と書かれた記事がある。

9）旧東ドイツとベトナムやその他の国の間の契約労働者に関する当初の政府間協定では，契約労働者とドイツ人との結婚は手続き上ほとんど不可能であり，とりわけ妊娠は禁じられていた。ベトナム人女性が妊娠し，出産を希望する場合は，強制帰国させられることになっていた。しかし旧東ドイツ政府は，これが人権上問題があることがわかっており，そうした事例が増えるに従って，ベトナム大使館からも圧力がかかり，「DDR は 1989 年 3 月，"政府の相互協約に基づいて，DDR で一時的に働くベトナム人女性の妊娠に関する，企業や当該地区国家機関の任務についての規程" を公表した。この規程に対応して，妊娠した女性は，もはや自分に意志に反して故国へ追いやられることはなく，さらに DDR で働くことが許された。企業と国家当局は，託児所のコストを補填しなければならないし，妊娠手当，週末・子供手当のような社会的サービスが母親に与えられなければならない。DDR 当局は，この指示がベトナム人労働者の数（を増やすこと）や彼らの受け入れに影響を与えるであろうことがわかっていた。しかし SED 支配は数カ月後に崩壊したので，その新しい規則はほとんど意味を持つことはなかった」（Dennis［2005］S.40）。本文のベトナム人女性 M はこの変更によって幸運にも子供をもうける

ことができたのである。

10) ウラーはここでドイツ人民警察ライプツィヒ地区局 1979 年 1 月 8 日および 1982 年
2 月 9 日報告書を引用している。

11) *"Erfolg in der Nische?"* (Weiss und Dennis, hrsg.［2005］) には，ロストック市の
ベトナム人のためのディエン・ホン協会 (Kollath［2005］)，ポツダム市のソン・ホン
協会 (Bluhm［2005］) の活動についての報告がある。また *"Die "Gastarbeiter" der
DDR"* (Zwengel, hrsg.［2005］) にも Weiss［2011］論文以外に，Hentschel［2011］
論文がある。ベルリン・フンボルト大学のサイトには，12 のベトナム人のための協会 (ベ
ルリン 5，エアフルト 2，ライプツィヒ 2，マグデブルク，ドレスデン，ポツダム各 1)
が列挙紹介されている (http://www.projekte.hu-berlin.de/Migrationddr/projekte/
vietnam/vereine)。ハレ市には Vietnamesen in Halle und Umgebung e.V. があり，
フンボルト大学のサイトから漏れている協会組織はもっとあるだろう。こうしたベトナ
ム人のための協会組織の規模や規約，活動内容について本稿では紹介していない。今後
の課題としたい。

【参考文献】

大野英二［1994］,『ドイツ問題と民族問題』未来社。

グエン・スアン・オアィン／白石昌也監訳・那須川敏之・本多美樹訳［2003］『ベトナム
経済――21 世紀の新展開』明石書店。

近藤潤三［2013］,『ドイツ移民問題の現代史――移民国への道程』木鐸社。

近藤潤三［2007］,『移民国としてのドイツ』木鐸社。

斎藤哲［1997］,「ドイツ民主共和国」,成瀬治・山田欣吾・木村靖二編『世界歴史大系
ドイツ史 3』山川出版社。

昔農英明［2014］,『「移民国家ドイツ」の難民庇護政策』慶応義塾大学出版会。

長 憲次［2005］,『市場経済下 ベトナムの農業と農村』筑波書房。

坪井善明［1994］,『ヴェトナム「豊かさ」への夜明け』岩波新書。

トラン・ヴァン・トウ／井村寿人［2010］,『ベトナム経済発展論―中所得国の罠と新た
なドイモイ―』勁草書房。

中臣 久［2002］,『ベトナム経済の基本構造』日本評論社。

村上俊介［2006］,「トゥール・スレン考―殺戮への想像力―」『専修大学人文科学研究所
月報』224 号。

――――［2014］,「研究ノート ドイツにおけるベトナム人の社会関係資本」『社会関係
資本研究論集』第 5 号，専修大学社会知性開発研究センター。

レ・タン・ギエップ［2005］,『ベトナム経済の発展過程』三恵社。

古田元夫［1996］,『ベトナムの現在』講談社。

Arendt, Gerd［2003］, *Staatenlos in der Heimat?, Die Situation der "Auslands-Vietnamesen" nach der Repatriierung*, in der *Heinz-Kühn-Stiftung Jahrbuch 17*.

Berger, Almuth [2005], *Nach der Wende: Die Bleiberechtsregelung und der Übergang in das vereinte Deutschland*. im *Erfolg in der Nische?*

———— [2011], *Die ausländerpolitischen Vorstellungen des Runden Tisches und ihre gesellschaftliche Situiertheit*, in *Der "Gastarbeiter" der DDR, Politischer Kontext und Lebenswelt*.

Berghoff, Hartmut, Balbier, Uta Andrea, ed. [2013], *The East German Economy 1945-2010, Falling behind or Catching up?*, Cambridge university press.

Bluhm, Hai [2005], *Der Frauenverein Song Hong in Potsdam*. im *Erfolg in der Nishe?*

Dennis, Mike [2005], *Die vietnamesischen Vertragarbeiter und Vertragsarbeiterinnen in der DDR, 1980-1989*, im *Erfolg in der Nische?*

Deutsche Gesellschaft für Technische Zusammenarbeit (GTZ) GmbH [2007], *The Vietnamese Diaspora in Germany - Structure and Potentials for Cooperation with a Focus on Berlin and Hesse*, (https://www.giz.de/fachexpertise/downloads/giz2007-en-vietnamese-diaspora.pdf)

Feige, Michael [2011], *Vietnamesische Vertragsarbeiter. Staatliche Ziele - lebensweltliche Realität*, in, *Der "Gastarbeiter" der DDR, Politischer Kontext und Lebenswelt*.

Hentschel, Tarama [2011], *Soziale Arbeit mit und für Vietnamesinnen in Ostberlin*, in *Der "Gastarbeiter" der DDR*.

Hübner, Peter [2014], *Arbeit, Arbeiter und Technik in der DDR 1971 bis 1989, Zwischen Fordismus und digitaler Revolution*, Verlag Dietz Nachf., Bonn.

Kolinsky, Eva [2005-1], *"Paradies Deutschland" - Migrationserwartung und Migrationserfahrungen ehemaliger Vertragsarbeiter und Vertragsarbeiterinnen aus Vietnam*. im *Erfolg in der Nische?*

———— [2005-2], *Das Ende der Unberatenheit - Ausländerbeauftragte in Ostdeutschland*. im *Erfolg in der Nische?*

Kollath, Phuong [2005], *Der Verein Dien Hong - Selbsthilfe und Integrationsarbeit in Rostock*. im *Erfolg in der Nische?*

Mundt, Kristin [2012], *Vom Delegierten der sozialistischen Moderne zum gläubigen Zuwanderer?, Religiöser Wandel vietnamesischer Migranten in der DDR und Ostdeutschland*, Lit Verlag, Berlin.

Quang, Dao Minh [2005], *Wirtschaftliche Strukturen in der Gruppe der ehemaligen Vertragsarbeiter/innen in Deutschland*. im *Erfolg in der Nische?*

Reiß, Dennis [1999], *Rückkehr ohne Heimkehr?, Die Problematik der in der DDR ausgebildeten Vietnamesen und ihre Rückführung nach Vietnam*, (http://www.michael-waibel.de/kus/vn/vn-ref22.htm)

Scholz, Michael F. [2009], *"Die DDR 1949-1990"*, *"Gebhardt, Handbuch der deutschen*

第8章　ドイツのベトナム人　旧東ドイツの契約労働者たちの軌跡　243

Geschichte", 10.Auflage, Band22, Klett-Cotta, Stuttgart, 2009.

Tipton, Frank B. [2003], *A History of Modern Germany since 1815*, Contimuum, London.

Uladh, Damian Mac Con [2005], *Die Alltagserfahrungen ausländischer Vertragsarbeiter in der DDR: Vietnamesen, Kubaner, Mozambikaner, Ungarn und andere*, im *Erfolg in der Nische?.*

Weiss, Karin, Dennis, Mike hrsg. [2005], *Erfolg in der Nische? - die Vietnamesen in der DDR und in Ostdeutshland*, Lit Verlag, Münster.

Weiss, Karin [2005-1], *Nach der Wende: Vietnamesische Vertragsarbeiter und Vertragsarbeiterinnen in Ostdeuschland heute.* im *Erfolg in der Nische?*

————— [2005-2], *Strukturen der Selbsthilfe im ethnishen Netzwerk.* im *Erfolg in der Nische?*

————— [2005-3], *Vietnam: Netzwerke zwischen Sozialismus und Kapitalismus.*
(http://www.bpb.de/apuz/28970/vietnam-netzwerke-zwischen-sozialismus-und-kapitalismus)

Weiss, Karin, Kindelberger, Hala hrsg. [2007], *Zuwanderung und Integration in den neuen Bundesländern - Zwischen Transferexistenz und Bildungserfolg*, Lambertus-Verlag, Freiburg im Breisgau.

Weiss, Karin [2007-1], *Zuwanderung und Integration in Ostdeutschland*, in der *Zuwanderung und Integration in den neuen Bundesländer.*

————— [2007-2], *Zwischen Vietnam und Deustschland - Die Vietnamesen in Ostdeutschland*, in der *Zuwanderung und Integration in den neuen Bundesländer.*

————— [2011], *Die Einbindung ehemaliger vietnamesischer Vertragsarbeiterinnen und Vertragsarbeiter in Strukturen der Selbstorganisation.* in *Den "Gastarbeiter" der DDR, Politischer Kontext und Lebenswelt.*

Zwengel, Almut, hrsg. [2011], *Die "Gastarbeiter" der DDR, Politischer Kontext und Lebenswelt*, Lit-Verlag, Berlin.

執筆者紹介 （掲載順）

宮嵜晃臣 （みやざき てるおみ）

[**現職**] 専修大学経済学部教授　[**専門**] 日本経済

[**著書・論文**] 「グローバル資本主義の変容と日本経済」SGCIME 編『グローバル資本主義の現局面 I　グローバル資本主義の変容と中心部経済』第 8 章，日本経済評論社，2015 年。「雇用不安定化の諸要因とワークフェアのアポリア・アンチノミー」共編著『ワークフェアの日本的展開』第 1 章，専修大学出版局，2015 年。「長野県農業と長野ワインに関する一考察—長野県電機産業の盛衰と関連させて—」『専修大学社会科学研究所月報』No.630・631，2015 年，ほか。

佐藤康一郎 （さとう こういちろう）

[**現職**] 専修大学経営学部准教授　[**専門**] マーケティング

[**著書・論文**] 「食品廃棄物削減と食品リサイクルの現状と課題」『専修大学社会科学研究所年報』No.48，2014 年。「フードサービスと中食」共著『現代フードサービス論』第 3 章，創成社，2015 年。「食品産業の変化と大学生の食」共編著『若者たちの食卓—自己、家族、格差、そして社会—』第 6 章，ナカニシヤ出版，2017 年，ほか。

グエン・ディン・クー （Nguyễn Đình Cử）

[**現職**] 人口・家庭・児童研究所教授　[**専門**] 人口問題と社会発展論

[**著書・論文**] *50 năm chính sách giảm sinh ở Việt Nam (1961-2011): Thành tựu, tác động và bài học kinh nghiệm*, Nhà xuất bản: Đại học Kinh tế quốc dân, 2011.

チャン・ティ・ニュン （Trần Thị Nhung）

[**現職**] ベトナム社会科学院・東北アジア研究所上級研究員　[**専門**] 社会保障論

[**著書・論文**] *Đảm bảo xã hội trong nền kinh tế Nhật Bản hiện nay* （『現代日本の市場経済下における社会保障』）, Nhà xuất bản Từ điển bách khoa, 2008.

ダン・ティ・ビエット・フォン （Đặng Thị Việt Phương）

[**現職**] ベトナム社会科学院・社会学研究所・社会保障社会事業研究室次長

[**専門**] 社会保障論

[**著書・論文**] *The Collective Life: The Sociology of Voluntary Associations in North Vietnamese Rural Areas*, Vietnam National University Press, 2015. "Social exchange and the participation of voluntary associations in lifecycle events", *The Senshu Social Well-being Review*, No.1, 2015.

ブイ・クアン・ズン（Bùi Quang Dũng）

　　［現職］ベトナム社会科学院・社会学研究所・上級研究員　［専門］農村社会学

　　［著書・論文］*Xã hội học nông thôn*（『農村社会学』）, Social Sciences Publisher. 2007.

嶋根克己（しまね かつみ）

　　［現職］専修大学人間科学部教授　［専門］社会学（社会意識論）

　　［著書・論文］『「生きづらさ」の時代』共著, 専修大学出版局, 2010 年。*Invisible Population: The Place of the Dead in East Asian Megacities*, (Co-author), Lexington Books, 2012, ほか。

大矢根淳（おおやね じゅん）

　　［現職］専修大学人間科学部教授　［専門］災害社会学

　　［著書・論文］『災害社会学入門』『復興コミュニティ論入門』共編著, 弘文堂, 2007 年。『災害フィールドワーク論』共著, 古今書院, 2014 年。『新しい人間　新しい社会』共著, 京都大学学術出版会, 2015 年。「ベトナム中部村落における水害からの復興の履歴と枠組み」『人間科学論集　社会学篇』Vol.7, No.2, 2017 年, ほか。

嶺井正也（みねい まさや）

　　［現職］専修大学経営学部教授　［専門］教育政策論

　　［著書］『市場化する学校』共編著, 八月書館, 2014 年。『公平な社会を築く公教育論』編著, 八千代出版, 2015 年。『公教育の市場化・産業化を超えて』共著, 八月書館, 2016 年, ほか。

村上俊介（むらかみ しゅんすけ）

　　［現職］専修大学経済学部教授　［専門］社会思想史

　　［著書・論文］『都市と思想家Ⅱ』共著, 法政大学出版局, 1996 年。『市民社会と協会運動』御茶ノ水書房, 2003 年。『市民社会とアソシエーション－構想と経験』共著, 社会評論社, 2004 年。「市民社会論の今日的論点」『専修大学経済学論集』第 45 巻第 3 号, 2011 年, ほか。

訳者紹介

ファム・ティ・トゥ・ザン（Phạm Thị Thu Giang）

　［**現職**］ベトナム国家大学ハノイ校人文社会科学大学東洋学部日本研究学科講師

　［**専門**］日本仏教思想史

　［**著書・論文**］「世俗化から見た近代仏教──日本とベトナムとの比較」『日文研フォーラム冊子』，2010 年。"The Clerical Marriage Problem in Early Meiji Buddhism", *The Eastern Buddhism*, Vol.42, No.2, 2011, ほか。

専修大学社会科学研究所 社会科学研究叢書 19

変容するベトナムの社会構造
——ドイモイ後の発展と課題——

2017 年 3 月 15 日　第 1 版第 1 刷

編　者　　佐藤康一郎

発行者　　笹岡五郎

発行所　　専修大学出版局
　　　　　〒101-0051　東京都千代田区神田神保町 3-10-3
　　　　　　　　　　　　　　　　㈱専大センチュリー内
　　　　　電話　03-3263-4230㈹

組　版　　有限会社キープニュー
印　刷
製　本　　電算印刷株式会社

Ⓒ Koichiroh Satoh et al.
2017 Printed in Japan　ISBN 978-4-88125-313-7

◇専修大学出版局の本◇

社会科学研究叢書 18
社会の「見える化」をどう実現するか──福島第一原発事故を教訓に──
三木由希子・山田健太 編著　　　　　　　　　　A5 判　332 頁　3400 円

社会科学研究叢書 17
ワークフェアの日本的展開──雇用の不安定化と就労・自立支援の課題──
宮嵜晃臣・兵頭淳史 編　　　　　　　　　　　A5 判　272 頁　3200 円

社会科学研究叢書 16
学芸の還流──東-西をめぐる翻訳・映像・思想──
鈴木健郎・根岸徹郎・厳　基珠 編　　　　　　A5 判　464 頁　4800 円

社会科学研究叢書 15
東アジアにおける市民社会の形成──人権・平和・共生──
内藤光博 編　　　　　　　　　　　　　　　　A5 判　326 頁　3800 円

社会科学研究叢書 14
変貌する現代国際経済
鈴木直次・野口　旭 編　　　　　　　　　　　A5 判　436 頁　4400 円

社会科学研究叢書 13
中国社会の現状Ⅲ
柴田弘捷・大矢根淳 編　　　　　　　　　　　A5 判　292 頁　3600 円

社会科学研究叢書 12
周辺メトロポリスの位置と変容──神奈川県川崎市・大阪府堺市──
宇都榮子・柴田弘捷 編著　　　　　　　　　　A5 判　280 頁　3400 円

社会科学研究叢書 11
中国社会の現状Ⅱ
専修大学社会科学研究所 編　　　　　　　　　A5 判　228 頁　3500 円

社会科学研究叢書 10
東アジア社会における儒教の変容
土屋昌明 編　　　　　　　　　　　　　　　　A5 判　288 頁　3800 円

（価格は本体）

◇専修大学出版局の本◇

社会科学研究叢書9
都市空間の再構成
黒田彰三 編著 　　　　　　　　　　　　　A5判　274頁　3800円

社会科学研究叢書8
中国社会の現状
専修大学社会科学研究所 編　町田俊彦 編著 　　　A5判　222頁　3500円

社会科学研究叢書7
東北アジアの法と政治
内藤光博・古川　純 編 　　　　　　　　　　A5判　378頁　4400円

社会科学研究叢書6
現代企業組織のダイナミズム
池本正純 編 　　　　　　　　　　　　　　A5判　268頁　3800円

社会科学研究叢書5
複雑系社会理論の新地平
吉田雅明 編 　　　　　　　　　　　　　　A5判　374頁　4400円

社会科学研究叢書4
環境法の諸相──有害産業廃棄物問題を手がかりに──
矢澤昇治 編 　　　　　　　　　　　　　　A5判　326頁　4400円

社会科学研究叢書3
情報革新と産業ニューウェーブ
溝田誠吾 編著 　　　　　　　　　　　　　A5判　370頁　4800円

社会科学研究叢書2
食料消費のコウホート分析──年齢・世代・時代──
森　宏 編 　　　　　　　　　　　　　　　A5判　390頁　4800円

社会科学研究叢書1
グローバリゼーションと日本
専修大学社会科学研究所 編 　　　　　　　　A5判　310頁　3500円

（価格は本体）